Die Schwestern der Mariana Alcoforado

Portugiesische Schriftstellerinnen der Gegenwart

Herausgegeben von

Elfriede Engelmayer und Renate Heß

MINISTÉRIO DA EDUCAÇÃO

INSTITUTO CAMÕES

Dieses Buch erschien mit Unterstützung des Instituto Camões (Portugal).

Für die Übersetzungen gewährte das Instituto da Biblioteca Nacional e do Livro (Lissabon) eine finanzielle Förderung.

INSTITUTO DA BIBLIOTECA NACIONAL E DO LIVRO

Satz: Contrapress, Berlin
Druck: Oktoberdruck, Berlin
1. Auflage, Berlin 1993
ISBN 3-925867-09-0

edition tranvía, Postfach 30 36 26, D-10727 Berlin

Die Schwestern der Mariana Alcoforado

Portugiesische Schriftstellerinnen der Gegenwart

Herausgegeben von
Elfriede Engelmayer und Renate Heß

edition tranvía
Berlin

Inhalt

Vorwort

Es liegt eine gewisse Ironie darin, daß die *Portugiesischen Briefe*[1] (auch wenn der wissenschaftliche Disput über die Autorenschaft immer noch die Geister scheidet) möglicherweise von einem Mann stammen und daß die literarische Schöpfung des Franzosen Guilleragues in Gestalt der Nonne Mariana Alcoforado zu einem portugiesischen Nationalmythos wurde, während die schreibenden Nonnen des portugiesischen Barock erst heute wiederentdeckt und deshalb als Vorläuferinnen für die heutige Frauenliteratur nicht relevant werden konnten.

Um die Ausmaße des Tabubruchs durch die *Neuen Portugiesischen Briefe*[2] zu begreifen, dürfen wir nicht die männliche Prägung dieses Mythos vergessen, der auf Mariana die Aspekte der 'ewigen, verzichtenden Liebe' und die Passivität gegenüber dem Schicksal projiziert. Maria Isabel Barreno, Maria Teresa Horta und Maria Velho da Costa erstatten in einer Art 'literarischem Vatermord' am patriarchalischen Staat Mariana ihre historische Dimension zurück, entmythisieren sie und verwandeln sie dadurch wieder in ein menschliches Wesen, das den portugiesischen Frauen in der Zeit der Diktatur als Bezugspunkt dienen konnte. Auch verlegen sie den Schwerpunkt der Figur auf die Autonomie, die Mariana durch den Prozeß des Schreibens gewinnt. Die unerwiderte Liebe zum Marquis de Chamilly wird – und diese Lesart entspricht durchaus *auch* den *Portugiesischen Briefen* – zum Schreibanlaß und relativiert das Leiden an der Liebe. Im Vorwort zur dritten Auflage der *Neuen Portugiesischen Briefe* (erster Beitrag in diesem Buch) analysiert Maria de Lurdes Pintasilgo einerseits die Gründe für das Skandalon, das die Schriftstellerinnen 1973 vor Gericht brachte, andererseits verweist sie auf jene innovatorischen Charakteristika, die aus dem Werk in Portugal, in diversen europäischen Ländern und in den Vereinigten Staaten einen Meilenstein auf dem Gebiet der feministischen literarischen Produktion machten.

Während außerhalb Portugals das Buch einen äußerst fruchtbaren Boden vorfand (es schrieb sich in den Kontext der Auswirkungen von 1968 ein, des erneuten Aufbruchs der Frauen), steht es in Portugal konkret und symbolisch als Beginn einer überaus reichen Literatur aus weiblicher Hand. Selbstverständlich gab es schon vor 1972 Schriftstellerinnen von großer Bedeutung (stellvertretend seien die nun wiederentdeckte Irene Lisboa, die vor kurzem verstorbene und zu Unrecht vergessene Graça Pina de Morais und die nach wie vor überaus produktive Agustina Bessa Luís genannt), aber keines ihrer Werke erlangte die umfassende soziale und revolutionäre Dimension der *Neuen Portugiesischen Briefe*. Aus diesem Grund wählten wir als Titel unseres Buches über zeitgenössische portugiesische Schriftstellerinnen *Die Schwestern der Mariana Alcoforado:* er enthält die Anspielung auf die Reinterpretation der Mariana, auf ihre Identitätsfindung im Schreiben, und er enthält, trotz der Unterschiedlichkeit der portugiesischen Gegenwartsschriftstellerinnen, die in den *Neuen Portugiesischen Briefen* proklamierte Schwesternschaft.

Was hat sich nun aber für die Schriftstellerinnen seit dem 25. April 1974 geändert, außer den Produktionsbedingungen, im speziellen seit dem Wegfall der Zensur? Vergleichen wir die Rezeption von männlichen und weiblichen Autoren innerhalb Portugals, so sind von seiten der Literaturkritik keine geschlechtsspezifischen Ausgrenzungsmechanismen festzustellen. Allerdings führte in letzter Zeit die Thematisierung von Alter, Sexualität und Tod (durch Frauen) und eine ironisch-kritische Haltung (von Frauen) gegenüber männlicher Sexualität bisweilen zu einem aggressiven Mißverständnis des betroffenen Werks (siehe einige Kritiken zu *Festa em casa de Flores* von Fernanda Botelho und die Polemiken zum letzten Roman von Lidia Jorge, *A última Dona*).

Eine formale Konstante der gegenwärtigen Frauenliteratur in Portugal, die Ironie, die oft als männliches Charakteristikum beanspruchte Haltung überlegener Distanz, scheint oft psychologische Abwehrmechanismen der KritikerInnen auszulösen. Auch sind die zeitgenössischen Schriftstellerinnen in den Literaturprogrammen der Schulen und Universitäten nicht repräsentativ vertreten. Und im Ausland (vor allem auch in den deutschsprachigen Ländern) läßt die geringe Anzahl übersetzter Autorinnen kaum etwas vom Reichtum und der Qualität der tatsächlich vorhandenen literarischen Produktion ahnen.

Dabei haben einige thematische Konstanten der portugiesischen Frauenliteratur gerade im heutigen Portugal nichts von ihrer Aktualität eingebüßt. Dazu gehören sowohl der 'weibliche Blick auf die Geschichte' in einem Land, das mit der Aufarbeitung seiner kolonialen Vergangenheit noch kaum begonnen hat, als auch die weibliche Sexualität und das biologische Schicksal der Frau (im Spannungsfeld zwischen einer in den Städten praktizierten technisierten Gynäkologie und einer von Ärzten verlassenen Landbevölkerung), und nicht zuletzt der Entwurf von Utopien in einer Zeit, da die scheinbar kurzzeitig erreichbare 'Utopie' der Hebung des Lebensstandards durch die Einbindung Portugals in die EG vorerst gescheitert ist und wegen fehlender Strukturmaßnahmen ganze Berufsgruppen ihre (nicht nur) wirtschaftliche Existenz bedroht sehen.

Unser Band berücksichtigt bei weitem nicht alle wichtigsten lebenden portugiesischen Schriftstellerinnen der Gegenwart. Es sind aber – das war *ein* Kriterium – die ins Deutsche übersetzten Schriftstellerinnen vertreten, damit die das Portugiesische nicht beherrschenden LeserInnen auch eine Möglichkeit zur Konfrontation der Beiträge mit den Werken besitzen. (Die in Klammern neben dem Originaltitel in Kursivschrift zusammen mit dem Hinweis »dt.« angeführten deutschen Titel verweisen auf die bereits übersetzten Werke; bei nichtübersetzten Werken steht in normaler Schrift und in Klammern eine Übersetzung des Originaltitels durch die MitarbeiterInnen dieses Bandes.) Es fehlen u.a. Schriftstellerinnen wie Fernanda Botelho, Luisa Costa Gomes, Maria Judite de Carvalho, Hélia Correia, Natália Correia (kürzlich verstorben) und Teresa Veiga. Ohne dem Anspruch der Vollständigkeit genügen zu können, stellt dieser Sammelband dennoch den erstmaligen Versuch dar, im deutschsprachigen Raum einen Überblick über das Werk portugiesischer Schriftstellerinnen der Gegenwart zu geben.[3]

In der Nationalitätenvielfalt der MitarbeiterInnen schien uns auch eine Vielfalt von kritischen Ansätzen gewahrt. Es handelt sich bei allen um WissenschaftlerInnen, die bereits im thematischen Bereich dieses Buches geforscht und veröffentlicht haben.

An dieser Stelle danken wir Carlos Guimarães, der uns während des Entstehungsprozesses dieses Buches als Gesprächspartner mit unzähligen Anregungen begleitet hat.

Coimbra/Darmstadt,
im Oktober 1993

Elfriede Engelmayer,
Renate Heß

Anmerkungen:

1) *Lettres Portugaises,* erstmals 1669 erschienen und im deutschsprachigen Raum durch die Übersetzung von Rilke populär geworden. Im Vorwort verwenden wir als Titel der *Lettres* ... den deutschen (verkürzten) Titel Rilkes, *Portugiesische Briefe* (Rainer Maria Rilke, *Portugiesische Briefe. Die Briefe der Mariana Alcoforado,* Leipzig 1913). Derzeit gibt es an die 250 Ausgaben der *Lettres* in diversen Sprachen.

2) Maria Isabel Barreno, Maria Teresa Horta, Maria Velho da Costa, *Novas cartas portuguesas, Lissabon* 1972 (^{2}1974, ^{3}1980 mit einem Vorwort von Maria de Lurdes Pintasilgo). Im Vorwort verwenden wir für die *Novas cartas portuguesas* den deutschen (verkürzten) Titel *Neue Portugiesische Briefe* (*Neue Portugiesische Briefe [oder wie Maina Mendes beide Hände auf den Körper legte und den übrigen legitimen Oberen einen Tritt in den Hintern versetzte],* übers. von Ludwig Graf von Schönfeldt, Berlin/Frankfurt/M./Wien 1976, ^{2}1977, Leipzig/Weimar ^{3}1981).

3) Zwei von Rainer Hess herausgegebene Bände, *Portugiesische Romane der Gegenwart: Interpretationen* (Frankfurt/M. 1992) und *Portugiesische Romane der Gegenwart: neue Interpretationen* (Frankfurt/M. 1993), und Gesa Hasebrink, *Wege der Erneuerung. Portugiesische Romane nach der 'Nelkenrevolution'* (Berlin 1993), sind wichtige Werke für alle, die sich für die portugiesische Literatur der Gegenwart interessieren. Die Sammelbände *Portugiesische Erzählungen des zwanzigsten Jahrhunderts* (hrsg. von Curt Meyer-Clason und Dieter Offenhäußer, Freiburg 1988), *Portugiesische Lyrik des 20. Jahrhunderts* (übers. und hrsg. von Curt Meyer-Clason, München 1993) und *Erkundungen. 27 Erzähler aus Portugal* (hrsg. von Andreas Klotsch, Berlin 1993) geben einen Einblick in das Schaffen portugiesischer GegenwartsautorInnen.

Maria Isabel Barreno, Maria Teresa Horta und Maria Velho da Costa:

»Neue Portugiesische Briefe«

Von Maria de Lurdes Pintasilgo

I

Aus übertriebener Sorgfalt rasch vollzogene Lektüre

> »Wenn sich der Bürger gegen den König erhebt, oder wenn sich der Siedler gegen das Imperium erhebt, ist es immer nur ein Chef oder eine Regierung, die sie angreifen, der Rest bleibt intakt, ihre Geschäfte, ihr Besitz, ihre Familien, ihre Vergnügungen.
>
> Wenn die Frau sich gegen den Mann erhebt, bleibt nichts intakt.« (175/149)*

War es diese Vorahnung, die die Autorinnen der *Neuen Portugiesischen Briefe* schließlich auf die Gerichtsbänke brachte? Ich glaube schon. Einer Gesellschaft ohne Ausweg klang dieser waffenlose Aufstand, diese mögliche Explosion von allem, was bisher als zweckmäßig, als korrekt, als aseptisch rein angesehen worden war, als eine Ankündigung ihres Endes.

Dies ist der verborgene Grund für die kulturelle Blindheit, die sich nicht einmal die Diskussion über die Bedeutung des Werks erlaubte, über den sozialen und literarischen Kontext, in dem es stand, über den tiefen Sinn seiner vernichtenden Behauptungen.

Der Bruch, den die *Neuen Portugiesischen Briefe* darstellen, geht so tief, daß eine erste Annäherung an das Werk nur im Lichte dessen geschehen kann, was sie nicht sind. Sie sind keine Sammlung von Briefen, obwohl man in ihnen den Stil wiedererkennt, den Frauen traditionell in der Literatur gepflegt haben. Sie sind keine Anthologie verstreuter Gedichte, obwohl alle abgebildete Wirklichkeit sich in Poesie verwandelt. Sie sind ebensowenig ein Roman, obwohl die erlebte (oder erfundene) Geschichte von Mariana Alcoforado ihre Haupthandlung darstellt.

Sie sind vielleicht ein wenig von all dem. Und mehr noch: eine neue Form, die menschliche Person und ihre Art von In-der-Welt-Sein auszusprechen, ein Essay, der nicht philosophisch sein will, der aber die Wurzeln des Seins berührt, ein origineller Beitrag zur sozialen Anthropologie in dem, was er (nach der Art eines García Márquez oder eines Oscar Lewis) an einzelnen Leben, Empfindungen und Verhaltensweisen sammelt, die universelle Bedeutung besitzen.

Da sie einen Bruch vollziehen, überschreiten sie vorgegebene Grenzen. Daher sind die *Neuen Portugiesischen Briefe* vor allem durch den *Exzeß* gekennzeichnet. Exzessive Situationen, ein exzessiver Tonfall, exzessive Wiederholungen derselben Handlung, exzessiv endlich das gesamte Buch, das endet, ohne wirklich zu enden, als ob so viel Exzeß nicht in die üblichen Dimensionen hineinpaßte.

In diesem Exzeß – der übrigens nicht nur dieses Buch charakterisiert, sondern die gesamte neue Frauenbewegung der letzten Jahre – liegt schließlich die große Ambiguität, die die Grenzen zwischen Erotik und Pornographie aufhob. In der Logik des Werks selbst als Anklage der sexistischen Unterdrückung war es sicher zu erwarten, daß die Beziehung zwischen Mann und Frau in dem, was aus ihnen »ein Fleisch« macht, auf verschiedene Weisen und in verschiedene Momente entfaltet und zerlegt würde. Aber es geschieht mehr als nur das. Der Exzeß geschieht in der Charakterisierung von allem, selbst in dem, was in einer Mann-Frau-Beziehung als Alltag angesehen wird. Es geschieht der Exzeß in der Form, alles so nah zu sagen, daß man ständig den Eindruck hat zu hören: »in dieser Handlung bin ich präsent«. Es geschieht der Exzeß, da es Frauen sind, die das Wagnis unternehmen, Grenzen zu sprengen, die allgemein anerkannte Subjekt/Objekt-Situation umzudrehen (indem die Autorinnen sich Situationen aneignen, die bis heute nur von Männern ausgesprochen wurden, »töten« sie de facto jemanden: sie töten das Gespenst des Mannes/Herrschers, das am Gefühlshorizont der Frauen schwebt. Und sie töten es mit den gleichen Waffen, die der Mann verwendet, um die Frau zu beherrschen – Judith enthauptet Holofernes ...).

In diesem Exzeß ist der durchlaufene Weg notwendigerweise egozentrisch. In den *Neuen Portugiesischen Briefen* finden die Frauen Gefallen an sich selber, ihre Leidenschaft nährt sich aus ihnen selbst. Daher die obsessive Forderung, daß der Körper das erste Schlachtfeld sei, auf dem die Revolte ausbricht.

Bei einer ersten Lektüre scheint sich alles auf die Materialität der Handlungen und der sexuellen Ausdrücke zu konzentrieren, auf eine Wiederholung von Beschreibungen und Wohlgefallen, die im Verlauf des Buches konzentriert auftauchen. Aus dieser ersten, wörtlichen Lektüre mag eine Vorstellung von Sexualität entstehen, die für viele Leser durch das Übermaß der Handlungen und Empfindungen selbst begrenzt ist, in dem sie sich darbietet. Im Schatten bleiben die eindeutig geistigen Dimensionen oder die ruhigen (nicht exzessiven) Formen des körperlichen Ausdrucks der Sexualität.

Die Entfremdung des Körpers ist der von den Autorinnen bevorzugte, wenn auch nicht ausschließlich evozierte Bereich, um gleichzeitig die Unterdrückung und die Revolte, die Unterwerfung und die Autonomie der Frauen auszusprechen. Warum diese Entfremdung und nicht eine andere? Warum nicht die Arbeit und die Bedingungen, unter denen sie geleistet wird? Warum nicht die ununterbrochene und unbezahlte Mühe der häuslichen Aufgaben? Warum nicht die Verantwortung für das Leben der geborenen und künftigen Kinder? Warum nicht die Integration ins soziale Leben?

Alle diese Bereiche sind öffentlich, während der Bereich der Unterdrückung des Körpers privat ist. Und die Autorinnen wollen auf vernichtende, harte und uneingeschränkte Weise die Verlogenheit aufbrechen, die diesen privaten Bereich bedeckt hält. Daß sie das mit großem Narzißmus, am Rande des noch Akzeptablen betreiben, ist ein Faktum. Daß sie das mit Worten sagen, die aus emotioneller Betroffenheit kommen, ebenfalls. Daß sie sich Situationen ausdenken, die sich der Herrschaft der Moral entziehen, ist offensichtlich.

Indem sie sich auf den Körper konzentrieren, gehen die Autorinnen ein Risiko ein: nämlich das, ihn absolut zu setzen, wie die Männer das bisher taten. Den Körper wie ein »Ding« zu behandeln, Objekt der Leidenschaft oder ihrer Ausübung. Und von einem »Ding« darf alles gesagt werden – daher der Exzeß.

Die hier gezogenen Grenzen sind an eine erste Lektüre gebunden, die an der wörtlichen Bedeutung des Textes klebt. Offen bleibt die Frage, ob die Revolte der Frauen sich in dieser Forderung nach dem, was traditionellerweise die Worte der Männer waren, erschöpfen kann. Es bleibt die Frage nach der Moral und ihrer Entstehung im Raum stehen. Es bleibt vor allem ein Weg, der offen ist für die Entdeckung einer an verschiedenen Registern reichen Sexualität.

Ganz offensichtlich hätten die *Neuen Portugiesischen Briefe* nicht das bekannte Echo gehabt, wenn sie nicht eine symbolische Ebene erreicht hätten, in der sich Frauen aller Kontinente und sozialer Klassen wiedererkennen. Bei einer zweiten Lektüre geht der Körper als bevorzugter Anklageort der Unterdrückung der Frauen über das hinaus, was er repräsentiert. Er funktioniert als Metapher aller Formen von verborgener und noch immer nicht besiegter Unterdrückung.

Indem ich den Lesern diese neue Ausgabe der *Neuen Portugiesischen Briefe* vorstelle, lade ich sie besonders zu dieser zweiten Lektüre ein.

II

Ausführliche und nachlässige Lektüre

> »Die Revolte der Frau führt zur Umwälzung in allen sozialen Schichten; nichts bleibt bestehen, weder die Beziehungen zwischen den Klassen, noch den Gruppen, noch die persönlichen Beziehungen, die gesamte Unterdrükkung muß mit der Wurzel herausgerissen werden (...) Alles wird neu sein müssen (...) Und das Problem der Frau in all dem ist nicht, ob sie verliert oder gewinnt, sondern das ihrer Identität.« (231/206)

In wenigen Worten ist das Werk erzählt, seine Bedeutung enthüllt, seine Suche definiert. Es ist klar, daß es in diesem Buch um die Lage der Frauen geht. Darum, was den Frauen zugestanden oder verwehrt wird. Um den ideologischen Belagerungsring, der sie gefangenhält. Um den Widerspruch, daß sie zuerst durch das Stadium der Gleichheit durchmüssen, um den Unterschied zu erreichen und ihre Identität zu entdecken.

Was nicht so schnell gesagt ist – wichtig, das zu unterscheiden –, ist die Universalität des Werkes. Die *Neuen Portugiesischen Briefe* sind heute in zehn Sprachen übersetzt, sind Untersuchungsgegenstand von Dissertationen, werden von Theatergruppen in New York und Paris in adaptierten Versionen auf die Bühne gebracht. Sie eröffnen eine neue Ära in der literarischen Richtung der zeitgenössischen neuen Frauenbewegung.

Ausgehend vom Entwicklungskern der *Neuen Portugiesischen Briefe* – die Nonne Mariana Alcoforado aus Beja und ihr Liebesroman mitten im 17. Jahrhundert – tauchen die Frauen dieses Jahrhunderts in vielen und unterschiedlichen Situationen und Kulturen auf. Und es ist legitim zu fragen: Warum solch ein Echo? Welche Neuigkeit wurde verkündet? Welche universelle, allgemeinverständliche Form wurde verwendet?

Zum ersten Mal in der Geschichte der feministischen Bewegung und ihres literarischen Ausdrucks wurde die Komplizenschaft zwischen Frauen zu gleicher Zeit Subjekt und Objekt der gesamten Handlung eines Buchs. Hier liegt seine überraschende Originalität.

Es ist richtig, daß Simone de Beauvoir auf die Komplizenschaft/Solidarität von Frauen als eine die Realität interpretierende Theorie verwies. Aber niemals erlaubte ihr die strenge stilistische Genauigkeit, die sie charakterisiert, in einer allgemeineren Schreibweise ihre Botschaft zu verwässern. So wie es auch immer vereinzelte, identifizierbare Stimmen waren, die von Komplizenschaft sprachen, als der neue zeitgenössische feministische Aufbruch sich literarisch ausdrückte. Wenige aber unterwarfen sich ihr. Die angekündigte Schwester(nschaft) überschritt nie die Grenzen des schöpferischen Werks.

Bis 1971. Bis zu den »drei Marias«. Bis drei portugiesische Frauen, Schriftstellerinnen, sich hinsetzen und ein Buch schreiben. Von da an beginnt die Schreib-Komplizenschaft, hebt ein Prozeß an, der seinen allgemeineren Ausdruck im einfachen Hinweis auf die Eigennamen der Frauen findet, die »Kollektive« bilden, die Arbeitskreise organisieren, Bücher schreiben, Zeitschriften herausgeben.

Im Bereich des Schreibens hat das Eigentum keinen Sinn mehr, da die »Güter«, die es austeilt, universell sind. Eine Frau, die von sich im Singular spricht, bezieht sich auf ein Schicksal, das immer im Plural stattfindet. Und in diesem Plural kann man jede einzelne Geschichte wiedererkennen. Ein Gewebe, das gewoben, das aufgetrennt wird, um von neuem gewoben zu werden. Penelope, die in der heutigen Geschichte handelt, Instrument eines freiwillig aufgeschobenen Schicksals, allgemeines Schicksal der Frauen, bewußt anerkannt und konstruiert.

Zu dritt die gleiche Realität auszusprechen, sie individuell auf rigorose Weise zu analysieren, um sie schließlich in dieselben großen Fragen einmünden zu lassen, sich im Sprechen der anderen aufzulösen, ich-du-wir zu bleiben im ständigen Ausbruch des Schreibens – darin besteht das *gelungene* Abenteuer (ja, dich, die ich nicht von den anderen unterscheiden kann, dich unterstütze ich nicht in deiner kritischen

Distanz zu »dieser erarbeiteten und doch nie erreichten Einheit« [335/300]).

Am Ende dieses Abenteuers steht das Buch, in das die Forderungen und verschlungenen Mäander der Komplizenschaft (ein)geschrieben sind.

Beim Aufbruch allein drei Schriftstellerinnen, Komplizinnen einer Verschwörung, deren Regeln und Ziele sie nicht kennen. Deshalb beginnen sie behutsam, als ob es sich um eine *Spielerei* handelte. Eine Spielerei, in die sie sich im Laufe der Briefe, der Gedichte, der Geschichten, der Trugbilder flüchten (in der sie sich suchen?). Eine Spielerei, die die Zeit zurückdreht und sogleich die Reise ins Zentrum ihrer selbst ankündigt, die Rückkehr zum Mythos der Kindheit, wo sich eines Tages alles für die Frau und ihr Schicksal entschied. »Bedenkt (...) wie die Mädchen sich im Reigen zur Schau stellen werden ...« (34/10)

Bewußt übernommene Spielerei, da ja aus ihr klar die großen und schrecklichen Wahrheiten sprechen: das Gesetz der Unterwerfung, eingehüllt in die anheimelnde Wärme des Elternhauses; das Gesetz der *Wiederholung*, das Erlaubte, das, was als Zugang zu einer Frauenerziehung gilt. »Seit ich ein kleines Mädchen war, gehorche ich, den Stickereien, dem Leinen, den Sitten meines Elternhauses angepaßt.« (103/77) »Gewohnheiten von Gewändern und Bändern, unsere Formen zu formen.« (61/36)

Ich verstehe wohl, denn ihr zeigt es ja auf eine schmerzliche Weise, daß die Spielerei (so wie das ganze Spiel) unter dem Schleier des Als-Ob das Pathos des Abenteuers verbirgt, daß es nur seine mögliche, gangbare Seite, seine letzten Endes lesbare Seite ist. Um zu zeigen, was die Spielerei bedeutet, braucht ihr nicht einmal zu sagen, daß sie »als ob« ist ... Ihr enthüllt hier ihr intimstes Geheimnis, denn die Spielerei verbirgt, sagt ihr, die »Ausübung (...) des Mitleids, das wir zu dritt für unser Leben empfinden« (333/298). Eine verblüffende Hellsichtigkeit und Ehrlichkeit der Ziele. Die Spielerei ist keine Zerstreuung, ist kein Versuch, den schwierigen Text, die harte Geschichte, die radikale Ernsthaftigkeit des Unternehmens leicht zu machen. Die Spielerei ist der einzig mögliche Ausdruck der Scham für jemanden, der das Nicht-Ausgesprochene aussprechen will, für jemanden, der die Regeln verletzen will, die die Gesellschaft der Frau auferlegt. Deshalb klingt die letzte Fragestellung in ihrer Dringlichkeit beinahe tragisch: »Und was ist diese Erfahrung zu dritt? (...) Vielleicht nicht mehr als das, was wir mit lauter Stimme sagen – Mut? Notwendigkeit? – das Unbehagen, die Angriffe, die Verweigerungen und die Ängste!« (329/295)

So weit ging die Spielerei, so universell wurde die Verkleidung jedes einzelnen »Unbehagens«, jeder »Verweigerung« oder »Angst«, so sehr zu dritt war das »Mitleid« mit jedem Leben, so ernsthaft war das Spiel, daß ich von keiner der drei Marias das Geständnis (und noch weniger die »Einforderung«) eines eigenen Textfragments hörte, und ebensowenig die distanzierte Abwendung von irgendeinem Teil des gemeinsamen Ganzen. Wie eine Initiation ins komplizenhafte Schreiben prägte sie endgültig, was gleich zu Beginn angekündigt war: »die geschriebenen Worte, die nicht einmal eine Unterschrift tragen, das Trio der Hände, denn mehr als drei sollen es nicht sein« (35/10).

Es hätte diese Erfahrung gemeinsamer Schöpfung genügt, es hätte genügt, daß der »Chor« entschlossen »anonym« geblieben wäre, damit die *Neuen Portugiesischen Briefe* als Verkörperung einer der fundamentalen Thesen des zeitgenössischen Feminismus erschienen: die »Schwesterlichkeit« der Frauen als eine neue soziale Formation, die Energie ihrer Solidarität als kollektive Kraft.

In der Explosion (die einige als barock empfinden mögen) der Fälle, der Geschichten, der Briefchen, der Verse (die die Mädchen heimlich unter dem Pult schreiben) wird diese These nicht im logischen, kartesianischen Gedankengang der formalen Beweisführung entwickelt. Die *Neuen Portugiesischen Briefe* stellen mehr als eine These vor uns hin: ein »Fresko« der Lage der Frauen, ihrer Schicksale, ihrer Beschränkungen, ihrer Ängste. Wie im »Fresko« ist die Darstellung des zentralen Motivs so wichtig wie das Detail, das plötzlich hervorsticht und dem, was wir durch sich selbst vollständig in seinen Farben und Umrissen definiert glaubten, Farbe und neue Bedeutung verleiht. In diesem »Fresko« ist Mariana Alcoforado die zentrale Figur, deren Schicksal man gleichzeitig mit den Schicksalen der portugiesischen Frauen mitliest. Als ob ihr Leben die Haupthandlung einer unerzählten Geschichte darstellte, geben ihr andere, flüchtig eingefangene Geschichten Oberflächenstruktur und Bedeutung. Als ob ihr Name, intakt oder fragmentiert (Maria, Ana, Maria Ana, Ana Maria – und warum Mónica? weil sie die Opfer-Frau war?), ihr eigenes Leben in den Leben anderer Frauen nachvollziehen wollte, die zu anderen Zeiten und an anderen Orten geboren wurden. In den *Neuen Portugiesischen Briefen* erkannte ich mehr als zwanzig Frauen wieder – und sind diese nicht ebenso Marianas-mit-ihrem-Schicksal, die ihrerseits andere verbergen? Jede ist sie selber und viele andere.

Da die Komplizenschaft sich nicht in dieser spielerischen Verschwörung der drei Schriftstellerinnen erschöpft, tauchen ineinander gebrochen die Lebensläufe vieler Frauen auf, die gleich und doch unterschiedlich in ihren Geschichten sind. Denn dieses Gemeinschaftswerk der drei ist in die ineinander verwobenen Leben der Frauen, die es erzählen oder von denen uns erzählt wird, eingewoben und hallt in ihm wider. Denn Komplizenschaft ist das Ziel der Handlung dieses Buchs und nicht nur des dreifachen Subjekts, das es geschrieben hat. Und sie ist so gelungen, daß wir schon nicht mehr wissen, ob wir uns in der Fiktion bewegen oder in der uns bekannten Realität.

Realität oder Fiktion – Maria Ana, die Frau des Emigranten António, die die Last der Sorge um die Kinder trägt und in Arbeit und Einsamkeit altert? Oder Mariana, dem Unwissen über ihren Körper ausgeliefert und vom Vater vergewaltigt? Oder Maria, die Aufräumefrau, die sich für ihre Existenz entschuldigt? Oder Mariana, das Mädchen aus dem Dorf, das Prostituierte wird, um ihre Tochter zu ernähren?

Fiktion oder Realität – Maria, die Mutter Mariana Alcoforados, die in ihrer verlogenen Strenge die Unordnung der Gefühle und das Einverständnis mit dem Ehebruch verbirgt? Oder ihre Nichte Mariana, in der die Rache und der Haß von Mariana Alcoforado weiterleben, als wären es ihre eigenen Gefühle (und es auch sind, da sie eine Frau ist)? Oder Dona Maria Ana, direkter weiblicher Nachkomme dieser letzteren, die verbittert ein Leben lebt, das ihr die Konventionen der damaligen Zeit als sinnlos enthüllen? Oder Maria, aus Befremden und weiblicher Revolte von zu Hause entflohen, die der Gatte in seinem übermäßigen Beschützerdrang verfolgt? Oder Mariana, die sich schließlich 1971 umbringt? (Wen wolltet ihr umbringen, ihr »drei Marias«, im selben Jahr, als ihr schriebt? Die Erinnerung an Mariana, oder an die Marianas, die ihre eigenen Gefangenen sind und die der anderen?)

Die Fiktion ist hier nur der Kunstgriff, Bruchstücke von allzu tragischen Leben zu erzählen, den Schrei zu dämpfen, der aufsteigt aus dem Reigen der Mädchen, die sie alle einst waren, und den sie auch heute noch außer der Zeit bilden. (Ein Schrei, der die Stille der vorbestimmten Tage und der ruhigen Leben zerreißt – von unwissenden Frauen? von feigen Frauen?)

Trotz der Fiktion können, über die schmerzlich realistischen Fotografien hinaus, die Personen dennoch nicht alles sagen: über die Frau und ihre komplexe, vielseitige Lage. Kein Wunder daher die Frage: «... welche Anas oder Marianas werden noch zum Leben erweckt werden müssen?« (284/254)

In diesem Gewebe aus Autorinnen und Personen (denn auch die Autorinnen sind Personen, die sich selbst vorstellen: »isola bella und teresa mit der lustigen hand und fátima von der sauren steineiche« [72/fehlt in der dt. Übers.]) werden die Regeln der Grammatik gebrochen, damit ein Sinn jenseits des Sinns hervorbrechen kann (oder Bedeutungen sich untereinander kreuzen?). Eine neue Semantik bereitet hier ihre Geburt vor, eine Geburt, die erst später, in der zweiten Hälfte der siebziger Jahre in den anderen Sprachen (speziell in der französischen) zu spezifischen Markenzeichen des weiblichen Schreibens wird. Die Autorinnen sind sich ihrer bewußt, wenn sie ausdrücklich die mythischen Metaphern angreifen, die die Welt des Wortes regieren – »die Wörter sind weder Bindeglieder, noch sind sie Brücken« (48/23) – oder wenn sie die selbstgeschaffenen Metaphern mit den symbolischen Materialien aus den Lebensbedingungen von Mädchen der Zeit Marianas auflösen – »noch Bänder, die in der Einsamkeit der Zimmer aufgeknotet werden« (48/23).

Und da ich schon von Wörtern und ihrem eigenen Universum spreche, so darf ich nicht verbergen, daß in diesem Werk von Frauen, wie übrigens in fast der gesamten Literatur der neuen Frauenbewegung, Freud und die deterministische Mechanik der Assoziation von Ideen und Vokabeln präsent sind; Lacan und das Wortspiel des Sinns, des Doppelsinns, der Silben und der Wörter. Ein eindeutiges Beispiel, das das Ziel des Werks unterstreicht: »... das Thema ist die Vergänglichkeit, das Auslösen von Leidenschaft, Mitteilen von Leidenschaft, und der Ton ist Mitleid, ist geteilt mit Leidenschaft.« (35/11)

Es handelt sich aber nicht allein um einen Stil, der dem barocken Charakter des Werks entspricht. Es handelt sich vielmehr um die klare Annahme des analytischen Diskurses, der in seinen bedeutsamsten Momenten anerkannt wird: »... aber das Gefühl kehrt wieder (...): die Männer und die Kindheiten erzählen wir uns schon, die Landschaften, die Pausen; wir komponieren uns schon Papierbögen und sagen wer und sagen wie« (54/29).

Es wäre eine Versuchung, die *Neuen Portugiesischen Briefe* als Erzählung der Psychoanalyse einer Frau wiederzulesen (die drei in einer? oder Mariana in den dreien?) ... Aber das ist nicht der Moment dazu. Es genügt darauf hinzuweisen, welchen Stellenwert das Unbewußte im gesamten Buch einnimmt: denn wozu dienen denn die Passagen in den Klammern, die dem Leser nicht immer klaren Verbindungen, wenn nicht als Appell, über die unmittelbare Lektüre hinauszuhorchen?

Es genügt der Verweis auf das nachdrücklich, wenn nicht ermüdend Wiederholte in allen Teilen des Buches, das als Vorbild oder Zeichen die ersten Lebensmomente sucht: »Sollte ich so versuchen, zu meinen Anfängen zurückzukehren?« (97/70)

Es genügt hervorzuheben, was an Transfer stattfindet, wenn die drei sich obsessiv mitteilen (oder jemandem anderen mitteilen?), indem sie sich einmal lieben und wiederum gegenseitig zurückstoßen, oder indem sie den zukünftigen Leser lieben und der, indem er sie liest, ohne Liebe ausgenützt wird: »Wen haben wir also schon getötet und zerstört? (...) Wer uns liebt, der bedient sich unser und wir bedienen uns seiner, indem wir so tun, als stimmten wir dem zu.« (89/71)

Wiederholt kehrt im Zentrum des Transfers die Figur der Mutter zurück, mit der kein Frieden geschlossen worden ist. Deshalb geben sie Mariana eine Mutter, »die Mutter, die wir drei hatten oder auch nie hatten« (97/70). Und welchen anderen, noch tiefer reichenden wissenschaftlichen Ausdruck könnten wir in den Handbüchern der Psychoanalyse finden als den maßlosen Schrei der Revolte und der Verwaisung? »Welcher Mutter entflohen wir? Welche Mutter entfloh uns?« (132/109)

Um noch bei der Psychoanalyse zu bleiben: was weiter vorne, in Abschnitt I, gesagt wird, könnte man nochmals mit dem Vokabular von elementaren und künstlichen, wirklichen und erdachten, individuellen und kollektiven Trieben ausdrücken. Im übrigen ist das Buch und die Lust, mit der es sich selbst betrachtet und hervorbringt, nichts als der Ausdruck eines Triebes, der seinen ihm innewohnenden Widersprüchen aus Frustration, Befriedigung und Sublimation ausgeliefert ist: »Das Gewebe, das mich mit dir, uns mit den anderen verbindet, liegt es im Schweigen, in den sanften Gesten, im unterirdischen Herzschlag oder in der Aktion?« (328/294)

Die Dialektik zwischen dem »unterirdischen Herzschlag« und der »Aktion« drückt das ständige Hin und Her zwischen dem Ausdruck des Unbewußten und der sozialen Diagnose aus. Hier findet sich zum ersten Mal expressis verbis das, was die neue Frauenbewegung in den siebziger Jahren als entscheidend herausstellte: das Verhältnis zwischen dem analytischen Prozeß und der politischen Praxis im Kampf der Frauen um ihre Identität.

Nun sind aber die *Neuen Portugiesischen Briefe* im politischen Bereich mehr als ein einfaches Zeugnis. Sie sind eine Anklageschrift gegen die Gesellschaft, die diskriminiert, versklavt, verurteilt, ausgrenzt. Deshalb sprechen sie von sozialen Strukturen, vom Verhältnis zwischen Herrschern und Beherrschten. Die *Neuen Portugiesischen Briefe* enthüllen und denunzieren die Unterdrückung der Frauen als Teil einer in ihrer Gesamtheit unterdrückenden Gesellschaft.

Die Wahl Marianas wird diese Unterdrückung beim Namen nennen: sie wird »Klausur« heißen (hier habt ihr, »Marias«, eure Erfahrung als Mädchen, die im Schatten der Klöster erzogen wurden, damit ihr die Verhaltensregeln der feinen Leute eurer Klasse lerntet, nicht verstecken können).

Die Klausur wird nicht als unmittelbare Form der Unterdrückung dargestellt, denn wer den herkömmlichen Weg geht, »stellt sich das Leben so vor, wie die Männer es scheinen lassen« (151/127). Sondern die Klausur erscheint nur in der Unterdrückung der gesuchten persönlichen Autonomie, in die die Gesellschaft nicht einwilligt, weil »immer eine Klausur bereitsteht für den, der das Maul groß aufreißt, um über die hergebrachten Sitten herzuziehen« (34/10). Die Klausur zieht sich durch das ganze Buch. Klausur, um eine der Autorinnen zu charakterisieren: »aufgeschobene Klausur« (45/20); um die Grenzen der Liebe zu umschreiben: »auch in dir willst du mich in Klausur sehen« (50/25); um das nicht eingetroffene Schicksal zu beschreiben: »Heute aber verbleiben mir die Tage / die ich verlor / und auch die Klausur, die ich nicht sprengte« (86/60); die sich klar als eine perverse Form der Gabe zu Wort meldet, wenn die Autonomie und das Wissen von der Welt verlorengingen: »welche Frau ist keine Nonne, voller Hingabe und Selbstverleugnung, ohne eigenes Leben, fern von der Welt?« (172/145 f.)

Wie in der Theaterversion der Cité Universitaire von Paris im Jahre 1978 bilden Gefängnisstäbe in der Lebensszenerie jeder Frau die Klausur, seien sie nun in ihrer dichten Wirklichkeit präsent, oder seien sie nur als Schatten in jedem Leben und seinen freien Bewegungen spürbar. Eine Klausur, von der es wichtig ist zu erkennen, was genau in jedem einzelnen Leben sie ausmacht, und auch, was sie an gemeinsamen Zügen mit anderen Leben besitzt, damit man sie, wenn sie auferlegt wird, besiegen kann: »... es ist ganz gleichgültig, ob die Klausur hier ist, oder in Beja, denn wir lehnen sie überhaupt ab.« (48/23)

So intensiv, so gewalttätig, so früh tritt sie im Bewußtseinsprozeß einer Frau auf, daß es keine Ursache, nichts gibt, was ihr vorangeht. Daher die Rebellion und die Überzeugung, mit der eine Frau sagen kann: »Niemand soll mich bitten, versuchen, fordern, daß ich in die Klausur der anderen zurückkehre.« (63/39) Diese Klausur entfaltet sich auf verschiedenen Ebenen. Vor allem ist sie ein Schicksal, das die Frau von Anbeginn zeichnet, »da sie seit ihrer Geburt dazu bestimmt ist, daß ihr Leben auf sie wartet« (100/73).

Aber bestimmt wozu? Nur dazu: um in den patriarchalischen Gesellschaften (nicht einmal legitimes?) Eigentum des Mannes zu sein. In der Folge der ganzen patriarchalischen Literatur können die *Neuen Portugiesischen Briefe* sagen: »Frau: Reichtum des Mannes, sein Ebenbild, seine Erde, sein ererbtes Latifundium.« (105/79) Deshalb ist sie bestimmt, selbst in einverständlicher Liebe, wie die Erde durch ihre äußeren Grenzen erkennbar zu sein, durch Grenzen, die Anteil eines gewünschten Besitzes werden können: »... definieren wir uns für die, die uns lieben, durch unsere Grenzen aus Fleisch und Haut, von Wissen und Gefühl, der Umriß, die Form macht uns greifbar und verständlich.« (66/42) Zu einem abhängigen Leben vorbestimmt, anderen unterworfen und mit dieser Unterwerfung einverstanden, tief im Innern ihre eigene Lage verachtend: »Welches Unglück, als Frau auf die Welt zu kommen! Zerbrechlich, unfähig aus Verpflichtung, aus Kastenzugehörigkeit, kraft des Gesetzes gehorsam ihren Gebietern gegenüber, Herren, die sogar nach unserem Unglück gieren ...« (166/140)

Dieses Einverständnis mit dem Unterdrücker, dieses verinnerlichte Gefühl, entsteht nicht etwa aus irgendeinem Lernprozeß. Es ist die soziale Praxis – Normen und Ideologien –, die das Einverständnis mit der Unterordnung in Worten und Taten jeden Tag weiterträgt. »... und wenn du nicht zur Schule gegangen bist, dann nur wegen dem Dickschädel von deinem Vater, der nun einmal glaubt, daß die Mädchen das Lesen nicht brauchen – ja, das ist das Schicksal der Frauen, liebe Tochter ...« (281/251)

Die Unterdrückung/Klausur wird nicht nur in den brutalen und primitiven Formen des Unterwerfungsmechanismus denunziert, der Herren und Sklavinnen gleichermaßen entmenschlicht. Sie ist auch das Gefängnis, in dem die Gesellschaft die Frauen gefangenhält – sei es durch die illusorischen Formen ihrer angeblichen Emanzipation, sei es durch die immer subtileren Formen, in der sich das Wirtschaftswachstum in Unterdrückungsmechanismen verwandelt.

Was bedeutet denn der vielproklamierte massive Eintritt der Frauen in die Arbeitswelt, wenn nicht das: »heutzutage wird die Frau in den Produktionszweigen, in den Berufen, in den Funktionen eingesetzt, die die Männer bereits wegen schlechter Arbeitsbedingungen und schlechter Bezahlung ablehnen.« (237/212)

Und was findet die Frau hinter der maskierten Emanzipation, die die technische Gesellschaft mit sich bringt? »Sie wurde von einem Objekt zur Erzeugung von Kindern und sogenannter häuslicher, das heißt nichtbezahlter Arbeit nun auch zu einem konsumierenden und konsumierbaren Objekt; früher war sie wie ein ländlicher Besitz, da, um fruchtbar gemacht zu werden, und jetzt wird sie kommerzialisiert, um verteilt zu werden.« (238/213)

Das Problem der Unterdrückung der Frauen ist klassen- und gesellschaftsübergreifend. Weder der fortgeschrittene Liberalismus noch das Ende des Klassenkampfes ermöglichen an sich ein grundsätzlich anderes Verhältnis zwischen der Frau und der Gesellschaft, zwischen der Frau und den männlichen Werten, die alle Gesellschaften dieses ausgehenden Jahrhunderts prägen. Um eine andere Lösung zu finden, müssen wir viel weiter gehen: »... und das Problem wird nicht nur das des Vorarbeiters oder des Arbeitgebers sein, sondern die Tatsache, daß auch die Gesellschaft auf der Bedeutung der Arbeit und dessen, der sie leistet, aufgebaut ist – wenn die Wirtschaft und die Politik Widerstand leisten, um wieviel mehr dann alles, was sie stützt.« (111/85)

Diese Unterdrückung ist nicht allein Frucht von Sitten und Gebräuchen: das Gesetz heiligt sie in vielen Gesellschaften. In der Gesellschaft und im Bereich, in denen die *Neuen Portugiesischen Briefe* geschrieben wurden, lautete das ganz explizite Gesetz folgendermaßen: »Das Gesetz? Das den Eltern alle Rechte gibt, ihre Kinder zu knebeln, den männlichen Wesen Überlegenheit zuspricht und der Frau unendlich weniger als nichts, mit der Pflicht der Selbstaufgabe?« (80/54 f.)

(Und nun, »Marias«, welche anderen Entschuldigungen müßt ihr erfinden im Jahre des Herrn 1980, mitten im Jahrzehnt der Frauen – ist euch das aufgefallen? –, da ein Großteil der sexistischen Gesetze auf dem Papier abgeschafft wurde oder gerade abgeschafft wird und großherzig von männlichen Parlamenten, Senaten und Kongressen in Gesetze der Gleichheit umgewandelt wird? Und die Praxis, Schwestern, die tägliche Praxis? Wäre es nicht an der Zeit, den Schwindel aufzudekken?)

Abgesehen vom Gesetz gibt es noch, selbst wenn dies keine Klage erhebt oder eine Verfehlung anzeigt, den Appell an die magischen Kräfte. Seit undenklichen Zeiten im kollektiven Unbewußten an die Natur gebunden – die der Mann im Laufe der Jahrhunderte immer mehr unterworfen hat, ohne aber hinter ihre Geheimnisse zu kommen – ist die Frau integrierender Bestandteil der letzten Festungen, die der Mann sich noch nicht (nie?) einverleibt hat. Und hier werden berechtigterweise die Geschichten der Hexen in ihrer ganzen Brutalität erzählt (87 f./61 f.): unversöhnliche Haßgefühle, die erst befriedigt sind, wenn das Feuer die Feindin zerstört, dumpfe und beleidigte Wut auf menschliche Fähigkeiten, die die Männer nicht verstehen, und die durch eben diesen Zorn schließlich ihre Menschlichkeit einbüßen; falsche Zeugen, die Lügengebäude errichten, die für Wahrheit genommen werden; Gebete, um die Gesellschaft durch den Exorzismus von solchen Frauen zu befreien ... (Eine Frau, die »ich« sagt und sich autonom und anders in der Geschichte situiert, kann sicher nur eine Hexe sein.)

Diese Geschichten durchzieht die Klage, der Chor, die magische Befragung, die gleichzeitig Unschuld und Entschlossenheit erkennen läßt: »Und was werden wir jetzt tun, Mutter Äbtissin, was werden wir tun?« (91/64) Echo dessen, was gleich zu Beginn im ersten Brief I gesagt und gefragt worden war: »Und aus uns, was werden wir aus uns machen?« (31/7)

Die Absicht ist ganz klar. Ihre Unterdrückung wird die Frauen veranlassen, »einen Oktober, einen Mai und einen neuen Monat zu machen, um den Kalender zu vervollständigen« (31/7). Einen Monat der Revolte und der »Rache« (»Rache« oder »Nostalgie«?). Daher die große Ankündigung: »... Arbeiterinnen vor derselben widrigen Materie, kompetent und konkurrierend und den Kummer erstickend, die den Stiefel neben der Pritsche abstellen, in Askese in der Kaserne oder im Kloster leben, in ihrer Zurückgezogenheit den Zerfall der Hierarchien und Sitten voraussehen, das Gesetz einer neuen Schwester(nschaft) einführen – seid ihr euch klar über das Risiko?« (57/32)

Die Unterdrückung wird die Frauen »eine Schwesternschaft und ein Kloster« (31/7) errichten lassen. Dort wird es »den Frieden und das Abenteuer, das glatte Wasser und die fleißige Liebe« (70/47) geben. Daher die bestätigende Frage: »Was würde aus uns ohne soviel Liebe – aus der reinen Unlust, die uns das bereiten würde« (50/25). Die Liebe taucht so – gegen allen Anschein – als Antwort auf die bewußt erfahrene Situation der Unterdrückten auf. Daher die hellsichtige Sicherheit im Bewußtsein ihrer tiefen Ambiguität: »... du selber mein Kloster, mein einziges Verlagen, schließlich meine einzige Wüste.« (50/25)

Dieser großen Scharfsichtigkeit entgeht nicht einmal die soziale Kritik an der Liebe, die Erkenntnis, daß die Ehe oder das Bild der Ehe »die politische Grundlage des Modells der Unterdrückung« (110/84) darstellt. Diesem die Dinge und ihr Geheimnis durchdringenden Blick entzieht sich ebensowenig die narzißtische Komponente in der Liebe: »... in meiner weitaus größeren Lust, mich verliebt zu fühlen als dich zu lieben« (33/8); »ich liebe meine Leidenschaft mehr als dich« (52/28).

Und hier beginnen zwei einander nur scheinbar widersprechende Wahrheiten, die immer wieder entlang des Buchs auftauchen: einerseits werden die Schlauheit und die List als Rache der Frauen in der ihnen eigenen Nostalgie enthüllt – »Schlauheit, die noch bis vor kurzer Zeit unser einziges Mittel der Selbstverteidigung war« (132/108).

Eine so bekannte List und so leicht zu handhaben, daß das Mädchen aus Carvalhal (die nicht aus der Familie der Marianas stammt – warum Maria Adélia? damit es keine Regeln gibt?), nachdem sie sich auf die mütterlichen Ratschläge bezogen hat, ihren Aufsatz über die Pflichten in weiser Unschuld so abschließen kann: »... eine andere Pflicht der Frau ist es also, listig zu sein.« (261/235)

Andererseits ahnen die Autorinnen, daß es für die von den Frauen verkündete Logik der Liebe nicht ausreicht, daß die Erzählung ihr Subjekt wechselt (ich gebe zu, dieser Wechsel verwandelt sich schon in die Oszillation zwischen der noch formlosen Gabe – Ausdruck einer anderen Gesellschaft – und dem gierigen Besitz – Echo und Fundament einer Gesellschaft, die sich durch die Aneignung aller Dinge auszeichnet). Diesseits und jenseits des Negativbilds, das die Gesellschaft männlicher Herrschaft hervorbringt, gilt es ein anderes Bild zu entdekken, wenn es sich um die Ausübung von Liebe handeln soll: »Nie war die Liebe so erfunden und deshalb so echt.« (49/24)

Der Verkündung der Revolte folgt der große Schrei der Befreiung. Was die Frauen in Frage stellen, ist die eigentliche Natur der Liebe. In ihren Beziehungen suchen sie nach neuen Gesetzen für die Liebe. Eine Liebe, die Hingabe und Geschenk bedeutet, Austausch und Gegenseitigkeit, hellsichtige Illusion, ein schmerzhafter und unendlich mühsamer Prozeß, in dem sich der andere-des-anderen ständig zu erkennen gibt, um sich zu verbergen. Daher die Beunruhigung: »Kann die Liebe eine andere Form finden als diese: gebrauchen oder gebraucht werden. Verschlingen oder verschlungen werden; vorgeben, verschlungen zu werden, um seinerseits zu verschlingen?« (61/36) Deshalb schlagen sich alle Frauenfiguren in den *Neuen Portugiesischen Briefen* mit der Liebe herum, im Bewußtsein ihrer Lage als Frauen, im Bewußtsein, daß diese Liebe so sehr durch das definiert wird, was sie nicht ist. Und sie fragen: »wie eine Liebe erfinden, die alle Abgründe anerkennt?« (67/43)

Ausgehend von ihrer persönlichen und spezifischen Suche als Frauen taucht die große Frage auf, die die ganze Menschheit angeht. In der utilitaristischen Gesellschaft, die auf sofortiger Belohnung basiert, auf dem einträglichen Ausgang jeglicher Initiative und jeglicher Geste, wo bleibt da Platz für die Liebe, die selbst ihr eigener Zweck ist? (Wie soll man denn, ihr »Marias«, die Liebe von Mutter Teresa für jeden einzelnen Todkranken Kalkuttas erklären und die Liebe jedes einzelnen von ihnen zu ihr, wenn nicht mit dem reinen Gefallen an der Geste, die nichts bewirkt, nicht einmal das, was als sozial nützlich angesehen wird?) So findet das Streben nach einer nie zu stillenden Befriedigung in allen Registern, in die sich die Liebe einschreibt, Resonanz – weit über die metaphorische Wirklichkeit der Mann-Frau-Beziehung hinausgehend: »wird irgendwann die Zeit der Liebe kommen, da zwei sich lieben, sich sehen und suchen ohne gegenseitigen Gebrauch oder Nutzen, nur aus Lust, Lust allein, zu geben und zu empfangen?« (112/86 f.)

Welches Objekt hat die Liebe? Den anderen, oder über den anderen zu sprechen? Die Wirklichkeit des gelebten Gefühls oder das Sprechen darüber? Eine erstaunliche Bindung des Gefühls an das Wort, die Mariana Alcoforado in ihrem letzten Brief an den Chevalier de Chamilly so schreiben läßt: »Ich schrieb Euch Briefe über eine große Liebe und großes Leid, mein Herr, und da ich so lange von Euch keine Nachricht hatte, begann ich sie und die Geste, sie zu verfassen, mehr zu lieben als Eure Gestalt oder Euer Angedenken.« (296/264)

Auch hier vollbringen die *Neuen Portugiesischen Briefe* eine Pioniertat. Sie schreiben sich in die heute riesige Strömung der feministischen Literatur ein, in der das Verhältnis der Frau zum Schreiben eines der großen und expliziten Themen darstellt. Und dies geht so weit, daß die Frau durch die feministische Literatur der Welt ein neues Antlitz gibt, als handle es sich um einen herkömmlichen Liebesakt, und als ob aus ihr tausend verschiedene Formen entstünden, Beziehungen zu leben, die Gesellschaften zu strukturieren, die Technik und die Politik zu denken und auszuführen, die Schönheit zu suchen und die Güte in den Dingen, und sie reichlich großzügig und gerecht zu verteilen.

Und so wie in den *Neuen Portugiesischen Briefen* verleiht diese ganze Literatur der fundamentalen Behauptung Körper: die Frau besitzt eine eigene Identität, und mit derselben Geste, mit der sie Gleichheit verlangt, schreibt sie in die Geschichte ihre fundamentale Verschiedenheit ein.

Sie existiert um ihrer selbst willen. Sie kennt sich. Oder sucht sich. Oder entdeckt sich (»Und immer wieder der Narzißmus« [324/289]). Aber sie ist hellsichtig. Sie vermag ihre eigene Intelligenz zu erobern. Sie kann von sich sprechen und vom Leben, vom Zwischenmenschlichen und vom Objektiven, vom unendlich Privaten und vom unendlich Öffentlichen. Sie kann ihre innere Welt aussprechen und die Welt aussprechen, einfach so. Sie kann die Intimität des nicht Ausgesprochenen leben und die Äußerlichkeit der Handlungen. Sie kann Lyrik schreiben und Politik betreiben. (Nein, »Marias«, ich beharre nicht auf dieser Verbindung von *poesis* und *polis,* die für mich lebenswichtig ist; mit ihr möchte ich nur gesagt haben, was mich mit euch verbindet, im gemeinsamen Glauben, daß die Schönheit und der gesellschaftliche Wandel sich gegenseitig durchdringen oder ein einziges sind, und daß eine Frau, die »Politik betreibt«, vielleicht niemanden erschreckt, wenn sie sie aber mit einer Handvoll Versen betreibt, gleich die Sturmglocken läuten und die Herrschaften erschrecken, die das Handbuch der »hohen Reitkunst« in der ganzen Politik gemacht haben.)

Es hieße die Botschaft der *Neuen Portugiesischen Briefe* verraten, würde ich nicht hinzufügen, daß nichts von alledem transparent, rein, fest, »Stein«, »Glas«, »Weg« (59/33) ist. Obwohl ich ihm das Recht zu urteilen abspreche, gebe ich zu, daß der französische Ritter recht hätte, würde er viele unserer weiblichen Handlungen kennen und über sie in den schrecklichen Worten schreiben, die er an Mariana schickte: »Ihr seid so voll von Euch selber, Mariana, daß Euer Leib niemals ein anderes Leben hervorbringen würde als Euer eigenes, nochmals Eures und immer wieder nur Eures.« (84/59) Das ist eine radikale Verdammung. Um so tragischer, als sie im Universum der Selbstdefinition jeder Frau ertönt, in dem sich, durch alte und neue Traditionen übermittelt, die dramatische Verstörung wiederholt: »Ist es denn möglich, Frau zu sein, ohne Frucht zu sein?« (61/36)

Oder mit anderen Worten: welcher Horizont öffnet sich jenseits der Eroberungen, der Kämpfe, der individuellen und kollektiven Wünsche? Was wird das neue Schicksal der Frau bedeuten? Wird es gangbar sein? »noch gibt es nichts, wo eine Frau sich bestätigen und sich für ihre Kämpfe belohnen kann. Wird je der Tag dafür kommen?« (175/149)

Der Tag kommt. Wenn Frauen und ihre gelebten Geschichten sich treffen, in der Übereinstimmung ihrer Leben, in der hellsichtigen Analyse ihres Wegs und ihrer Vorgehensweise, in der kollektiven Kraft einer in der Geschichte neuen Energie, die aus unterdrückten und nun endlich befreiten Werten stammt.

Ein Weg der Initiation – Reise in unser Zentrum, ins Zentrum jeder Frau, Reise ins Zentrum der Welt und ihrer Bedingtheiten –, ein Weg, der gleichzeitig in allen Registern: dem historischen, politischen und moralischen, gegangen werden muß. Versuch einer persönlichen Antwort, ohne Anspruch auf Universalität, in dem das Mögliche jeder einzelnen Geschichte ausgesprochen wird, der offene Horizont, der zurückgelassene Meilenstein. Suche von Frau zu Frau, Antwort jeder einzelnen an jede einzelne, von allen an jede einzelne, mit offenem Gehör für die von allen Seiten auftauchende Frage: »Wo kann sie neu erlernen, wie sie leben soll, wo soll sie das tägliche Vorbild, die Rolle, das Bild, die Geste und das tägliche Wort wiederfinden, die Selbstannahme und die Liebe zu den anderen und die Zeichen der Annahme und der Liebe?« (232/207)

Die gesellschaftliche Bewegung, die die Frauen heutzutage darstellen, birgt potentiell die Antwort. Die kollektive Kraft der Frauen, die gleichzeitig die sozial am stärksten diskriminierte Gruppe bilden und, international gesehen, auch die größte, ist ein Faktor, dem die Geschichte noch nicht gerecht wird. Schritte, wie sie die *Neuen Portugiesischen Briefe* darstellen, halfen dieser Kraft, sich ihrer selbst bewußt zu werden. Sie wirkt heute in der Entdeckung neuer Werte und anderer Existenzweisen, in der Praxis eines befreiteren und hingebungsvolleren Lebens.

Wenn es dieser Kraft gelingt, in alle Sphären des sozialen Lebens neue menschliche Qualitäten hineinzutragen, wird sich der Unterschied, der die Unterdrückung hervorbringt, verringern, um jenem Unterschied Platz einzuräumen, der die Bestätigung der Identität ist. Dann wird der Boden bereitet sein, damit aus ihm die einzige notwendige Revolution sprießt: jene des unterdrückten Bewußtseins, das weiß, daß es auch unterdrückt, und das sich von der einen wie von der anderen Unterdrückung befreien will. Und all das wird mit der beschwingten Geste der Person geschehen, die nicht feierlich die Geschichte ändert, sondern schlicht ihre eigene Geschichte schreibt und sie mit den anderen verwebt, die in den Reigen eintritt, wo die Mädchen ihre Hymne der Schwesterlichkeit singen, ihr Lied aus Lächeln und Hoffnung:

»Meine Lieben,
der Tod des Unterschieds, der Boden der Revolution, ist ein gutes Lachen in offener Hand.« (160/134)

Übersetzung: Elfriede Engelmayer

* **Anmerkung der Übersetzerin:** Die jeweils erste Seitenangabe in Klammern nach den Zitaten bezieht sich auf die 3. Ausgabe der *Novas cartas portuguesas,* die zweite, nach dem Schrägstrich, auf die erste, im Ullstein-Verlag, 1976 erschienene Übersetzung ins Deutsche von Ludwig Graf von Schönfeldt, *Neue Portugiesische Briefe.* Bei einigen Übersetzungen entferne ich mich von L.G.v.S., in einem Fall wurde der Passus vom Übersetzer der Ullstein-Ausgabe vergessen und von mir übersetzt. – Bei dem hier veröffentlichten Text von Maria de Lurdes Pintasilgo handelt es sich um das »Vor-Vorwort« und das »Vorwort« zur 1980 in Lissabon erschienenen 3. Auflage der *Novas cartas portuguesas.*

MARIA ISABEL BARRENO: 1939 in Lissabon geboren. Studium der Geschichte und Philosophie. 1962-1975 Arbeit am Nationalen Institut für Industrieforschung. 1976 Dramatisierung der *Novas cartas portuguesas* (gemeinsam mit Gilda Grillo) für ein New Yorker Theater. 1983-1987 mehrere Ausstellungen der »gestickten Gedichte« und/oder Textzeichnungen in Portugal, Spanien und Brasilien. Zwischen 1967 und 1992 Mitarbeit bei diversen Zeitungen und Zeitschriften. Bis Mai 1993 Redaktionschefin von *Marie Claire.* 1992 Filmskript zur Fernsehserie *Crónica do tempo* nach ihrem gleichnamigen Roman. Zahlreiche Studien im Bereich der Soziologie, Pädagogik und der Bildenden Kunst. Engagement in der Frauenbewegung. Derzeit lebt sie als freiberufliche Schriftstellerin in Lissabon.

Bibliographie:
De noite as árvores são negras, Lissabon 1968; *Os outros legítimos superiores,* Lissabon 1970; *Novas cartas portuguesas* (gemeinsam mit Maria Teresa Horta und Maria Velho da Costa), Lissabon 1972 (^{2}1974, ^{3}1980 mit einem Vorwort von Maria de Lurdes Pintasilgo); *A morte da mãe,* Lissabon 1979 (^{2}1989); *O inventário de Ana,* Lissabon 1982; *Contos analógicos,* Lissabon 1983; *Célia e Celina,* Lissabon 1985; *O mundo sobre o outro desbotado,* Lissabon 1986; *Crónica do tempo,* Lissabon 1990; *O enviado,* Lissabon 1991; *O chão salgado,* Lissabon 1992. Maria Isabel Barreno ist außerdem in diversen Anthologien vertreten.

Von ihren nicht-fiktionalen Texten sind hervorzuheben: *A condição da mulher portuguesa* (mit Isabel da Nóbrega, Augusto Abelaira, Natália Nunes u.a.), Lissabon 1968; *Os sinos do universo* (mit Joaquim Moura Ramos), Lissabon 1984.

Übersetzungen ins Deutsche: *Neue Portugiesische Briefe (oder wie Maina Mendes beide Hände auf den Körper legte und den übrigen legitimen Oberen einen Tritt in den Hintern versetzte),* übers. von Ludwig Graf von Schönfeldt, Berlin/Frankfurt a.M./Wien 1976 (^{2}1977, Leipzig/Weimar ^{3}1981); »Das Beispiel und das Haus« (»O caso e a casa«), übers. von Curt Meyer-Clason, in: *Portugiesische Erzählungen des zwanzigsten Jahrhunderts,* hrsg. von Curt Meyer-Clason u. Dieter Offenhäußer, Freiburg 1988; »Der Gesandte«, übers. von Elfriede Engelmayer, in: *Tranvía* Nr. 24 (März 1992), und »Der Gesandte«, übers. von Andreas Klotsch, in: *Erkundungen. 27 Erzähler aus Portugal,* Berlin 1993.

MARIA TERESA HORTA, geboren 1937. Gehörte zur literarischen Bewegung *Poesia 61.* Mitautorin von *Novas cartas portuguesas,* gemeinsam mit Maria Isabel Barreno und Maria Velho da Costa. Sie schrieb für zahlreiche portugiesische Zeitungen und Literaturzeitschriften Literaturkritik. War jahrelang Redakteurin der KP-nahen Frauenzeitschrift *Mulheres,* die inzwischen eingestellt wurde.

Bibliographie:
Ihr umfangreiches lyrisches Werk zwischen 1960 und 1983 ist in einer zweibändigen Anthologie, *Poesia completa I, II* bei Litexa in Lissabon 1983 erschienen. Weitere lyrische Werke: *Os anjos,* Lissabon 1983; *Minha mãe meu amor,* Lissabon 1986; *Rosa sangrenta,* Lissabon 1987.

Prosa: *Ambas as mãos sobre o corpo,* Lissabon 1970; *Ana,* Lissabon 1975; *Ema,* Lissabon 1985; *Cristina,* Lissabon 1985.

Übersetzungen: *Neue Portugiesische Briefe* (s. Bibliographie Maria Isabel Barreno); »Lídia«, übers. von Curt Meyer-Clason, in: *Portugiesische Erzählungen des zwanzigsten Jahrhunderts,* hrsg. von Curt Meyer-Clason u. Dieter Offenhäußer, Freiburg 1988; »Die Sprache der Zukunft ist weiblich« (Essay), übers. von Walter Frey u. Brunhilde Wehinger, in: *Tranvía* Nr. 14 (Sept. 1989).

MARIA VELHO DA COSTA: 1938 in Lissabon geboren. Studium der Germanistik und Anglistik. Sie war Lehrerin in Portugal, übte bis 1987 am King's College der Universität London ein Lektorat aus, arbeitete als Kulturattachée an der portugiesischen Botschaft in Praia (Kap Verde). Derzeit lebt sie in Lissabon.

Bibliographie:
Prosa: *O lugar comum,* Lissabon 1966; *Maina Mendes,* Lissabon 1969; *Novas cartas portuguesas* (s. Bibliographie Maria Isabel Barreno); *Descrita,* Porto 1973; *Cravo,* Lissabon 1976; *Casas pardas,* Lissabon 1977; *Da rosa fixa,* Lissabon 1978; *Lucialima,* Lissabon 1983; *O mapa cor de rosa,* Lissabon 1984, *Missa in albis,* Lissabon 1988, *das áfricas* (mit José Afonso Furtado), Lissabon 1991.

Lyrik: *Corpo Verde* (mit Zeichnungen von Júlio Pomar), Lissabon 1979 (^{2}1982).

Soziologische Arbeiten: *Ensino primário e ideologia,* Lissabon 1972 (^{2}1975); *Português, trabalhador, doente mental,* Lissabon 1977.

Übersetzungen: *Neue Portugiesische Briefe* (s. Bibliographie Maria Isabel Barreno); »Nachtwache« (»A velada«), übers. von Christiane Meyer-Clason, in: *Portugiesische Erzählungen des zwanzigsten Jahrhunderts,* hrsg. von Curt Meyer-Clason u. Dieter Offenhäußer, Freiburg 1988; *Corpo Verde. Körper, Grün* (mit Zeichnungen von Júlio Pomar), übers. von Elfriede Engelmayer, Berlin 1989.

Maria Isabel Barreno:

Über die Notwendigkeit, den Raum der Wirklichkeit zu erweitern

Von Elfriede Engelmayer

Ursprung

Ältester Ursprung scheint der der Hoffnung zu sein
Geheimes Tor das die Geheimnisse des Jenseits verbirgt
Hoheslied der Rosen in ihrem verschwiegenen Blühen
Beharrlichkeit der Dinge. Oder Rührung in unserem Blick

Das Ereignis des Universums ist die Schöpfung der Liebe
Teilhabe des Lichts an aller erschaffenen Materie
Kein Absolutum erwartet uns am Ende der Dinge und der Zeiten
Wir sind das Absolute und nichts kann uns verdammen

Am Ende der Zeiten nur der älteste Ursprung
Durchgangen der in unser Innerstes eingeschriebene Weg
Anerkannt die Rührung die uns mit aller Schönheit verbindet
Einziges geheimes Tor ist jenes das uns von uns selber trennt.[1]

Das Original dieses Gedichts von Maria Isabel Barreno liegt nicht irgendwo als Handschrift oder getipptes Blatt in einer Lade, seine 'schriftliche Form', der Druck, verfälscht eigentlich seine wahre Form. Es findet sich in einen Wandbehang eingestickt wie eine Reihe anderer Gedichte, die im Rahmen einer Ausstellung unter dem Titel *A dama verde* (Die grüne Dame) 1983 in Lissabon und 1984 in Rio de Janeiro gezeigt wurde. Wie die Autorin im Einleitungstext zum Ausstellungskatalog schreibt, war es ihre Absicht, die Schrift als dekoratives Element aufzuwerten, wobei sie auf bestimmte traditionelle weibliche Kunstformen zurückgriff. Dekorativ aber versteht sie etymologisch als zugehörig zu *decorar,* erinnern: im Gedächtnis und im Herzen behalten.

Das Gedicht als Endprodukt gewinnt somit für die Betrachter auch eine geschichtliche Dimension, der Prozeß seiner Entstehung ist ihm eingeschrieben/eingewoben/eingestickt: die lange Zeit, bis jedes Wort das Licht der Welt erblickt, die materialisierte Zeit der Freude an der manuellen Arbeit. Die Entfremdung des Schaffenden von seinem Werk wird rückgängig gemacht, dem Entstehungsprozeß ebensoviel Wert zugemessen wie dem fertigen Produkt.

Grenzüberschreitung im Formalen und Inhaltlichen charakterisiert das Werk Maria Isabel Barrenos, eine konstante Befragung und Infragestellung des sogenannten Faktischen. Die Realität aber ist nur befragbar, wenn man begreift, wie sie entstanden ist, wem dabei Gewalt angetan wurde. Jeder noch so revolutionäre Zukunftsentwurf nährt sich aus der Analyse der Vergangenheit und baut sich aus dieser Einsicht die Hebel zur Veränderung. Die gestickten Gedichte des Zyklus *A dama verde* stammen aus der zweiten großen Schaffensperiode von Maria Isabel Barreno, die mit den *Contos analógicos* (1983/Analoge Erzählungen) beginnt, die großen Themen der ersten Phase weiterführt, aber der gesellschaftlichen Dimension nach der Selbstfindung des (vor allem weiblichen) Individuums den zweiten Rang zuweist.

Als in Portugal 1974 eine fast fünfzig Jahre währende Diktatur durch einen Staatsstreich der Militärs außer Kraft gesetzt wurde, war Maria Isabel Barreno 35 Jahre alt, in ihrem eigenen Land und in den meisten anderen Ländern Europas sowie in den Vereinigten Staaten eine in bestimmten Kreisen bekannte Schriftstellerin, selbst wenn sie im allgemeinen eher als eine der »drei Marias« wahrgenommen wurde. Der aufsehenerregende Prozeß um das Gemeinschaftswerk dreier Autorinnen, *Novas cartas portuguesas* (1972/dt. *Neue Portugiesische Briefe,* 1976) führte dazu, daß das Buch in mehrere Sprachen übersetzt und wahrscheinlich in diesen Sprachen häufiger gelesen wurde als im Lande selbst.

Maria Isabel Barreno, die Initiatorin des Werks, und ihre beiden Mitautorinnen Maria Teresa Horta und Maria Velho da Costa lenkten die internationale Aufmerksamkeit auf das Skandalon Portugal, wo der patriarchale Staat es ganz konsequent und 'klug' vermied, die Anklage gegen die drei Frauen politisch zu formulieren – ihr Vergehen war, wie es in der Anklageschrift hieß, ein Anschlag auf die öffentliche Moral, von ihnen selber begriffen als Anschlag auf die Moral der Herrschenden. Die Autorinnen wurden erst mit der Revolution selbst freigesprochen. Ein aufgeklärter Richter hatte den Prozeß lange genug hinziehen können.

In der Wahrnehmung der nichtportugiesischen Öffentlichkeit blieb der Ruhm der drei Autorinnen an dieses Meisterwerk des Protests gebunden. Er währte noch die geraume Zeit des Interesses an einem revolutionären Prozeß in Europa, an den damals niemand mehr hatte glauben wollen. Frauenbewegungen aus vielen Ländern unterstützten die Anfänge einer feministischen Bewegung in Portugal, aber die Revolutionsperiode im Lande erlitt das Schicksal vergangener Revolutionen, und in den linken Parteien und Bewegungen blieb die Frauenfrage weitgehend ausgeklammert.

Maria Velho da Costa entsolidarisierte sich unmittelbar nach dem 25. April 1974 vom Projekt der *Neuen Portugiesischen Briefe* und pries die unmittelbar bevorstehende klassenlose Gesellschaft als Befreiungstermin für alle unterdrückten Frauen. Als es klar war, daß diese klassenlose Gesellschaft auf unvorhersehbare Zeit verschoben war, zog sie sich politisch zurück.

Maria Teresa Horta trat zur Zeit des politischen Niedergangs der Kommunistischen Partei Portugals in die Partei ein und verblieb dort lange Jahre bis zu ihrem Austritt als kämpferische Feministin, die sie immer noch als Autorin und Bürgerin ist.

Maria Isabel Barreno blieb allen Parteien fern, begriff aber, wie viele andere Intellektuelle ihrer Generation, das Ende der Diktatur als einen moralischen Imperativ zur sozialen Veränderung. Von ihrem Engagement gingen Impulse zu einer Frauenbewegung aus, die es aber als solche in Portugal nicht geben sollte.

Der 'objektive' Verlauf der portugiesischen Geschichte wirkte auf das Leben der drei Frauen sehr unterschiedlich ein, was sich auch im Werk jeder einzelnen nachlesen läßt. Die *Neuen Portugiesischen Briefe* stellen insofern einen interessanten Referenzpunkt dar, aber keine der drei Autorinnen darf nach all dieser Zeit legitimerweise auf dieses Werk beschränkt bleiben.

Es mag heute noch erstaunen, wie sich nicht nur in diesem Fall die Zensur erstaunliche Blößen gab. Die dreifache Autorenschaft sollte garantieren, daß nicht etwa *eine* von den drei Schriftstellerinnen wegen irgendwelcher 'anstößigen' Passagen inkriminiert werden könnte. Wer aber das Werk der drei Autorinnen kennt, wird für den Großteil der Textteile des Buches angeben können, wer wofür zeichnet. Schon zu dieser Zeit war die 'Schrift' jeder einzelnen unverwechselbar.

Das formale Konzept der *Neuen Portugiesischen Briefe,* die Vielfalt der literarischen Gattungen als eine neue Gattung, stammte von Maria Isabel Barreno und hatte nicht nur die politische Absicht, die Zensoren zu verwirren. Sie arbeitete zur gleichen Zeit, schon vor diesem Buch und noch lange Jahre danach an *A morte da mãe* (1979/Der Tod der Mutter), ihrem vielleicht wichtigsten Werk, in dem Essay, Erzählung und Poesie eine einzigartige Symbiose eingegangen sind. Die Autorin selbst mag zwischen ihrem 'wissenschaftlichen' Werk (Auftragsarbeiten soziologischer und, im Fall von *Os sinos do universo* [1984/Die Glocken des Universums], biologischer Natur) und ihrem literarischen Werk eine Trennlinie ziehen. Da sie aber die Objektivität des wissenschaftlichen Diskurses in ihren nichtliterarischen Arbeiten immer wieder als versteckte Ideologie anspricht und da ihr Weltbild nicht zwischen dem wissenschaftlich-faktisch interpretierten und dem poetisch formulierten unterscheidet, präsentieren sich uns ihre Werke als ein kohärenter allumfassender Versuch, im Überschreiten von wissenschaftlichen und literarisch-formalen Grenzen zu den existenziellen menschlichen Fragen vorzustoßen, wobei die Rolle der Frau und ihre spezifische Kultur im Mittelpunkt steht.

A morte da mãe erschien zum ersten Mal 1979, in zweiter Auflage 1989, und sollte allein genügen, den Ruhm der Autorin unter den gegenwärtigen portugiesischen SchriftstellerInnen zu begründen. Dennoch blieb es wenig beachtet, und das bis heute. Es liegt allein eine Übersetzung ins Französische vor, die aber, nach den Worten der Autorin, gerade mit profunden Schwierigkeiten im Verlag Edition des femmes zusammenfiel, wodurch das Buch nicht in angemessener Weise auf seinem Weg zum Leser begleitet wurde. Es handelt sich zweifellos um ein schwieriges Werk, das mehr als eine Lektüre erfordert, aber dennoch gleich zu Anfang einen unauflösbaren Zauber über die Lesenden wirft. Die kühne Mischung aus essayistischer und poetischer Sprache projiziert den Gang durch die Geschichte der Menschheit in Bilder, wie dies einem nur wissenschaftlichen Diskurs niemals möglich wäre. Maria Isabel Barreno arbeitete an diesem Buch acht Jahre lang, vom Mai 1969 bis zum Juni 1977, und die in ihm aufgeworfenen Fragen führten in gewisser Weise zum Projekt der *Neuen Portugiesischen Briefe.* Es ist mehr als unwahrscheinlich, daß *A morte da mãe* je veröffentlicht worden wäre, hätte die portugiesische Revolution nicht die Diktatur und damit auch die Zensur entmachtet. So brisant und bedrohlich sich für den damaligen Staat das Gemeinschaftswerk der drei Autorinnen darstellte – *A morte da mãe* geht in seiner grundsätzlichen Fragestellung des gesellschaftlichen Status quo weit darüber hinaus, weil es die Geschichte der Enteignung der Frauen von ihren Produkten, ihrem Besitz, ihrem Körper in ihrer Totalität darstellt – auf der Ebene des Faktischen, des Geschehenen genauso wie auf der symbolischen, kulturellen und ideologischen Ebene. Es sucht nach den Ursachen, die zum Tod des weiblichen Prinzips in der Menschheitsgeschichte führten, ohne bei der Feststellung dieses Todes stehenzubleiben.

Die Autorin schrieb das Buch in einer Zeit, als für sie eine grundsätzliche Reflexion über sich selbst und ihren Standort lebensnotwendig war: »Es [das Werk] ist tatsächlich eines meiner Innerlichkeit, bedeutet aber zur gleichen Zeit ein ganzes kulturelles und soziales System, mit dem ich durchtränkt war und aus dem, so kann man sagen, die Matrix stammt, die mich hervorbrachte. Es war mein Bedürfnis nach einer umfassenden Revision, ja sogar nach einer Katharsis.«[2] In diese Revision floß die Lektüre ungezählter Werke über Geschichte und über die Frauenfrage ein, psychologische, psychoanalytische und anthropologische Untersuchungen. In *A morte da mãe* aber versucht Maria Isabel Barreno, jene spezifischen Sichtweisen miteinander zu verbinden. Sie konstruiert, ausgehend von der Kritik an Friedrich Engels' *Der Ursprung der Familie, des Privateigentums und des Staates,* die Struktur ihres Buches, indem sie die Engels' Text innewohnende Dialektik für ihren eigenen fruchtbar macht. Obwohl jedoch in *A morte da mãe* Engels, Marx, Freud, Simone de Beauvoir, Kate Millet, Shulamith Firestone und andere erkennbar als Referenz auftauchen, manchmal sogar als fiktionale Gesprächspartner der Ich-Erzählerin, ist der Text alles andere als eine Kompilation von verschiedenen Denksystemen. Die Befragung der Geschichte vollzieht sich insistierend vom konkreten subjektiven Ort des Ich aus, des weiblichen Ich der Erzählerin/Autorin, die ihre Subjektivität auch in den Passagen des wissenschaftlichen Diskurses nie verhüllt.

Gleich zu Beginn des Romans tritt eine Gruppe von Frauen auf, die die Fragen der Erzählerin aufnimmt, variiert, ihr widerspricht, jedenfalls aber durch ihre Präsenz anzeigt, daß diese Fragen das Kollektiv der Frauen betreffen und nicht nur das eine erzählende weibliche Individuum.

Was mich an Maria Isabel Barrenos Werk fasziniert, ist auch die Kühnheit einer (damals) dreißigjährigen Frau, vor dem Hintergrund der damaligen portugiesischen Gesellschaft diesen schier unüberwindlichen Berg von Fragen für sich selbst und für ein vielleicht nie existierendes Publikum abtragen zu wollen, ihre Intelligenz und Hartnäckigkeit bei der Durchführung ihres Projekts, eine sicher überdurchschnittliche menschliche Reife, ohne die der Roman nie hätte geschrieben werden können. Literarische Vorbilder ihrer eigenen Sprache und Kultur besaß sie keine, und von einer portugiesischen Frauenliteratur war damals noch lange nicht die Rede. Die dominierende literarische Richtung, literarischer Widerstand gegen das Regime, war der Neorealismus, eine Literatur männlicher Autoren, in deren marxistischem Weltbild der Frau vorwiegend die Rolle der »Genossin im Schatten« zukam.

Trotz aller gesellschaftlichen Transformationen, die uns vom Beginn des Arbeitsprozesses am Roman trennen, schreibt Maria Isabel Barreno im Vorwort zur zweiten Auflage: »Ich würde heute dennoch hinzufügen: die Frauen sind immer noch verborgen. Man hat schon viel über sie gesprochen: die Dinge haben sich auf eine Art und Weise und in solcher Zahl geändert, wie das vor zehn oder fünfzehn Jahren noch undenkbar war. Dennoch verbleibt noch der Großteil dessen, was man über Frauen spricht oder für sie unternimmt, an einem relativ oberflächlichen Rand: dem der Funktionalität, des strikt Ökonomischen, am Rand der Bedürfnisse eines sozialen Systems, das sich auf keinen Fall ändern will.« (*A morte da mãe*, S. 11)

Beinahe am Ende des Romans äußert die Mutter Natur, die der Frauengruppe auf der Suche nach ihrer geschichtlichen Identität als Führerin diente: »Die Geschichte, die die Männer erzählen, ist wahr. Aber es fehlt die andere Hälfte.« (*A morte da mãe*, S. 366) Und von dieser anderen Hälfte handelt das Buch.

Die neun großen Kapitel mit ihren Unterkapiteln nehmen immer wieder, jeweils auf einer anderen zeitlichen Ebene, die gleichen Fragen auf. Das Motiv zum Aufbruch durch den weiblichen Raum (Korridore, unterirdische Gänge, dunkle, rote, blutige Plätze) ist die Perplexität des kleinen Mädchens angesichts des 'Wissens', das man ihr beibringt: »'Der homo faber, der homo sapiens, (...). Die Entdecker, die Abenteurer, die Menschen der Renaissance; der Mensch hat Durst nach Erkenntnis; die Physiker, die Mathematiker (...); die Männer der Regierung; die Deklaration der Menschenrechte; die Presseleute; die Männer kämpfen um Macht; die Ausbeutung des Menschen durch den Menschen; Millionen von Menschen starben im Krieg; die Menschen guten Willens; die Kunst ist für den Menschen eine Notwendigkeit; der Mensch angesichts der Natur ...' (...) 'UND WO SIND DIE FRAUEN?'« (*A morte da mãe*, S. 17)[3] Alle erhaltenen Antworten waren im Grunde keine Antwort. Wo aber liegt der Schlüssel zu diesem Schweigen, diesem Geheimnis verborgen? Eine faszinierende Hypothese: daß alle Zellen, Bausteine des Lebens, in sich alle alten Erinnerungen aufgespeichert hätten, daß es somit auch den Tieren, die aus diesen Zellen bestehen, möglich sei, auf diesen uralten Erinnerungsschatz zurückzugreifen. »Vielleicht war mein Weg ganz einfach die Form meines Körpers: von meinem Kopf bis zu meinen Füßen, da ich so alle Stimmen aus den dichten Korridoren, die ich durchschritt, mitgenommen hatte.« (*A morte da mãe*, S. 20)

Zu diesem Traum (dieser Gewißheit?) gesellt sich die Wahrnehmung einer verwirrenden Wirklichkeit: die Stille der Innenräume, des Hauses, bevölkert von den Geräuschen der arbeitenden Frauen, Gerüche, Halbdunkel, die Vorbereitung der Mahlzeiten, das frisch duftende Tischtuch: »Aber dieser Moment der warmen Mahlzeiten war der Höhepunkt eines faszinierenden Einschnitts.

Mein Vater kam von der Arbeit nach Hause. Und der ganze lange Vormittag oder der ganze Tag im Haus verwandelte sich in ein langes Warten auf diesen Höhepunkt. (...) Das Hin- und Hergehen der Angestellten und meiner Mutter traten aus der Zeit aus: das Haus verwandelte sich in einen statischen, festen Raum, in den sich unausweichlich ein fertiges Mittag- und Abendessen einschrieben, das pünktlich und dampfend dastand und basta.« (*A morte da mãe*, S. 21)

Die Wahrnehmung des Unterschieds zwischen weiblicher und männlicher Zeit, weiblichem und männlichem Raum, oder besser: der Verwandlung der weiblichen Raum- und Zeitkategorien in männliche, führt dazu, daß das Mädchen sich in ihrer Phantasie den Raum schafft, um sich selbst ihre und die Gegenwart der Frauen zu erklären, eine Art mentaler Bühne für Szenen aus der Menschheitsgeschichte. Sie befindet sich plötzlich in einem kleinen geschlossenen Zimmer, an der Wand hängt eine Art Teppich – oder ist es ein Relief? –, einige schwer erkennbare Personen sind darin eingezeichnet oder eingemeißelt, unbekannte Zeichen verlaufen an der Oberfläche. Sie bemerkt plötzlich, daß sie nicht mehr allein ist. Stimmen erwecken den Wandteppich zum Leben. In diesem Moment bemerkt sie, daß die sie umgebenden Personen Frauen sind – und daß die sie umgebenden Frauen Personen sind.

An dieser Stelle des Romans setzt, bei der ersten Lektüre schwierig zu bemerken, die dialogische Struktur des Textes ein. Die Mutter Natur führt der Frauengruppe in mehreren Sequenzen den Prozeß des sich immer weiter spezialisierenden Lebens vor, ein Film, von ihr kommentiert, von den Frauen immer wieder befragt, abgelehnt zum Teil, als unbefriedigend empfunden. Die weibliche Sexualität, jene, die alle Phasen der Produktion des menschlichen Lebens enthält, stellt sein eigentliches zentrales Thema dar. Die Passagen der Kommentare der Frauen sind auf der Ebene der Erzählzeit des Romans die Gegenwart, zuerst die Gegenwart des sich selbst suchenden Mädchens, dann, am

Ende des Romans, die der erwachsenen Frau, die Marx, Engels, Freud und Gott zum Streitgespräch herausfordert, bevor sie zur Inthronisierung des kreativen Chaos aufruft, zur Sabotage an der männlichen Ordnung der Welt, die den weiblichen Teil der Menschheit unsichtbar macht.

Zum Verständnis der Gegenwart ist die Rückkehr zu den Anfängen notwendig: In der Frühzeit der Menschheitsgeschichte standen die Frauen im Zentrum der Gruppe. Im Laufe ihres kurzen Erwachsenenlebens investierten sie in die Schöpfung und Aufzucht neuen Lebens. Männliche und weibliche Mitglieder wurden mit derselben Sorgfalt betreut, die Mädchen gaben als Frauen die ihnen dargebrachte Pflege als Produzentinnen neuen Lebens der Gruppe zurück, die Jungen hielten als Männer Gefahr und Tod vom vitalen Zentrum der Gruppe ab. Die Frauen besaßen die Macht, die toten Individuen zu ersetzen. »Das Todesrisiko jedes Individuums war umgekehrt proportional zu seiner Teilnahme an der Produktion des Lebens.« (*A morte da mãe*, S. 49) Das Verlangen der Frauen, ihr Wille zur Aufrechterhaltung des Lebens, brachte die Fruchtbarkeitszyklen, den Wettbewerb zwischen den Männern und somit die Struktur der Gruppe hervor.

Mit der Verbesserung der Lebensbedingungen und der Verlängerung der Lebenszeiten der Individuen investieren die Frauen immer mehr in ihre Nachkommenschaft. Die Zeit fällt nicht mehr allein mit den Fruchtbarkeitszyklen zusammen. Mütter erkennen ihre Kinder, da sie noch deren sexuelle Reife erleben, Gedächtnis und menschliches Bewußtsein entstehen allmählich. Die Zeit der Frauen und Männer unterscheidet sich, Produktion und Aufzucht des Lebens einerseits, kurze Intervention in der Produktion des Lebens und Verteidigung der Gruppe andererseits. Zwei Funktionen bleiben für die Frauen immer geteilt – Paarung und Produktion des Nachwuchses.

Wenn die gesamte Lebenszeit nicht mehr zur Aufrechterhaltung der Art notwendig ist, entsteht jener Zeitüberschuß, der in die Hervorbringung von Objekten investiert werden kann. So mag auch die Kunst entstanden sein: »Der Überschuß ist die bescheidene und arrogante Suche nach der Unsterblichkeit.« (*A morte da mãe*, S. 95)

Das Bewußtsein von Zeit, das Ichbewußtsein und die bewußte Wahrnehmung der anderen Individuen ging wahrscheinlich aus dem Verhältnis zur Mutter hervor, aus ihrer Anerkennung und dann der Trennung von ihr. Auch innerhalb der Gruppe werden Antagonismus und Kooperation bewußt erlebt. Die Frauen beginnen zu zögern und schicken nicht mehr systematisch die Männer an den Rand der Gruppe. Die Hypothese, daß die männliche Nachkommenschaft als eine Form, der Gruppe ihre eigene Produktion zurückzuerstatten, eine besondere Tendenz zum Inzest entwickelt hätte, scheint plausibel: das älteste Tabu betrifft Mütter und ihre männlichen Kinder. Hier liegt auch, nach den Worten der Autorin, der Kern dessen, was wir heute als Liebe bezeichnen, nicht die Beziehung zwischen der erwachsenen Frau und dem erwachsenen Mann, sondern zwischen den Frauen und ihren Nachkommen.

Mit der Seßhaftigkeit und dem ständigen Anwachsen der Gruppe bilden sich blutsverwandte Untergruppen heraus, in denen die Abstammung aus der weiblichen Linie zählt. Damit werden jedoch neue Gesetze notwendig, um die allzugroße Integration der männlichen Individuen in den weiblichen Raum zu verhindern: »Und da begannen vielleicht die Ängste und Unsicherheiten der Männer: indem sie sich selbst als weitgehend überflüssig im fundamentalen Schöpfungsprozeß des Lebens begreifen, ihre Kämpfe und Verteidigungsfunktionen mit Waffen und Objekten in immer größeren Abständen und in ritualisierter Form wahrnehmen, indem sie die kompliziertesten mütterlichen Techniken der Frauen zu imitieren versuchen, ohne jedoch jemals eine Frucht ihres Körpers hervorzubringen, beginnen die Männer ihren langen Marsch durch die Geschichte.« (*A morte da mãe*, S. 95) Auf der anderen Seite wird die schöpferische Arbeit der Frauen in den Untergruppen in einer Menschheit mit wachsendem Bewußtsein unsichtbar und verschwimmt in den Mythen.

Maria Isabel Barreno folgt hier der Argumentation Simone de Beauvoirs, nach der die Arbeitsteilung zwischen den Geschlechtern in früher Zeit die Frauen zur »Immanenz«, die Männer aber in ihren Aktivitäten zur Sicherung des Lebensunterhalts zur »Transzendenz« geführt hätte. Die Festschreibung dieser Geschlechterrollen in der Geschichte jedoch sieht sie als ideologische Konstruktion von Männern zur Aufrechterhaltung ihrer Macht, da ja die Fixierung der Frau auf ihre Biologie, ihre 'Natur', in krassem Gegensatz zur Definition von Zivilisation und Fortschritt, das heißt zur Überwindung der Natur durch den Menschen, steht.

In den Jahren zwischen der Erstausgabe von *A morte da mãe* (1979) bis heute (die zweite Auflage erschien unverändert, nur erweitert durch ein Vorwort der Autorin) haben sich gerade auf dem Gebiet der Frauenforschung durch anthropologische Arbeiten neue Erkenntnisse ergeben, die die Hauptbezugssysteme in diesem Bereich – Engels, Bachofen, Freud, Lévi-Strauss – relativieren. Maria Isabel Barrenos Arbeit stellt auch unter diesem inhaltlichen Aspekt ein interessantes Dokument dar, da sie in ihrer Infragestellung dieser Systeme zum Teil zu Ergebnissen kommt, die spätere Forschungen dann wissenschaftlich absichern. Die bahnbrechende Untersuchung von Claude Meillassoux[4], nach dessen Modell die Kontrolle der Fruchtbarkeit der Frau der Inbesitznahme von Eigentum vorangeht, kannte sie vor Abschluß ihres Romans nicht, und die später auf Meillassoux aufbauenden Arbeiten erscheinen schon nach der Erstpublikation von *A morte da mãe*.

Um die intellektuelle Kühnheit vieler Hypothesen im Roman zu würdigen, empfiehlt sich die Lektüre von Gerda Lerners *Die Entstehung des Patriarchats*[5], das Werk einer aus Wien stammenden nordamerikanischen Autorin, das erstmals 1986 in den USA erschien. Lerner beantwortet auch, meiner Meinung nach überzeugend, die Frage, wie sich das Patriarchat überhaupt durchsetzen konnte: »Ich will hier nicht die Schlußfolgerung nahelegen, es hätte sich um ein gezieltes Vorgehen oder um bewußte Manipulation gehandelt – im Gegenteil. Die Dinge entwickelten sich auf eine bestimmte Weise, was bestimmte Konsequenzen hatte, die weder Frauen noch Männer beabsichtigt hatten. Sie konnten sich ihrer nicht einmal bewußt sein – ebensowenig wie der moderne Mensch zu Beginn der schönen neuen Welt der Industrialisierung sich der Konsequenzen dieser Entwicklung in bezug auf Umweltverschmutzung oder deren ökologische Folgen bewußt sein konnte. Als ein Bewußtsein des Prozesses und von dessen Auswirkungen sich entwickeln konnte, war es – jedenfalls für die Frauen – zu spät, den Prozeß aufzuhalten.«[6]

Da aber alle Gedankensysteme erst aufgebaut worden seien, nachdem das Patriarchat vollständig etabliert war, seien die Frauen also schon von allen abendländischen Gedankensystemen ausgeschlossen gewesen. Die drei Prinzipien des Patriarchats – die Kontrolle der Gebärfähigkeit und der Sexualität der Frauen; die Kontrolle der Ressourcen und der Zugang der Frauen zu den Ressourcen nur über die Männer; und der Ausschluß der Frauen von den Konzepten und dem intellektuellen Werk der Kultur – hätten sich bis heute nicht geändert.[7] Im Roman Maria Isabel Barrenos heißt es: »Das geschriebene Gesetz war der Verlust des Körpers.« (*A morte da mãe*, S. 99)

So wichtig der Hinweis auf den intellektuellen Bezugsrahmen des Romans und seine historische Situierung in einer neueren Tradition feministischer Geschichtsschreibung ist, so darf doch darüber seine poetische Qualität, seine Literarizität, nicht vergessen werden. Sie unterscheidet ihn eben doch fundamental von den 'wissenschaftlichen' Arbeiten. Einerseits erlaubt diese poetische Qualität in der Form oft kleinerer eingesprengter witziger Erzählungen einen nichttheoretischen, aber aufgrund des Humors eben trotzdem distanzierenden Blick auf die Wirklichkeit, andererseits verfügt die Autorin natürlich über das Privileg der Darstellung des psychischen Innenraums der Personen. Dadurch gewinnt der Roman eine reizvolle Tiefenschärfe. Als ein Beispiel unter vielen sei der Dialog der Ich-Erzählerin mit Gottvater erwähnt. Die Kapitelüberschrift bezieht sich ironisch auf den Titel des Romans – »Der Tod des Vaters«.

Als die Erzählerin allein einen der unterirdischen Räume betritt, aus denen die Gänge der Geschichte im Roman bestehen, sieht sie sich einem fast fertigen Sarg gegenüber, neben dem ein alter Mann in einem knöchellangen Nachthemd sitzt. Der gibt sich als Gott zu erkennen und beklagt bitter sein Schicksal. Schon im 19. Jahrhundert hätten die Menschen angefangen, ihn umzubringen, Freud sei der ärgste von allen gewesen. Auf die Verwunderung der Frau, ob es nicht doch eher Darwin oder Marx gewesen seien, schüttelt der Alte eigensinnig den Kopf: »Wie alle Alten lehnte er die historische Evidenz ab. 'Darwin und Marx sind nur Mechaniker; Autoschlosser.' Es war klar, daß er keine Autos mochte, und auch den technischen Fortschritt nicht und auch keine Arbeiter. Er träumte noch von würdigeren Transportmitteln wie Wolken, Lichtstrahlen und Engelsflügeln.« (*A morte da mãe*, S. 326) Gott beklagt sich über die Anmaßung Freuds, den Heiligen Johannes imitieren zu wollen, der da schrieb, »Im Anfang war das Wort«, was schon schlimm genug war; er lehnte überhaupt diese ganze Geschichte mit der Erfindung eines Sohnes ab: »'(...) es war klar, daß auf lange Sicht diese Lösung nicht gut war, ein Sohn, natürlich ist es unmöglich zu erklären, wie ein ewiger, omnipotenter etc. Gott einen Sohn haben kann, der ebenfalls ein ewiger Gott ist, omnipotent etc., die Leute gehen von der Ewigkeit in die Zeit und von der Zeit in die Ewigkeit, ohne zu sehen, wo sie ihre Füße hinstellen können, aber ein Sohn war keine schlechte Lösung, um zu sagen, daß alle dem Vater gehorchen sollten, auch wenn man sie dafür enthaupten oder kreuzigen würde ...' 'Mir kommt es vor, daß Sie Blut mögen, immer gemocht haben.' Er unterbrach seine Abschweifungen, als ob er aufwachen würde:'Ich?!', er verlor sich in Erinnerungen, die verlorene Jugend glänzte in seinen Augen und verschleierte sich dann. 'Früher schon, aber dann habe ich mich an den Wein gewöhnt.' Ich erwartete fast, daß er hinzufügen würde, 'als der Arzt mir diese Extravaganzen verbot'.« (*A morte da mãe*, S. 327)

Was war denn nur aber die »Todsünde« Freuds im Angesicht Gottes? Daß er nur von seinem Penis sprach. Statt »Im Anfang war das Wort« hieß es bei ihm »Im Anfang war der Penis«. Gäbe es eine größere Unverschämtheit?

Dieser entlarvende Humor zieht sich durch das gesamte Buch. Oft ist es nur eine einzige überraschende Formulierung, und das ganze Gewicht einer deprimierenden Geschichte der Unterdrückung der Frauen wird relativiert, denn Humor und Ironie setzen die Erkenntnis voraus, und diese wiederum steht am Beginn jeder Veränderung.

Die große Stärke des Romans besteht, wie schon erwähnt, in der Vielfalt seiner Register, in den verschwimmenden Grenzen zwischen wissenschaftlichem und poetischem Diskurs. Die zentrale These Maria Isabel Barrenos lautet, daß in der marxistischen Analyse die Frauenarbeit, das heißt die Arbeit der Hervorbringung neuen Lebens (und somit die Schaffung neuer Arbeitskraft) und die Arbeit der sogenannten Reproduktion (zur Wiederherstellung der männlichen Arbeitskraft) in die männliche Arbeit integriert, das heißt: nicht als Arbeit wahrgenommen wird. Als Erklärungshilfe für viele Phänomene ist diese These zwar hilfreich, aber wenn sie nicht weit über diesen Ansatz hinausginge, bedeutete sie doch eine Reduktion einer komplexeren Wirklichkeit. Denn wie es zu dieser Unsichtbarmachung weiblicher Arbeit kam, das erklärt diese systemimmanente Kritik allein nicht. Das Textgewebe als Ganzes jedoch, in dem die kritische Umwertung alter Mythen ebenso Platz findet wie Geschichten aus dem Alltag, läßt auch für die Lesenden noch genug Raum für Kreativität und Phantasie.

Und es bleibt ihnen als unverlierbarer Gewinn eine *andere* Geschichte der Menschheit und ein *anderer* Blick auf die weibliche Welt. Denn der Roman verweist auch auf einen Bereich, den spätere Werke Maria Isabel Barrenos immer wieder thematisieren – die weibliche Kultur. Auf die traditionelle Abwertung aller weiblichen Tätigkeit, die zwar lebensnotwendig ist, die sich aber in einer anderen als der männlichen (bezahlten) Zeit vollzieht, antwortet sie mit dem Hinweis auf die »alternativen« Kulturen aller unterdrückten Minderheiten. Zwar stellen die Frauen zahlenmäßig keine Minderheit dar, werden aber in den diversen Gesellschaften so behandelt, als wären sie eine. Daß diese Kultur der Frauen mit ihrem anderen Zeitmaß gerade in unserer durch einen radikalen Umbruch geprägten Gegenwart auch als Ausgangspunkt zu einer umfassenderen Zivilisations- und Fortschrittskritik dienen kann, versteht sich fast von selbst.

In ihrem utopisch-phantastischen Roman *O mundo sobre o outro desbotado* (Eine Welt schenkt der anderen ihre Farben) von 1986 wird zunächst eine kleine Gruppe von Menschen durch die Wahrnehmung seltsamer Phänomene verunsichert. Der Versuch, diese Individuen durch Psychiatrierung und 'Verwissenschaftlichung' der Phänomene aus der herrschenden Normalität auszugrenzen, scheitert an der fast seuchenartigen Ausbreitung dieser Wahrnehmungen. Und allmählich kehrt sich die Normalität um, denn die Erweiterung der bisherigen Wirklichkeit bedeutet vor allem eine bisher ungeahnte Bereicherung der Menschen, die hinter den Dingen ihren ursprünglichen Glanz, ihre wahre Geschichte zu sehen beginnen.

»Die Stille versetzte den erschrockenen Therapeuten in Alarm. Er war erschrocken, aber gleichzeitig verzaubert. Der Schrecken kam von diesem großen Zauber. Die Adern des Holzes, alle, knisterten vor seinen Augen, wellten sich, formten sich zu einem Gesang, der die geheimsten Zentren enthüllte. Über diesem Glanz der Materie erhob sich eine Art von wisperndem Schleier, der aber aus Farben gewoben war, wispernde Laute, die die Formen, die Gesten und die Wege aller Hände und aller Intelligenzen zeichneten, die das Holz liebkost hatten. Der Tisch war ein Monument; eine Kathedrale, in der sich in einer geheimen Liebe die pflanzliche Natur mit der menschlichen Natur vereint hatte.« (*O mundo ...*, S. 36)

Der utopische Gegenentwurf Maria Isabel Barrenos zu einer zerstörerischen 'Kultur' der Gegenwart macht nicht bei einer Kritik des Andro-/Anthropozentrismus halt, da ja die Veränderung einer Komponente der Totalität auch die anderen Komponenten verändert. Die Menschengeschichte ist nicht zuletzt auch die Geschichte ihrer Beziehung zur Natur, zur Welt der geschaffenen Dinge, auch die Geschichte der Situierung des Menschen im Kosmos. In ihrem Nachwort zu *Os sinos do universo. A evolução antes da vida* (1984/Die Glocken des Universums. Die Evolution vor dem Leben) plädiert sie für die Reintegration der Subjektivität in die wissenschaftlichen Systeme, da ja auch die menschliche Geschichte eine Geschichte menschlicher Subjektivität sei. »Wir besitzen die unendliche Freiheit des Universums, uns selbst ausgehend von den Elementen des Realen zu erfinden.« (*Os sinos ...*, S. 77)

Maria Isabel Barrenos umfangreiches und vielfältiges Werk antwortet auf sehr persönliche Weise auf die sozialen Transformationen Portugals in den letzten Jahrzehnten. Eine Art Wendepunkt stellt wohl nicht zufällig die Zeit der ausgehenden siebziger und der Beginn der achtziger Jahre dar. Die Autorin gehört zu einer Generation, für die die Opposition zur Diktatur und später die aktive Teilnahme am Revolutionsprozeß Teil ihrer Identität waren. Dieses Primat des politischen und sozialen Engagements war aber oft für Frauen mit höheren Kosten verbunden als für Männer. In den linken Parteien blieb bis heute die patriarchale Struktur unangetastet. Und die meisten der in der Öffentlichkeit für Freiheit und Gleichheit eintretenden Männer legten, wie auch andernorts üblich, ihre revolutionäre Gesinnung an ihrer Haustür ab.

Der 25. April 1974 veränderte für männliche und weibliche Schriftsteller die Produktionsbedingungen, aber die Konsolidierung der portugiesischen Demokratie brachte den Frauen noch keine Chancengleichheit auf dem (literarischen) Arbeitsmarkt. Dabei ist die heutige portugiesische Frauenliteratur innovativer und faszinierender als die männliche. Dennoch prägen vorherrschend die Werke männlicher Schriftsteller das Bild der portugiesischen Literatur im Ausland, weil sie mehr übersetzt werden.

Der erwähnte Wendepunkt im Werk Maria Isabel Barrenos besteht in einer unterschiedlichen Gewichtung von gesellschaftlichem Engagement und (weiblicher) Selbstfindung. Ihre Werke ab 1983 kreisen vor allem um »die Notwendigkeit, den Raum der Wirklichkeit« zu erweitern, um utopische Entwürfe zu einer anderen Gesellschaft, in der die Individuen sich selbst entdecken und aus dieser ersten wichtigsten Entdeckung heraus neue Welten schaffen.

In diesem sehr persönlich und kreativ umgesetzten Prozeß kommt den Wandbehängen, Collagen und Zeichnungen Maria Isabel Barrenos eine zentrale Bedeutung zu, denn die gestickten oder montierten Gedichte enthalten oft als Motto den Kern zu einem größeren Werk. Sie sind eine Art philosophisches Konzentrat in lyrischer Form. Nicht zufällig übernahm die portugiesische Kritik den Begriff der »philosophischen Fiktion« aus dem Untertitel von Maria Isabel Barrenos zweitem Roman (*Os outros legítimos superiores*/Die anderen rechtmäßigen Vorgesetzten), um auf diese Konstante in allen Büchern der Autorin hinzuweisen. Es ist der Weg, an dessen Beginn der Versuch der eigenen weiblichen Standortbestimmung steht, von dem aus das intellektuelle Abenteuer der Eroberung weiblicher Geschichte ausgeht, die Anklageschrift gegen die patriarchale Gesellschaft in den *Neuen Portugiesischen Briefen* formuliert wird. Ein Prozeß philosophischer Reflexion, der in späteren Werken die Entdeckung weiblicher Kultur thematisiert, die rezente Geschichte Portugals (in *Crónica do tempo*/Zeitenchronik) neu interpretiert und spielerisch und abgründig zugleich utopische Gegenwelten errichtet, deren Licht den Wunsch nach Veränderung dieser Welt ausstrahlt.

Die berührende Kosmogonie im Gedicht »Der Ursprung« aus dem Zyklus *A dama verde*, in der die künstlichen Trennlinien zwischen dem Universum und dem Menschen verschwinden, stellt insofern einen Schlüssel zum Werk Maria Isabel Barrenos dar: »Einziges geheimes Tor ist jenes das uns von uns selber trennt.«

Anmerkungen:

1) Maria Isabel Barreno, »Origem« (»Ursprung«), in: M.I.B., *A dama verde*, Lissabon 1983

2) »'A escrita é para mim um meio privilegiado de comunicar'. Entrevista de Miguel Serrano e José Jorge Letria com Maria Isabel Barreno«, in: *o diário*, Beilage »Fim de Semana«, 3.7.1989, S. 10

3) Im Portugiesischen bedeutet *homem* sowohl »Mann« als auch »Mensch«. Die Frau ist also in diesem Ausdruck unsichtbar.

4) Claude Meillassoux, *»Die wilden Früchte der Frau«. Über häusliche Produktion und kapitalistische Wirtschaft,* Frankfurt a.M. 1983

5) Gerda Lerner, *Die Entstehung des Patriarchats,* Frankfurt a.M./New York 1991

6) ebd., S. 76

7) »'Das Patriarchat ist am Ende'. Interview von Ursula Kubes-Hofmann mit Gerda Lerner«, in: *Stimme der Frau* (Wien) Nr. 7/8, Juli/August 1992, S. 32 f.

MARIA ISABEL BARRENO: Die bio-bibliographischen Angaben zu Maria Isabel Barreno befinden sich auf Seite 28.

Genesis

Zu »Corpo Verde« von Maria Velho da Costa

Von Elfriede Engelmayer

Im Anfang, so erzählt Johannes in seinem Evangelium, war das Wort, und das Wort war bei Gott, und Gott war das Wort. Und es ist nachzulesen in der Genesis, wie aus den Worten Gottes die Schöpfung entstand, wie auch der Mensch nach Gottes Auftrag über alle Kreatur herrschen solle, und auch, daß das Wort im Munde des Menschen Macht bedeutet. Er benennt die Tiere, und wie er sie nennt, so sollen sie heißen. Daß die Frau aus der Rippe des Mannes geformt wurde, hat eine beinahe zweitausend Jahre alte christliche Religion folgerichtig in diesem hierarchischen Geist interpretiert: sie sei ihm untertan und nicht, als Letztgekommene, das Glanzlicht der Schöpfung.

In unzähligen Mythen unzähliger, zum Teil ausgestorbener Völker sind die Rollen in diesem Spiel von Chaos und Kosmos anders verteilt. Statt des vertikalen Herrschaftsprinzips verbindet Verantwortungsgefühl und Dankbarkeit die Menschen mit der Natur, und die Frau ist mehr als das notwendige Übel zur Fortpflanzung der Spezies.

Im und am Anfang von Maria Velho da Costas Lyrikband *Corpo Verde*[1] steht ein Zitat aus dem *Hohelied* Salomos: »daß seine Linke unter meinem Haupt liege und seine Rechte mich liebkose«

Mit diesem Beginn gibt der gleichzeitig spartanische wie sinnenfreudige Text das Zeitmaß an, das dem lesenden Auge angemessen ist, soll die Lektüre mehr sein als ein Schwelgen in den individuell unterschiedlich bemessenen Weiten und Tiefen erotischer Assoziationen. Schließlich wurde die Welt nicht nur in der Bibel an mehr als einem Tag erschaffen. Und welch ein (anachronistisches?) Glück, daß es Bücher gibt, die sich dem Konsum verweigern. Maria Velho da Costa versteckt listenreich in der von üblichen Bibelübersetzungen abweichenden Verbform des Konjunktivs einen Verweis, den ich ihr persönlich verdanke – *eine* Inspiration sei von der portugiesischen Übersetzung einer angolanischen Bibelfassung in Umbundu von João P. de Almeida[2] ausgegangen, andererseits bedeutet die Wahl der Verbform wesentlich mehr. Sie beharrt auf dem Wunsch nach einem paradiesischen Zustand, der, so wie er in *Corpo Verde* sprachlich gestaltet wird, im evozierten Bezugstext des Alten Testaments, im *Hohelied,* nicht aufscheint.

Das *Hohelied* geriet in den Kanon der Bücher der Bibel, nachdem die katholische Kirche es seiner ursprünglichen Bedeutung als Liebes- und Sehnsuchtslieder beraubt und ihm eine allegorische Lesart verordnet hatte, die dem Text eindeutig Gewalt antut. Die Sammlungen altägyptischer Liebeslieder stehen den biblischen in Sprache und Mentalität überaus nahe. Noch im ersten und zweiten nachchristlichen Jahrhundert wird das *Hohelied* von weiten Kreisen der Juden durchaus wörtlich verstanden. In unseren Tagen und schon Jahrhunderte davor leidet diese Verständnismöglichkeit auch unter den Übersetzungen und den Übersetzungen aus Übersetzungen, die zwar die ursprüngliche Absicht und Gestalt des hebräischen Textes durchschimmern lassen, ihm aber selten gerecht werden. Sogar Luthers monumentale Leistung schafft es trotz ihres hohen Grades an Poetizität nicht, die steinernen Mauern zwischen den Kulturen entfernter Jahrhunderte niederzureißen. Bis in die heutige Zeit hinein bemühen sich Bibelforschung und Philologie, gegen die abgesegneten Versionen des heiligen Textes so etwas wie eine zutreffende, für die damalige Kultur logische Sequenz von Liebesliedern zu erarbeiten, die keiner abstrakten, mythologisierenden und allegorisierenden Gedankensprünge bedarf. Der in der Reihe der Züricher Bibelkommentare erschienene Band von Othmar Keel über *Das Hohelied*[3], dem ich die hier verwendeten Einsichten über diesen alttestamentarischen Text verdanke, verdient aus sämtlichen nur erdenklichen Gründen einen großen Leserkreis. Keel geht auf den hebräischen Urtext zurück, übersetzt ihn unter Berücksichtigung des gesamten ihm bekannten Kulturzusammenhangs und schließt in seine wohltuend nichtmachistische Interpretation eine Vielfalt von Zeugnissen aus dem Bereich der bildenden Kunst der Epoche ein, die seine philologisch überzeugenden Schlußfolgerungen ergänzen.

So steht also als erste Referenz zu Maria Velho da Costas Text, der sich vorgeblich auf das *Hohelied* beruft, für mich dieser Urtext: von Keel in eine wortgetreue deutsche Fassung übersetzt. Und obwohl

Corpo Verde trotz des Verweises im Motto beinahe gar nichts wörtlich aus dem *Hohelied* übernimmt, muß das Motto ganz ernst genommen werden.

Das *Hohelied* ist das »Lied der Lieder«, ein Superlativ: der gleichberechtigten Liebe zwischen Mann und Frau gewidmet, als Anthologie ein vielstimmiger Gesang, in dem Mann und Frau, die Töchter Jerusalems und anonymes Volk die Erotik preisen, die Schönheit des Geliebten oder der Geliebten. Das *Hohelied,* Salomo zugeschrieben, aber nicht im Sinne der modernen Autorenschaft, sondern des Patronats, wohl zwischen dem achten und sechsten vorchristlichen Jahrhundert entstanden, setzt in seinen Vergleichen und Metaphern die begrenzte Totalität des hebräischen Kosmos aus Natur und Kultur ein. Es enthält die sogenannten Beschreibungslieder, die inhaltlich und formal auf ägyptische religiöse Lyrik zurückgehen, auf kultische Texte der Gliedervergottung. Diese Beschreibungslieder finden sich, ob von der Autorin bewußt intendiert oder nicht, als Residuen einer jahrtausendealten Kultur wieder. *Corpo Verde* ist ohne den Hintergrund des biblischen Textes des *Hohelieds* nicht verständlich. Erst die Verbindungslinien und die (wesentlich schwerer wiegenden) Abweichungen und Freiheiten in bezug auf diesen ersten Text, wie er dem Leser in Form des Mottos suggeriert wird, lassen die sprachliche Landschaft dieses modernen Gedichts Konturen annehmen.

Corpo Verde erschien vor gut zehn Jahren, 1979, als Resultat einer Sommerarbeit der portugiesischen Autorin Maria Velho da Costa und des gleichfalls portugiesischen Zeichners und Malers Júlio Pomar. Obwohl das schmale Bändchen mittlerweile seine zweite Auflage erlebt hat (und 1989 auch seine Übersetzung ins Deutsche), gab und gibt es kaum Referenzen in Form von Rezensionen oder Artikeln. Das mag daran liegen, daß Lyrik in Portugal fast nie in großen Verlagen ediert wird, die ihrerseits über ihr Marketing den Büchern den notwendigen Bekanntheitsgrad verschaffen. Trotzdem handelt es sich immerhin um das Werk einer der bedeutendsten Dichterinnen der Gegenwart in portugiesischer Sprache, und Júlio Pomars zeichnerischer Beitrag sollte aufgrund seines internationalen Rufes noch mehr zu einer gewissen Neugierde beitragen.

Maria Velho da Costa errang ihren literarischen Ruf vorerst, wie ihre beiden Mitautorinnen Maria Teresa Horta und Maria Isabel Barreno, mit dem Buch *Novas cartas portuguesas* (1972/dt. *Neue Portugiesische Briefe,* 1976), einer modernen Version der *Lettres portugaises,* deren Autorenschaft der Nonne Mariana Alcoforado zugeschrieben wird, die aber wahrscheinlich von dem französischen Schriftsteller Gabriel-Joseph Guilleragues stammen. Rainer Maria Rilkes Übersetzung der

Lettres haben dem Werk im deutschen Sprachraum eine gewisse Popularität verschafft. Was Rilke faszinierte, war auch für die drei portugiesischen Autorinnen maßgebend: ein weiblicher erotischer Diskurs, der noch dazu im Falle der *Novas cartas portuguesas* im nachsalazaristischen autoritären Staat unter Caetano zu einem Skandal und dem Verbot des Buches führte. Die Autorinnen wurden wegen des Delikts der »Erregung öffentlichen Ärgernisses« vor Gericht gestellt.

Warum eigentlich *Corpo Verde* zu keinem Skandal führte, hängt sicher auch damit zusammen, daß seine Sprache scham-los im ursprünglichen Sinn, das heißt unschuldig und aus der Zeit vor jeglichem Sündenfall ist. Sie sperrt sich aus einsichtigen Gründen gegenüber allzu spontanen Reaktionen, verweigert sich dem männlich-voyeuristischen Blick. Sie ist weiblich (im Gegensatz zur Stimmenvielfalt im *Hohelied* gibt es nur die weibliche einzelne Stimme) und komplex in ihrer Metaphern- und Bilderstruktur. Sie ist direkt, was den unverhüllten Blick auf den männlichen Körper und seine Geschlechtsmerkmale betrifft – und das trübt oft den begeisterten Glanz in männlichen Augen; sie fixiert das Begehren nicht in Körperschemata, die Sprachschemata abrufen. Das für Frauen abstoßende und ermüdende Ritual der vorgezeichneten 'erotischen' Trampelpfade zwischen Busen und Geschlecht, die natürlich auch im *Hohelied* nicht einmal ansatzweise beschritten werden (wo, unter anderem, der leicht geöffnete Mund der Geliebten mit dem Rot des reifen Granatapfels verglichen wird, dessen Schale gesprungen ist), weicht in *Corpo Verde* einem Blick, der Körperteile in ihrem umfassenden Zusammenhang und den *ganzen* Körper in seiner Würde und Begehrlichkeit anerkennt. Darüber hinaus treten auch Körperdetails in den Kopf der Leserinnen und Leser, die sie vorerst einmal im Kontext eines Gedichts in ihrer versprachlichten Form schockieren könnten, wie »Schädelhaut«, »Scheidewand der Nase«, »Schulterblätter« u.a. So liegt es wohl auch an der Hermetik der Sprache, daß sich *Corpo Verde* in Portugal noch nicht den ihm gebührenden Platz in der modernen Literatur erobert hat.

Wer sich auf den Text des *Hohelieds* einläßt, dem wird schnell klar, daß das Motto zu *Corpo Verde*, so wörtlich es auch aus dem Bibeltext stammt, anders gelesen werden kann und somit den folgenden lyrischen Text nicht zu einer freien modernen Paraphrase des *Hohelieds* macht, sondern zu einem Gegenentwurf der Genesis, zu einem Schöpfungsmythos sui generis. Am Anfang von *Corpo Verde* steht ein Wunsch nach einem paradiesischen Zustand, wie er z.B. als klassische Position von Liebenden auf altbabylonischen Terrakotten dargestellt wird. Dieser Wunsch hebt die abendländische Geschichte auf, in der die Liebe zwischen Mann und Frau vom Kreuz der Schuld und dem

Gewicht der männlichen Macht belastet ist. Nicht zufällig heißt das Gedicht *Corpo Verde*, in Anspielung auf das *Hohelied* (4,12-5,1), sein zentrales Gedicht und seinen Höhepunkt: »Ein verschlossener Garten (bist du), meine Schwester, Braut, ein verschlossener Garten, ein versiegelter Quell!« (...)[4]

Der Garten stellt im alten Orient eine der höchsten Köstlichkeiten dar. Der verschlossene Garten und der versiegelte Quell sind Unzugänglichkeitsmetaphern, die dazu dienen, Garten und Quell noch begehrenswerter zu machen. Bei Maria Velho da Costa trennt die Liebenden nichts voneinander. »Corpo verde« als Metapher für die Frau *und* den Garten (in der deutschen Übersetzung war die Doppelbedeutung nur mit »Körper, Grün« wiederzugeben) öffnet gleichsam im Titel schon den Blick auf den anderen Garten, das Paradies, das im folgenden in kühnen und berührenden Bildern gezeichnet wird. Die Liebe als schöpferische Macht im umfassendsten Sinn durchzieht als Thema *Corpo Verde* und enthält auch kosmogonische Aspekte: »Denn wo du Heimat sagst und Ei, sage ich zur ganzen erhobenen Erde deines Phallus: Kanu und Garten. Und wo wir nicht sprechen, zeugt die Reibung unserer Haut neue Sonnen.«[5]

Obwohl es sich bei *Corpo Verde* um erotische Lyrik handelt, wird die Liebe als 'romantisches Gefühl' nirgendwo versprachlicht. Furcht, Erschrecken, Rührung, Begehren sind im Text explizit präsent, die Liebe aber steht hinter den Bildern, was das Gedicht trotz all seiner Sinnlichkeit asketisch macht. Das gesprochene Wort im Zitat überschreitet kühn einen eventuellen Erwartungshorizont, der auf den Austausch verbaler Zärtlichkeiten lauert. Wenn der Mann die Frau mit Heimat (das heißt *auch* Erde) und Ei (Keim des Lebens) gleichsetzt und die Frau seinen Phallus Kanu und Garten nennt, dann ist das so wörtlich zu nehmen wie das Ritual am Beginn der Genesis, wo das zeugungsmächtige Wort Gottes (»Und Gott sprach«) in sechs Tagen die Schöpfung entstehen läßt. In *Corpo Verde* mit seiner Vielzahl von Doppelbedeutungen sprechen in dem zitierten Vers sowohl Mann und Frau als auch, weil sie einander in Liebe zugewandt sind, Gott und Göttin, aus deren Wort die Erde erst entsteht, das Leben und die von Menschenhand gestaltete Natur (der Garten) wie auch die Erfindungen des Menschen (das Kanu), der sich die Natur dienstbar macht.

Trotz aller Sparsamkeit in den sprachlichen Verweisen ist diesem Bild eine Eigenschaft abzulesen, die als Konstante das Verhältnis von Menschen und Natur in *Corpo Verde* prägt: ihre friedliche Koexistenz. Aber im Gegensatz zur Genesis und im Gleichklang mit anderen Schöpfungsmythen ist es nicht allein das Wort, das bei Maria Velho da Costa die Welt entstehen läßt. Auch der stumme Körperkontakt kann

Sonnen hervorbringen und Welten schaffen, was dem christlichen männlichen Gott verwehrt ist. Der projiziert seine Einsamkeit in Form von Hierarchien und Schuldgefühlen in die Herzen seiner Kreatur. Und inszeniert das Drama des Sündenfalls zur Befestigung seiner Macht, nachdem er die Gefahr erkannt hatte: »Und Gott der HERR sprach: Siehe, der Mensch ist geworden wie unsereiner und weiß, was gut und böse ist. Nun aber, daß er nur nicht ausstrecke seine Hand und breche auch von dem Baum des Lebens und esse und lebe ewiglich! Da wies ihn Gott der HERR aus dem Garten Eden, daß er die Erde bebaute, von der er genommen war.«[6]

Der kosmogonische Aspekt von *Corpo Verde* findet sich u.a. auch in einem kurzen Vers, dessen vordergründige Widersprüchlichkeit sich bei näherem Hinsehen als jenes typische Doppelbild herausstellt, das den Text charakterisiert: »Wie ein Reiterstandbild im luftleeren Raum, in reinem Sternensilber, besteigen wir uns.«[7]

»Besteigen« bezeichnet eine Bewegung, die gegen den evozierten Stillstand der Reiterstatue verstößt, löst die Assoziation einer gefrorenen Geste aus, die noch dazu im Vakuum, im luftleeren Raum, abläuft. Das »Sternensilber« aber, das nicht (nur) als poetische Angabe des Materials der Statue verstanden werden darf, sondern als konkreter Hinweis auf den Kosmos mit seinen Sternen, erklärt auch das Vakuum. Die Geliebten sind im Moment ihrer Vereinigung ein Sternbild.

Neben dem schöpferischen Aspekt der Liebe in *Corpo Verde* möchte ich noch zwei andere hervorheben – die Liebe als entgrenzende, verbindende und, in ihrer politischen Dimension, als *grundsätzlich* herrschaftsfeindliche Kraft.

»In deinen Schweiß gekleidet spottete ich der Furcht. Aber in den Säulen deiner Schenkel sind alle Tempel, die ein Wind bestreicht. Ehrfurcht vor der Scheidewand deiner Nase und der Schädelhaut, und Bestürzung, als seien sie die des eigenen Kindes – alle Liebe ist Aufhebung der Grenzen, auch der des eigenen Körpers.«[8]

Im *Hohelied* gibt es nur ein einziges Beschreibungslied, das den Mann zum Gegenstand hat (5,10-16). Da die Beschreibungslieder bzw. die Elemente der Beschreibungen auf jene von Götterstatuen zurückgehen, sind die Vergleiche und Metaphern, so fremd und unverständlich sie uns heute auch anmuten mögen, für die damalige Zeit durchaus konventionell, d.h. unmittelbar verständlich. Auch der Tempel- und Säulenvergleich im obigen Zitat ist für sich genommen nicht originell, besitzt aber im Kontext seine wichtige Funktion. Geht man davon aus, daß bei Vergleichen der Bedeutungsspender aus der jeweiligen Kultur (und Kulturschicht) stammt, fällt auf, daß Säulen und Tempel, obwohl Relikte einer fernen Vergangenheit, in diesem Zitat gerade durch ihre

Konventionalität vertrauter wirken, als das unserem kulturellen Selbstverständnis nähere Bild der extremen Verletzlichkeit eines Kleinkindes. Wie Maria Velho da Costa es schafft, die gefährliche Nähe zum Stereotyp oder gar zum Kitsch gar nicht erst aufkommen zu lassen, das liegt *auch* an der Wortwahl und der Komplexität der Verse, die eine Zeitsequenz nachzeichnen. Sie führt am Ende wieder zum Anfang zurück.

Der Schritt von der Überwindung der Angst zur Bewunderung des männlichen Körpers vollzieht sich temporal in den Verbformen von der Vergangenheitsform zum Präsens. Die Befried(ig)ung ist kein Endzustand, vielmehr der Aufbruch zu einer erschreckenden Nähe. Daß dieses Erschrecken vor der Nähe sich ausgerechnet im Vergleich mit dem Kind artikuliert (also im Widerspruch zur erwarteten Assoziation von bruchloser, harmonischer Koexistenz), verweist nochmals auf den Bereich, in dem Nähe von der Frau als bedrohlich empfunden wird. Der Anblick eines kindlichen Nasenbeins oder seiner verletzlichen Schädelhaut erweckt Schutzreflexe, die im Widerspruch zu der Angst stehen, die die Frau dem Mann gegenüber empfinden kann. Nicht der Mann erschrickt vor der Aufhebung der Grenzen. So mündet diese Verssequenz mit ihrem apodiktischen Ende wieder in die Furcht ein, die Furcht in die Überwindung der Furcht und ihre Überwindung in jene utopische Definition der Liebe, die so utopisch ist wie wahr und so entfernt wie ersehnt.

Diese politische Dimension des Textes ausführlich zu dokumentieren, hieße, beinahe das ganze Buch zu zitieren. Die letzten beiden Verssequenzen von *Corpo Verde* sollen hier für die anderen stehen, auch weil sie innerhalb des Buches einen Höhepunkt darstellen. Wer sich darauf einläßt, den Text mehrere Male zu lesen, der wird bemerken, daß es in ihm eine Steigerung von individuell erfahrener Liebe (und ihrer schöpferischen Kraft) zu einer erdzugewandten, die Gesetze der Natur auch als Menschengesetze (an)erkennenden Liebe gibt.

»Deine Gestalt, die sich flüchtig von den Bögen der Nacht und meines Schädels abhebt, dein geschlossenes Phonem seitlich an den Hüften meines Leibs, den du segnest und aufgehen läßt, das Salz der feuchten Wimpern und Töne. Die Scham, die Macht, die anderem Gesetz weichen oder aufgegangenem Brot.«[9]

In der deutschen Übersetzung war eine Verdeutlichung des Parallelismus zwischen dem gesegneten, aufgehenden Leib und dem aufgegangenen Brot(laib) nicht zu vermeiden. Dennoch bleibt der Text hermetisch, hält man sich nicht an den letzten Satz, der die geänderte Losung ausgibt: es soll keine Scham mehr herrschen und keine Macht, die die Scham auferlegt. Dieses andere Gesetz wird nicht *herrschen,* sondern das Gesetz alles Lebendigen sein, von denen die Menschen ein kleiner Teil sind. In der Genesis folgt auf die Übertretung des Gebotes Gottes, nicht vom Baum der Erkenntnis zu essen, zuerst die Scham wegen der eigenen Nacktheit, dann der Fluch der Sexualität und ihrer Folgen und der Fluch der Arbeit: »Und zum Weibe sprach er: Ich will dir viel Mühsal schaffen, wenn du schwanger wirst; unter Mühen sollst du Kinder gebären. Und dein Verlangen soll nach deinem Manne sein, aber er soll dein Herr sein. Und zum Manne sprach er: Weil du gehorcht hast der Stimme deines Weibes und gegessen von dem Baum, von dem ich dir gebot und sprach: Du sollst nicht davon essen –, verflucht sei der Acker um deinetwillen! Mit Mühsal sollst du dich von ihm nähren dein Leben lang. Dornen und Disteln soll er dir tragen, und du sollst das Kraut auf dem Felde essen. Im Schweiße deines Angesichts sollst du dein Brot essen, bis du wieder zu Erde werdest, davon du genommen bist. Denn du bist Erde und sollst zu Erde werden.«[10]

Erst in der Konfrontation mit dieser Bibelstelle gewinnt der Absatz aus *Corpo Verde* seine volle Bedeutung. Er setzt den 'Sündenfall' außer Kraft und ordnet Mann und Frau in ihrer an die Liebe gebundenen Zeugungsfähigkeit in den Kreislauf der Natur ein. Die weibliche Stimme in *Corpo Verde* löscht den Fluch des männlichen Gottes über Sexualität und Arbeit aus.

Und so mündet konsequenterweise nach der poetischen Proklamation dieses 'anderen' Gesetzes das Buch in die Apotheose des Friedens und der Fruchtbarkeit von Mensch, Tier und Natur: »Oder Augen, die sich gegenseitig überschwemmen wie der Honig wieder fruchtbarer Länder, oder Zungen, die sich liebkosen wie Geschlechter, freie Fohlen in der Ebene der Körper und Völker.«[11]

Die Augen, die hier auch für Blicke stehen können, sind seit ältesten Zeiten die Sendboten der Liebe. Im biblischen *Hohelied* werden sie oft mit Tauben verglichen, dem Symboltier der Liebesgöttin. In Abbildungen auf altsyrischen Rollsiegeln fliegen vom Gesicht der sich anbietenden Göttin Tauben zum Gott hin, vor dem sie sich einladend entschleiert. Wenn im Hohelied sich die paradiesische Nahrung des Überflusses im Mund der Geliebten findet (»Honigseim tropft von deinen Lippen, Braut. / Honig und Milch ist unter deiner Zunge«[12]), so liegt das Bild des Kusses nah. In der Version Maria Velho da Costas finden sich diese Elemente anders angeordnet, aber sie folgen der gleichen inneren Logik, da sie die Idee einer umfassenden liebevollen Kommunikation und Kommunion (im ursprünglichen Wortsinn: Gemeinschaft) ausdrücken. Darauf weist auch die Doppelbedeutung von *línguas* als Zungen und Sprachen hin.

Corpo Verde erzählt, und das mag bei einem Lyrikband seltsam anmuten, eine Geschichte. So weit bei einem einmaligen Lesen die einzelnen Verse oder Verssequenzen auseinanderzuliegen scheinen, so näher rücken sie aneinander, je wörtlicher man den Text nimmt, ohne selbst in lyrischer Erwartungshaltung Gefühle an ihn heranzutragen. Die stellen sich früh genug ein: manchmal als ästhetischer Schock, der in der eigenen Sprache größer ist als in der fremden; manchmal als Unbehagen wegen der vermeintlichen Hermetik, und ich denke da auch an Maria Velho da Costas Meisterschaft, Doppelbedeutungen in den Wortfeldern von Musik/Instrumente, das Produzieren von Tönen und Bewegungen des menschlichen Körpers einzusetzen; und zuletzt, unausweichlich, wenn man dem großartigen Gedicht an den Leib gerückt ist, Glück angesichts dieser künstlerisch ergreifenden Utopie und Bestürzung über das tägliche Brot und die tägliche Liebe und den täglichen Krieg, auf denen immer noch der Fluch des alttestamentarischen Gottes liegt.

Das Motto aus dem *Hohelied* gibt, der biblischen Stimmgabel entsprungen, den Ton und die Tonart an, die da heißen: so soll es sein. Und dann folgt die Geschichte. Sie versetzt die Liebenden unter die Tiere und die Pflanzen; sie läßt sie allein als Menschen auf der Insel ihrer Leidenschaft, wo sie nochmals die Erde erschaffen und die Sonnen. Sie läßt sie selber zu Wasser und Kontinenten werden, dann zu Hütern der Natur. Als Begleiter ihrer menschlichen Liebe steht der Wunsch nach Macht (des Mannes) als Drohung an ihrer Seite, aber sie überwinden sie beide in rückhaltloser Hingabe.

Die Liebe versetzt sie unter die Sterne wie unter das Getier der Ozeane. Und sie entdecken den herrschaftsfreien Raum ihrer Liebe als Gesetz für alle Natur und für alle Völker.

Darum steht in dieser lyrischen Geschichte, einer alternativen Genesis, die friedliche Koexistenz mit aller Natur und allen Völkern (als Teil der Natur) am Ende. In der Bibel folgt der Vertreibung aus dem Paradies und dem Fluch über die Fruchtbarkeit des weiblichen Leibes und des Ackers der Brudermord, den Kain an Abel begeht. Aber Kain war ein Bauer und so schon von vornherein von Gott verflucht. Er vollzog an Abel allein das Gesetz Gottes, der durch ihn den Krieg in die Welt säte, indem er den Fluch vervielfältigte: »Aber der HERR sprach zu ihm: Nein, sondern wer Kain totschlägt, soll siebenfältig gerächt werden.«[13] Einer von Kains vielen Nachkommen erschlug einen Mann für eine erhaltene Wunde, und in Erinnerung an die siebenfache Rache, die Gott für den Mord an Kain verkündet hatte, nimmt er das Kainszeichen auf sich und erklärt, für seinen Tod sollten siebenundsiebzigmal

Menschen sterben. So tritt unter dem Gesetz der Vervielfältigung Gottes Fluch als ein sich ständig erweiternder Krieg unter die Menschen.

Corpo Verde ist ein diesseitiger Text, der in einem engmaschigen Netz von Kulturverweisen steht. Seine vorgebliche Hermetik liegt auch an uns: an jenen, die die Wurzeln ihrer eigenen Kultur zwar kennen, aber ihre schädlichen Triebe nicht wahrnehmen wollen. Und an jenen, die diese Triebe erkennen und deshalb die ganze Erde, der sie entstammen, mit allem Guten, das sie hervorgebracht hat, auf den modernen ahistorischen Müll schmeißen.

Also, warum auch nicht, alles noch einmal von vorne unter Bedachtnahme auf die begangenen Fehler: Im Anfang war vielleicht nicht nur das Wort.

Anmerkungen:

1) Maria Velho da Costa, *Corpo Verde* (mit Zeichnungen von Julio Pomar), Lissabon 1979; dt. *Corpo Verde. Körper, Grün* (mit Zeichnungen von Júlio Pomar), übers. von Elfriede Engelmayer, Berlin 1989. Die Zitate im Artikel stammen aus der deutschen Übersetzung, die Seitenzahl entspricht dem portugiesischen Original. – Der hier veröffentlichte Text über Maria Velho da Costas Lyrikband *Corpo Verde* erschien zuerst in *Tranvía* Nr. 20 (März 1991).

2) *Bíblia. Embimbiliya,* übers. ins Portugiesische von João P. de Almeida, übers. ins Umbundu und durchgesehen von der Commissão de Traduções da Igreja de Cristo de Angola Central, Lissabon 1965

3) Othmar Keel, *Das Hohelied,* Zürich 1986

4) ebd., S. 156

5) Maria Velho da Costa, a.a.O., S. 17

6) 1. Mose 3,22-23

7) Maria Velho da Costa, a.a.O., S. 32

8) ebd., S. 22

9) ebd., S. 44

10) 1. Mose, 3,16-19

11) Maria Velho da Costa, S. 45

12) Othmar Keel, a.a.O., S. 73

13) 1. Mose 4,4, 15

MARIA VELHO DA COSTA: Die bio-bibliographischen Angaben zu Maria Velho da Costa befinden sich auf Seite 29.

Lyrik: dreistimmig

Sophia de Mello Breyner Andresen, Maria Teresa Horta und Fiama Hasse Pais Brandão

Von Regina Louro

Die Stimmen von Sophia de Mello Breyner Andresen, Maria Teresa Horta und Fiama Hasse Pais Brandão stellen drei vollkommen unterschiedliche Richtungen in der portugiesischen Lyrik der Gegenwart dar. Die erste ist der hymnische Gesang alles Lebens auf der Erde; die zweite die Bejahung des Körpers und seiner geheimen Lüste; die dritte der unwirtliche Atem der Wüste. Andere auffallende Merkmale in der lyrischen Produktion der drei Autorinnen sind jene, die als Konstante im Werk jeder einzelnen ständig wiederkehren. Gemeinsam ist ihnen die Treue zu einem ursprünglich eingeschlagenen Weg, die Gewissenhaftigkeit, mit der sie den Pakt mit der Lyrik einhalten. Treue und Gewissenhaftigkeit verleihen dem Universum jeder einzelnen die Kraft stabiler Konstruktionen, wenn auch die 'Bausteine' so fließende und zerbrechliche Einheiten sind wie eben die Wörter.

Gemeinsam verkörpern sie die am häufigsten thematisierten Werte der gegenwärtigen portugiesischen Lyrik, vor allem der Lyrik von weiblicher Hand. Auf keinen Fall aber beschränken sie sich auf diese Wertkonstellation: die lyrische Schöpfung sucht, mehr noch als den Schutz durch das Erbe, das Abenteuer der Fluchtlinien. Andere Stimmen aus den jüngeren Generationen – innerhalb derer Isabel de Sá mit ihrem Grenzgang entlang des Wahnsinns die radikalste Position einnimmt – bestimmen auf unterschiedliche Art ihre Beziehung zur Lyrik. Aber in der Mehrzahl der Fälle erlaubt es der relativ kurze Weg der Autorinnen nicht zu beurteilen, ob der Unterschied zum Vorher einer inneren Notwendigkeit entspringt oder einem launischen Willen zum sogenannten Neuen.

Im Gegensatz zur Prosa ist die portugiesische Lyrik ein vorwiegend männlich besetztes Gebiet. Vielleicht verfügen die Autorinnen nicht über diesen »room of one's own«, den Virginia Woolf für das freie Strömen der Phantasie als unverzichtbar ansah. Oder vielleicht stellt die Tendenz zum Abstrakten, die in der heutigen Lyrik vorherrscht, für die Frauen ein einschüchterndes Hindernis, wenn nicht sogar eine Abschreckung dar. Die Zeiten, in denen es nicht als literarisch anstößig galt, von Gefühlen aus zu schreiben, liegen ja schon länger zurück; in denen es keine Obszönität oder zumindest mangelnder Stil war, 'Seelenzustände' zu zeigen; in denen einem Vers wie »Lieben, ich will maßlos lieben«[1] ein poetischer Wert zugeschrieben wurde. Aus dieser Zeit stammt das Lächerlichmachen weiblicher Lyrik und die Verachtung des Wortes Poetin, das die portugiesische Sprache zuläßt, von dem die männliche Überlegenheit aber abrät. Ein Wort, von dem sich sogar einige Poetinnen in einem Eifer gleichmacherischen Feuers lossprechen und das Gefahr läuft, in der Rumpelkammer unserer Großmütter, verloren inmitten anderer rührender aber grotesker Altertümlichkeiten, vergessen zu werden ...

Sophia de Mello Breyner Andresen, Maria Teresa Horta und Fiama Hasse Pais Brandão sind zwar nicht die einzigen einsamen Stimmen in der Wüste, aber ihre Stimmen finden dort nur spärliche weibliche Gesellschaft. Daß sie so wenige sind, macht sie nicht größer (wie auch der Vergleich mit den männlichen Dichtern nicht dazu dienen sollte, ihre Größe einzuschätzen), läßt aber ihre Stimme klangvoller ertönen und sie als Symbole des Widerstands begreifen.

Sophia de Mello Breyner Andresen: Die Faszination des Lichts

Die Lyrik von Sophia de Mello Breyner Andresen ist wie keine andere in der portugiesischen Literatur eine Lyrik der Helligkeit und der Verzauberung. Helligkeit des Worts, das immer genau und gerecht, ohne Spielraum für Zweideutigkeit gesetzt wird; Verzauberung angesichts des Universums, zu dessen Interpret sich dieses Wort macht, indem es seinen Glanz einfängt und es zum strahlenden Zentrum des Gedichts macht. In einer der ersten Kompositionen, die sie nun schon vor fast einem halben Jahrhundert in Versen publizierte, drückte sie diese Haltung in vier synthetischen Zeilen aus, die in ihrer scheinbaren Schlichtheit eine Lebensweise in dieser Welt und mit der Poesie ausdrückten:

> ***Von allen Winkeln dieser Welt***
> ***Lieb ich mit stärkerer und tieferer Liebe***
> ***Jenen verzückten und nackten Strand***
> ***Wo ich mich dem Meer, dem Wind und dem Mond verband***[2]

Zwanzig Jahre später bekräftigt die Autorin in einem jener seltenen Momente, in dem sie sich theoretische Aussagen über ihr Werk erlaubte, die gleiche Position mit der Direktheit der Person, die weiß, daß sie den richtigen Weg eingeschlagen hat: »(...) Denn die Poesie ist meine Auseinandersetzung mit dem Universum, mein Zusammenleben mit den Dingen, meine Teilhabe an der Wirklichkeit, mein Treffen mit den Stimmen und Bildern. Deshalb spricht das Gedicht nicht von einem idealen Leben, sondern von einem konkreten Leben: vom Winkel des Fensters, dem Widerhall der Straßen, der Städte und der Zimmer, vom Schatten der Mauern, der Erscheinung der Gesichter, der Stille, von der Entfernung und dem Glanz der Sterne, dem Atem der Nacht, dem Duft der Linde und des Origanons.«[3]

Die Erklärung wäre nicht notwendig gewesen. Die gesamte Lyrik von Sophia Andresen bespricht, wiederholt, entwickelt und verlängert eine ursprüngliche Geste der Bindung an die geschaffenen Dinge, als ob der magische Moment der ersten Begegnung mit ihnen im Strom der Zeit nicht aufhörte zu geschehen. Es war die leuchtende Fülle dieses Augenblicks – »Ich spreche von der ersten Freiheit / Vom ersten Tag der Meer war und Licht«[4] –, der ihre dichterische Berufung bestimmte; es ist der Zusammenfall mit diesem Augenblick oder seine leidenschaftliche Suche, der ihr die Notwendigkeit auferlegt, diese Berufung wie ein Schicksal zu erfüllen, dem man nicht entrinnen kann. Meer und Licht: diese gleichzeitig kosmischen und göttlichen Elemente umschreiben den poetischen Raum von Sophia Andresen und projizieren in ihn die unbegrenzte Weite, das Gefühl der Ewigkeit und den Ruf der Transparenz. Sich in ihnen, die Anfang und Ende sind, zu bewegen, ist reine *conditio humana,* vereinbar mit der Ablenkung und dem Geräusch; mit ihnen zu sein aber erfordert ein Stadium der Entäußerung, bestehend aus Hingabe und Wachheit. »Ich glaube an die Nacktheit meines Lebens«, wiederholt die Autorin in zwei Gedichten von *Coral* (Choral)[5]; diese Nacktheit ist die Bedingung dafür, daß der Hauch der Inspiration den menschlichen Klangkörper durchstreift, das Instrument, das unter der Brise vibriert. Die Dichterin versetzt sich so in die Rolle der Sybille, die sich den aus dem Chaos geborenen Tönen öffnet, ohne noch zu wissen, ob das, was sie hört, »die Stille oder Gott« ist; und die Sybille wird zur weisen Frau, die diese undeutlichen Töne in klare Wörter verwandelt und sie »feierlich und unter Gefahr« ausspricht.

Meer und Licht: wie in einer griechischen Landschaft evozieren diese Themen Harmonie. Harmonie zwischen den Elementen, Harmonie zwischen dem menschlichen Wesen und diesen Elementen und mit der geheimnisvollen Quelle, aus der sie hervorströmen. Der Gesang von Sophia Andresen will diese Harmonie widerspiegeln; von daher stammen die reinen Linien des Großteils ihrer Texte, dem apollinischen Ideal der klassischen Kultur verwandt. Ihr Verb liebt den Rhythmus, weist aber den überflüssigen Schmuck zurück, den barocken Überschwang, die lärmende Behauptung. Es will allein das Essentielle mitteilen, und das Essentielle verzichtet auf das Übermaß, hinter dessen Maske es unsichtbar würde. Für die Schriftstellerin bedeutet Poesie, auch wenn sie die irdischen Dinge preist, Teilhabe am Heiligen: sie ist Religion in der tiefsten Bedeutung des Worts – »Wiedereinbindung« des Individuums ins Universum, ein Bund.

Aber eines Tages wurde der Bund aufgekündigt. Ab ihrem vierten Buch, zehn Jahre nach ihrem literarischen Debüt, beginnt Sophia Andresen die Situation einer Welt wiederzugeben, die sich von der ihr zugedachten Harmonie entfernt hat und in der die Menschen allmählich ihre göttlichen Züge verloren haben. Sie selbst teilt als Schwester der Menschheit auf tragische Weise diese Entfernung und diesen Verlust:

> ***Und nun ihr Götter, was sage ich euch von mir?***
> ***Reglose Nachmittage sterben im Garten.***
> ***Ich vergaß euch und ohne Gedächtnis***
> ***Geh ich auf den Wegen, wo die Zeit***
> ***Wie ein Monster sich selber verschlingt.***[6]

Das Buch (und das zitierte Gedicht) heißt bezeichnenderweise *No tempo dividido* (In der geteilten Zeit). Achtzehn Jahre später bestätigt ein anderer Titel, *Dual* (Zweifach), das Gefühl von Trennung und Exil. Dieses Bewußtsein ist Resultat der politischen und sozialen Situation in Portugal, wo die faschistische Diktatur hartnäckig in den Alltag eindringt. Konfrontiert mit der trüben Realität kann die Dichterin nicht länger die unschuldige Sängerin eines klaren Morgens sein: »Wer eine gerechte Beziehung mit dem Stein, mit dem Baum, mit dem Fluß sucht, gelangt notwendigerweise durch den Geist der Wahrheit, der ihn beflügelt, dazu, eine gerechte Beziehung mit dem Menschen zu suchen.

Wer den überwältigenden Glanz der Welt sieht, sieht dann auch logischerweise das überwältigende Leiden der Welt.«[7]

Der dichterische Auftrag vermischt sich nun mit der moralischen Notwendigkeit, der Gerechtigkeit den Vorrang einzuräumen: die Kunst ist eine Ethik. Wenn alles miteinander verbunden ist, sei es auch durch unsichtbare Fäden, genügt die Tatsache, daß irgendwo eine Kreatur ungerechtfertigt leidet, um das universale Gleichgewicht zu stören. Die Pflicht der Poesie ist es, diese Störung aufzudecken und zur Wiederherstellung der Integrität aufzurufen. Zur Verdeutlichung dieser Perspektive greift die Autorin oft auf das Erbe der griechischen Mythologie und ihre weiblichen Heldengestalten zurück. Antigone und Elektra sind Bezugsgestalten im Kampf gegen die Tyrannei. Im Zeichen der Erstgenannten wird die Portugiesin Catarina Eufémia[8] zum Beweis dafür, daß »die Suche nach Gerechtigkeit [weiter]geht«.[9]

. Die Themen ändern sich, aber die anfängliche Haltung bleibt aufrecht. Ob sie nun die Revolution von 1974 besingt, die sie zu einem der schönsten Gedichte über dieses Ereignis inspiriert:

Dies ist der Morgen den ich erwartete
Der erste Tag vollkommen und rein
Wo wir auftauchen aus der Nacht und dem Schweigen
Und frei die Substanz der Zeit bewohnen[10],

oder ob sie Fernando Pessoa evoziert, zu dem sie einen absoluten Gegensatz bildet, oder ob sie das Abenteuer der Entdeckungen feiert[11], immer hält die Lyrik von Sophia Andresen in ihren Metamorphosen dem ursprünglichen Projekt eine bruchlose Treue.

In ihrer umfangreichen Produktion gibt es einige weniger glückliche Momente, besonders in den eher politischen Gedichten von *O nome das coisas* (Der Name der Dinge), die von ihrem Engagement in der Sozialistischen Partei beeinflußt sind. Aber immer, wenn sie sich von den augenblicklichen Umständen löst oder wenn sie in einer Bewegung der Rückkehr zum Unendlichen und Ewigen diese Umstände transzendiert, wird sie wieder zur großen Visionärin, die, indem sie den leichten Weg zurückweist, sich selbst »im Licht im Meer im Wind« sucht.

Maria Teresa Horta: die Extase des Körpers

Bei Maria Teresa Horta ist die Lyrik im wesentlichen eine Bejahung der weiblichen Existenz. Diese gleichermaßen poetische wie politische Position macht sie zu einem absoluten Ausnahmefall in der gegenwärtigen portugiesischen Lyrik und erklärt die relative Ächtung, die ihrem Werk in der letzten Phase zuteil wurde. Da sie sich als militante Feministin bezeichnet, da sie sich ausdrücklich Poetin nennt, da sie das Recht auf ein weibliches Wort im Sinne von Annie Leclerc einfordert, war es fast schicksalhaft zu erwarten, daß ihre Stimme auf eine feindliche Mauer treffen würde, die nichts mit ästhetischen Kriterien zu tun hat. In der Tat wurde sie eher ignoriert als kritisiert; ihre Hartnäckigkeit ist eine Herausforderung an das sie umgebende Schweigen.

Ihr erstes Buch *Espelho inicial* (Urspiegel) stammt aus dem Jahr 1960, eine Sammlung schöner und seltsamer Gedichte, in denen die 'Botschaft' durch den verzaubernden Rhythmus und durch unerwartete Assoziationen und den Rückgriff auf magische Symbole gefiltert wird. Verliebt in die Wörter, scheint die Autorin in erster Linie daran interessiert zu sein, ihre Melodien erklingen zu lassen. Die Atmosphäre der Verzweiflung oder der Unvollkommenheit, die diese Wörter beklagen, geht im Glanz der Bilder unter.

Diese Vorgangsweise wird ihre spätere Produktion bestimmen, innerhalb derer Bücher wie *Cidades submersas* (Untergegangene Städte) und *Verão coincidente* (Sommerkoinzidenz) für sich allein schon bedeutsam sind. Es ist eine Zeit der Suche, in der das Verb noch nicht jene weibliche Heftigkeit besitzt (auch wenn es alles andere als neutral ist), die später ihre Lyrik prägen wird. Themen wie die Liebe, der Körper, die Frau, die Mutter oder der Engel, die die wichtigsten Zentren ihrer Vorstellungswelt bilden, sind zwar schon präsent, aber nicht in konzentrierter Form.

Amor habitado (Bewohnte Liebe) von 1963 eröffnet einen neuen Zyklus. Die Liebe gewinnt vollkommene Autonomie, nicht nur als Gefühl, sondern als eine Übung gewagter und ausführlicher Lust. Als ob die Frau am Ende eines langen Wachstumsprozesses mit seiner Abfolge von Erwartungen und Frustrationen nun die Fülle der Liebesbegegnung entdeckte, drücken die Gedichte das plötzliche Glück der Sinne aus, die von der Gnade berührt wurden:

Ich stelle dich in den Mittelpunkt
dieses Satzes
der sich sanft warm
von Speichel
im Gleichgewicht hält

und entdecke die Farbe des Sommers
zwischen diesem Winter

der dein Geschmack ist
auf meiner Zunge[12]

Von da an ist die Verherrlichung des Austauschs zwischen den Geschlechtern eine Konstante in der Lyrik von Maria Teresa Horta. Im Widerspruch zur Mythologie der unglücklich Liebenden, die zu ungezählten Seiten Literatur und der Tradition der 'Verführten und Verlassenen' führte, deren banalisierte portugiesische Variante der Fado darstellt, begreift sich die Dichterin als Sprecherin einer verwirklichten Liebe, in deren lusterfülltem Raum die Frau wohnt. Keine idealisierte Liebe nach romantischer Art und auch kein rosarotes Idyll wie in den kitschigen Dreigroschenromanen: dafür aber eine Liebe, die gleichzeitig Spannung und Suche ist, Verschmelzung und Verlust, Unbefriedigtsein und Extase. Deren Träger der Körper ist und Erotik ihr Ausdruck.

Candelabro (Kandelaber) von 1964 und *Jardim de inverno* (Wintergarten) von 1966 sind Variationen zum Thema 'bewohnte Liebe', Variationen, in denen die Entdeckung des anderen, und des Ich im anderen, von Gedicht zu Gedicht vertieft wird. Diese zelebrieren die Intimität, die im Laufe der Tage wie ein Gewebe entsteht, sich auf die vertrauten Dinge erstreckt, sich in gemeinsamen Gewohnheiten verstärkt und die in eine quasi eheliche Seligkeit einmündet. Dann erreicht die Autorin 1975 mit *Educação sentimental* (Lehrjahre des Gefühls) eine neue Klimax. Eine Art Urschrei unterbricht die Harmonie der etablierten Verbindung und fordert zu neuen Kämpfen Körper an Körper auf. Das Buch ist wie eine Lehre aufgebaut und entwickelt eine Abfolge von Ritualen, in denen alle Formen der Liebeskunst in einem Spiel des Begehrens und der Verführung in die Praxis umgesetzt werden und dessen Endziel der Orgasmus ist. Hier das einleitende Gedicht:

Leg langsam deine Finger,
langsam ...

verstärk den Druck langsam
bis nach oben

der Saft den du
zögernd fließen spürst
ist der Schweiß der Höhlen,
ihr Wein

Umkreise den Brunnen,
nun mußt du halten,
tiefergehen, vielleicht,
auf einem anderen Weg ...

Aber leg deine Finger und gleite hinauf,
langsam ...

Fürchte dich nicht
vor meiner Lehre ...[13]

Alle Organe und Sinne werden in diesem Lernprozeß und dem Vollzug der Lust angesprochen, und ihre Aufzählung ist nur deshalb nicht roh, weil der poetische Atem sie durchdringt, und ist nur deshalb nicht ausschweifend, weil sie vom Ort der Unschuld und nicht dem der Grenzverletzung aus geschieht. Indem sie sich als Frau und Liebhaberin setzt, zeichnet die Autorin eine Geographie männlicher und weiblicher Körper, deren verborgenste Geheimnisse offengelegt werden. Das Buch ist ein Hymnus an die Lebenskräfte in unserem Blut und an die heidnischen Götter, die unseren Tod hinauszögern.

Ausgehend von ihrer eigenen Erfahrung und deren Erkenntnis in der Psychoanalyse entdeckt Maria Teresa Horta in der vielgestaltigen Sexualität nicht nur einen ursprünglichen Trieb des Individuums, sondern auch eine poetische Kraft. Diese Erkenntnis wird eines ihrer folgenden Bücher, *Os anjos* (Die Engel), inspirieren, in dem die mythischen beflügelten Wesen eine hermaphroditische Gestalt annehmen. Es handelt sich um eine neue Antwort auf die alte Frage nach dem Geschlecht der Engel: sie sind weder Männer noch Frauen, sondern gleichzeitig Männer und Frauen:

Die Engel entdecken
die Vulva
im gleichen Moment

in dem sie
den Penis erkennen:

mit
leicht gespreizten
Beinen
und zurückgeschlagenen Flügeln[14]

Dem gesamten poetischen Weg von Maria Teresa Horta liegen intensivste Begegnungen mit sich selbst und mit der sie umgebenden Welt zugrunde. Das Ziel scheint die Entdeckung eines verlorenen Ursprungs zu sein, eines Bruchs in der Kette der Ereignisse. Diese Absicht ist besonders in ihrem Buch *Minha mãe meu amor* (Meine Mutter meine Liebe) sichtbar, das ihre radikalste Suche darstellt und vielleicht überhaupt eine der radikalsten der gesamten Literatur ist. Im Leiden und Erzittern, im Lobpreis und in der Nostalgie öffnet sie einen Weg zum Ort des Ursprungs, dem weiten und warmen mütterlichen Meer, in dem ihr Körper, ihr Atem und ihre gebrochene Stimme entstanden. Eine Reise der Initiation, und wer sie unternimmt, riskiert, sich dabei zu verlieren. Maria Teresa Horta fand sich selbst und fand zum Gesang ihrer klingendsten Verse zurück:

Ich erinnere mich an das Paradies
in deinem Inneren
Das Paradies:
mit Bäumen
und Ozeanen

Endlose Halbschatten
in einem verworrenen Beginn

Und es gab auch den Apfel
deines Uterus
Ort: der Versuchung des Beginns[15]

Nach dieser Reise veröffentlichte die Dichterin nur mehr einen weiteren Gedichtband, *Rosa sangrenta* (1987/Blutige Rose). Auf dem Weg blieben einige Gedichte zu konkreten Anlässen, entstanden aus dem Wunsch nach Zeugenschaft in ihrer Zeit und dem Wunsch, sich mit ihresgleichen zu solidarisieren. Die konkret in Gedichten besungenen Frauen nehmen einen wichtigen Platz in ihrem Werk ein – einen Platz, in dem Identifikation und Anerkennung zusammenfallen. Aber so wie bei Sophia Andresen stellt das (feministische und kommunistische) Engagement nicht die beste Inspirationsquelle dar. Die Schutzgöttin der Lyrik von Maria Teresa Horta ist die Freiheit.

Fiama Hasse Pais Brandão: der Atem der Wüste

An Stelle des Vorworts zählt Fiama Hasse Pais Brandão in *Homenagemàliteratura* (Würdigungderliteratur) von 1976 neunundvierzig Aspekte auf, die die Leser ihrer Lyrik berücksichtigen müssen. Hier die ersten zehn:

1. das Bewußtsein des psychischen und sozialen Subjekts
2. der Ich-Erzähler
3. die lineare Erzählung im Dienste einer möglichst eindeutigen Lektüre
4. die Vertiefung der literarischen oder symbolischen Person
5. die absolute Unteilbarkeit des Autors
6. die absolute Notwendigkeit des Autors
7. die totale Esoterik jedes Autors im Reich der Individuen
8. die verschlossene und geheime Beschaffenheit des Textes
9. Das bedeutet, ein so eindeutiges Werk, daß es bis ins Extrem undurchsichtig ist
10. das bedeutet, ein so undurchsichtiges Werk, daß es keine Lektüre an sich heranläßt.[16]

Der verschlossene, rohe und unwirtliche Charakter der Sprache der Autorin erscheint in diesen geometrisch gezeichneten Linien und fordert entweder die Leser auf, sich der Mühe eines Verständnisses zu unterziehen, oder nimmt ihnen von vornherein jeden Mut. Es gibt keinen dritten Weg: diese Lyrik ist schwierig und die Verführung, die von ihr ausgeht, so spröde, daß sie an Härte und Distanzierung heranreicht, wie ein Lächeln mit geschlossenen Lippen. Die Autorin ist sich dessen bewußt, und es entspricht ihrer Absicht: sie gehört nicht zu den Damen, deren Wort dazu bestimmt ist, durch Allgemeinverständlichkeit den Seelen Trost zu spenden. Diese hochmütige Haltung hat ihr innerhalb der portugiesischen Literatur einen einzigartigen Plaz eingebracht: von einem kleinen (aber allmählich sich erweiternden) Kreis verehrt, von vielen wütend mißverstanden, ist sie der Mehrheit gleichgültig.

Zur ersten Gruppe gehören jene, die sich an ihre Balladen aus den sechziger Jahren erinnern, Gedichte, die Themen der traditionellen Lyrik aufnehmen, die vertont und von den Sängern des politischen Protests interpretiert wurden. Diese Zeit der Popularität und des eindeutig politischen Kampfes war jedoch sehr kurz, und die Gedichtsammlung, die dieser Periode entspricht, *Barcas novas* (Neue Barken), stellt nur ein Zwischenspiel in ihrem Werk dar. Heute finden sich ihre treuen Anhänger überwiegend im intellektuellen und universitären Bereich.

Ihre umfangreiche und ununterbrochene Produktion umfaßt mehr als drei Jahrzehnte. Zu Beginn nahm Fiama Brandão an einer Bewegung teil, die die portugiesische Lyrik »revolutionieren« wollte, indem sie sie von ihrer Neigung zur Verkündung wegbringen wollte, um den Text als autonomes Objekt und Bedeutungsquelle zu setzen. »Poesia 61«, wie sich die Gruppe nannte, bestand aus fünf Dichtern zwischen zwanzig und dreißig Jahren, aus dem Umkreis der Universität Lissabon; interessanterweise waren die Frauen in der Mehrzahl: außer Fiama Brandão gehörten auch Maria Teresa Horta und Luíza Neto Jorge dazu. Ein kleiner Text, *Grafia 1* (Graphie 1), zeigt ihren Ton in der damaligen Zeit:

Wasser bedeutet Vogel

wenn

die Silbe ein eiskalter Stein
über dem Gleichgewicht der Augen ist

wenn

die Wörter dicht aus Blut sind
und Dinge entkleiden

wenn

die Dimension dieses Windes ein Dreieck im Wasser ist
ist die Dimension des Vogels ein langsamer Fluß

wo

die Hände die rauhen Stellen zu Fall bringen
beginnt das Wort[17]

Ihre Lyrik entwickelte sich stets innerhalb der von der Bewegung geforderten Linien, deren vielleicht treueste und hervorragendste Exponentin sie ist. Diese Virtuosität läßt sie die Möglichkeit der Sprache mit einer erbarmungslosen Strenge auskundschaften, wobei sie sich einer Art von Wollust des Worts hingibt, das von der Kälte der Gedanken durchkreuzt wird. Die Autorin spricht von Bäumen, von Flüssen, von

Ländern, von Städten, von Dichtern, von Büchern; aber Bäume, Flüsse, Länder, Städte, Dichter und Bücher sind nur Objekte ihrer Sprache, kristallisiert in der Geste, die sie der Welt entreißt, um sie im Text zu bannen:

Der Erinnerung gehören die Töne an, die Geburt.
Die Sprache selbst erschafft
das Objekt und trennt es
von der Stille.[18]

Eine nichtweibliche, nichtmütterliche, asexuelle, antisentimentale und manchmal antilyrische Lyrik, die dennoch, oder vielleicht eben deshalb, eine Lyrik ist, in der mit unterdrückter Gewalt der heisere Ruf der Einsamkeit vibriert:

Ich bin allein, im Bereich der Metaphern
(die alles Denken sind)
in keinerlei Bodensatz drücke ich etwas aus
(aber bilde immer Metaphern).
Ich fühle nicht die totale Einsamkeit
der Gedichte, vielleicht Grotten,
das ruhige Meer, noch Stille.
Ich erwarte nur das andere,
eine leuchtende Liebe,
fremd und begehrenswert.[19]

Im Grenzfall geht die Lyrik von Fiama Brandão beinahe in die Stille über, was sie auch selbst eingesteht: »Am Ende der Wörter steht die Stille. / Man kann den Arm bis zum Ende ausstrecken.«[20] Auf dem Grund dieser Furcht vor dem Erlöschen ruht eine mystische Dimension. Kein Wille nach pantheistischer Verschmelzung mit der Natur, auch keine Sehnsucht nach der seligmachenden buddhistischen Lehre; eher der Wunsch nach Versteinerung, nach Vermischung mit dem Sand der Wüste. In einem ihrer seltenen Momente nichtindividueller, allgemeiner Thematik macht sie aus diesem Ziel die eigentliche Seinsbedingung aller Dichter:

Auch die Einsiedler
setzen sich nach der Welt
der trockenen Sonne aus.
Wie die Dichter.[21]

Aber unter den portugiesischen Dichtern und Dichterinnen setzt sich niemand wie sie der Unbarmehrzigkeit der »trockenen Sonne« aus. Ihre radikale Originalität liegt in dieser Art, durch die Wüste zu wandern, eine Wüste, in der sogar ihr Name, Fiama, eine kalte und einsame Flamme ist.

Übersetzung: Elfriede Engelmayer

Anmerkungen:

1) Beginn eines Sonetts von Florbela Espanca (1894-1930), einer Lyrikerin, die in ihren Texten die leidenschaftliche Liebe besingt.

2) Die Texte von Sophia de Mello Breyner Andresen (S.M.B.A.) werden im folgenden (mit Ausnahme der Anmerkung 7, da sich der Text nicht in der Gesamtausgabe befindet) nach der Gesamtausgabe ihrer Lyrik, *Obra poética I, II, III,* Lissabon 1991, unter der Abkürzung *O.P.* zitiert. – S.M.B.A., »Mar«, in: *Poesia I,* 1944 (*O.P. I,* S. 18)

3) S.M.B.A., »Arte poética-II«, in: *Geografia,* 1967 (*O.P. III,* S. 95)

4) S.M.B.A., »Primeira liberdade«, in: *No tempo dividido,* 1954 (*O.P. II,* S. 27)

5) S.M.B.A., »Passam os carros«, in: *Coral,* 1950 (*O.P. I,* S. 171)

6) S.M.B.A., »No tempo dividido«, in: *No tempo dividido,* 1954 (*O.P. II,* S. 34)

7) S.M.B.A., »Arte poética-III«, in: S.M.B.A., *Antologia,* Lissabon 1975, S. 233

8) Landarbeiterin aus dem Alentejo, die während der faschistischen Diktatur von der Gendarmerie ermordet wurde.

9) S.M.B.A., »Catarina Eufémia«, in: *Dual,* 1972 (*O.P. III,* S. 164)

10) S.M.B.A., »25 de Abril«, in: *O nome das coisas,* 1977 (*O.P. III,* S. 195)

11) S.M.B.A., »Navegações«, 1983, in: *O.P. III,* S. 245-277

12) Maria Teresa Horta (M.T.H.), »Saliva«, in: *Amor habitado,* 1963 (M.T.H., *Poesia completa I,* Lissabon 1983, S. 168)

13) M.T.H., »Educação sentimental«, in: *Educação sentimental,* 1975 (M.T.H., *Poesia completa II,* Lissabon 1983, S. 105)

14) M.T.H., *Os anjos,* Lissabon 1983, S. 60

15) M.T.H., *Minha mãe meu amor,* Lissabon 1986, S. 22

16) Fiama Hasse Pais Brandão (F.H.P.B.), *Homenagemàliteratura,* Porto 1976, S. 9

17) F.H.P.B., »Grafia 1«, in: *Morfismos,* 1961 (F.H.P.B., *Obra breve,* Lissabon 1991, S. 9)

18) F.H.P.B., »A voz, crescente«, in: *(Este) Rosto,* 1970 (F.H.P.B., *Obra breve,* S. 78)

19) F.H.P.B., »Zona das metáforas«, in: *Visões mínimas,* 1968-1974 (F.H.P.B., *Obra breve,* S. 211)

20) F.H.P.B., »Mesa« in: *Entre os ámagos,* 1983-1987 (F.H.P.B., *Obra breve,* S. 480)

21) F.H.P.B., »Deserto«, in: *Três livros,* o.J. (F.H.P.B., *Obra breve,* S. 565)

SOPHIA DE MELLO BREYNER ANDRESEN, geboren 1919 in Porto. Dänischer Herkunft. Studierte klassische Philologie in Lissabon. Publiziert seit 1944 Lyrik. Ihr umfangreiches lyrisches Werk erschien gesammelt im Verlag Caminho im Jahre 1991 unter dem Titel *Obra poética I, II, III.* Sie schrieb außerdem Kinderbücher und andere Prosa.

Übersetzungen ins Deutsche: »Praia (Strand)« (Erzählung), übers. von Irmgard Mailandt, in: *Tranvía* Nr. 11, Dezember 1988; »Die Inseln«, »Dahintreiben« (Gedichte), übers. von Christine Bierbach, in: *Tranvía* Nr. 15, Dezember 1989; »Boote (Barcos)«

(Gedicht), übers. von Elfriede Engelmayer, in: *wespennest. zeitschrift für brauchbare texte und bilder,* Nr. 89, 1992; in *Portugiesische Lyrik des 20. Jahrhunderts,* übers. und hrsg. von Curt Meyer-Clason, München 1993: »Wenn ich einst tot bin«, »Ermordung der Simonetta Vespucci«, »Schüttle die Wolken«, »Höre«, »Es schlafen am Strand ...«, »Ich spreche ...«, »Möge kein Stern ...«, »Freiheit«, »Meditation des Herzogs von Gandia über den Tod der Isabel von Portugal«, »Bildnis einer unbekannten Prinzessin«, »Die Flöte«, »Epidaurus«.

MARIA TERESA HORTA: Die bio-bibliographischen Angaben zu Maria Teresa Horta befinden sich auf Seite 29.

FIAMA HASSE PAIS BRANDÃO, geboren 1938 in Lissabon. Mitglied der Dichtergruppe »Poesia 61«. Mitbegründerin der Gruppe »Teatro Hoje«. Historische und literarische Forschungsarbeit über das 16. Jahrhundert in Portugal. Übersetzte u.a. Bertolt Brecht, *Schriften zum Theater,* ins Portugiesische.

Auswahlbibliographie Lyrik: »Morfismos«, in: *Poesia 61,* Faro 1961; *Barcas novas,* 1966; *Homenagemàliteratura, 1976; Areia branca,* 1979; *Âmago I,* 1985; *F de Fiama,* Lissabon 1986; *Obra breve* (Gesammelte Lyrik), Lissabon 1991. – Sie schrieb außerdem einige Theaterstücke und Prosa.

Übersetzungen ins Deutsche: In *Portugiesische Lyrik des 20. Jahrhunderts,* übers. und hrsg. von Curt Meyer-Clason, München 1993: »Eine Mauer, Flüsse«, »(Die Glocke)«, »Widerschein, Durchsichtigkeit«, »Nacht: die Rede der Zeit«, »Wenn die Nacht«, »Aquae Duco«, »Jesaja, Empedokles, Söhne«, »In der Nähe des Bauern«, »Der Gnom«, »Die Durchsichtigkeit der Sonne ...«, »Ich reibe meine Stirn ...«, »Wenn die neue Blüte ...«, »Feuerstraße«.

Agustina Bessa Luís:

Wandlungen weiblicher Identität in »Eugénia e Silvina«

Von Catherine Dumas

In ihrem Roman *Eugénia e Silvina* (1989/Eugénia und Silvina) entwirft Agustina Bessa Luís zwei Frauenfiguren und verschränkt in einer nichtlinearen Erzählung deren Lebensläufe, die sich in Wirklichkeit jedoch im Abstand von mehr als einer Generation abgespielt haben. Ausgangspunkt des Romans ist folgender Sachverhalt: Am 17. Juli 1925 wurde in der Umgebung von Viseu, im nördlichen Mittelportugal, ein unter nie aufgeklärten Umständen ermordeter Mann gefunden. Agustina Bessa Luís greift die Vorfälle auf dem Gutshof Malhada auf, um verschiedene Auflösungen für das rätselhafte Verbrechen anklingen zu lassen. Sie geht zurück bis auf Eugénia Viseu, die Hauptfigur des Romans und ehemalige Besitzerin des Gutshofs. Eugénia, von legendärer Schönheit und Tugend, stirbt unverheiratet und stiftet ihr riesiges Vermögen einer Wohltätigkeitsorganisation.

Ihre Zofe hat von João Trindade, dem Sohn eines Pächters des Anwesens, eine Tochter namens Silvina. Trindade verliebt sich in den letzten Jahren seines Lebens insgeheim in Eugénia; und es ist seine Leiche, die in der Nähe des »Brunnens der Zauberinnen« gefunden wird. Mit seinem suspekten, in der portugiesischen Kolonie São Tomé angehäuften Vermögen hat er nach seiner Rückkehr nach Portugal das Gut Malhada zurückgekauft und es für seine – in fortgeschrittenem Alter noch anerkannte – Tochter eingerichtet und ihr unverzüglich eine sorgfältige Erziehung zuteil werden lassen. In seiner Tochter sucht er das verlorene Bild Eugénias wiederzufinden. Diese Vater-Tochter-Beziehung hat vor Ort die Schlagzeilen der Presse gefüllt. Auch darauf greift Agustina Bessa Luís zurück, und zwar unter verschiedenen Blickwinkeln.

Die Begleitumstände des Mordes an João Trindade sowie Silvinas Schuld beläßt die Erzählerin ebenfalls im unklaren: Inwiefern hat Silvinas Mann, Claudino, der von seinem Schwiegervater finanziell in die Enge getrieben wurde, eingegriffen? Silvina und Claudino werden zu einer Gefängnisstrafe verurteilt. Nach 18 Jahren Gefangenschaft verläßt Silvina rehabilitiert das Gefängnis, wo sie unterdessen die tugendhafte Haltung Eugénias angenommen hat. Eine weitere Parallele zwischen den beiden Frauenfiguren ergibt sich in Hinblick auf das zwiespältige Liebesverhältnis mit dem Dienstmädchen Albina.

Am Schluß sind all diese menschlichen Beziehungen nur noch Erinnerung: Der Roman endet damit, daß Silvina beim Verlassen des Gefängnisses einen Bruch mit der Vergangenheit erfleht und ihre totale Einsamkeit auf sich nimmt.

Eugénia e Silvina stellt wiederholt die Frage nach der Identität der Frau. Schon der Titel verweist auf eine Bipolarität der weiblichen Figur, die wir als Ergänzung oder als Gegensatz begreifen können. Ich persönlich sehe darin den Vorgang des Auffächerns von Geschichte und ihrer Chronologie, die dadurch zum Gegenstand der Fiktion, also der selektiven Erinnerung und Einbildungskraft wird. In einem Zeitraum, der sich von der Mitte des 19. bis zu den dreißiger Jahren unseres Jahrhunderts erstreckt, entsprechen die Frauen einander nicht nur aufgrund der Generationenfolge, sondern auch aufgrund eines Spiels mit Spiegeln, in dem sie Seite an Seite stehen, sich bewundern, sich lieben, ohne jedoch vollkommen identisch zu werden.

Nachdem Agustina Bessa Luís einige Hinweise und skizzenhafte Antworten auf die Befragung des Spiegels gegeben hat, beendet sie das Spiel mit der Feststellung, daß es gescheitert sei: »foi pena« (schade). Sie versetzt Silvina in eine rastlose Suche nach dem Unbekannten, der Einsamkeit, weit entfernt von ihrem Zuhause und den geliebten Menschen: »später, jetzt will ich alleine leben, ohne Dienstmädchen und ohne Katzen.« Der Faden, den Agustina Bessa Luís aus einer vielfältigen Identität webt, franst aus und übrig bleibt lediglich ein Individuum auf der Suche nach einer Zukunft, die soweit entfernt ist, daß sie sich vielleicht erst am Horizont der über vierzig Jahre währenden Verfinsterung unter der Diktatur abzeichnet. (Ich denke insbesondere an den 1977 erschienenen Roman *As Fúrias* [Die Furien].)

Die spiegelbildliche Vervielfachung – mise-en-abîme[1] – weiblicher Identifikation in *Eugénia e Silvina* ist nicht einfach nur ein erzähltechnisches Mittel. Sie bezeichnet vielmehr den Abgrund, der sich unter den Füßen der Frau auftut, die ihres ursprünglichen Wissens über die Welt, ihrer wohltätigen Kraft für die Menschen beraubt ist, die gefangen ist in sozialen Strukturen, die sie nicht gewollt hat.

In *Eugénia e Silvina* entwickelt Agustina Bessa Luís diese Interpretation der Geschichte in Hinblick auf die Veränderung der Gesellschaft. Sie lädt ihrer Figur ein Kapitalverbrechen auf, das in ihren vor 1974 entstandenen Texten durch das Schlachten eines Schweins symbolisiert wird. Seitdem ist es die bewaffnete Hand der Frau, die den Vater ermordet, die Familienbande zerstört, um in die Kerkerwelt des Lissabonner Frauengefängnisses Mónicas zu stürzen. Agustina Bessa Luís entnimmt den Einzelheiten einer Zeitungsmeldung Elemente, die Silvinas Handlungen mit denen anderer Frauen verknüpfen werden, die ehemals dem Hause Malhada verbunden waren. Das Verbrechen erhält also seine Symbolik nicht nur in Hinblick auf den Endpunkt eines Verfallsprozesses, dem der Status der Frau in der Gesellschaft unterworfen war, sondern auch in bezug auf den Bruch mit diesem Prozeß. Es vollzieht sich eine Rückkehr zu den Quellen, die Silvinas unbewußte Handlungen aufwertet und dem Leser einen übergreifenden Blick auf weibliche Identifikation ermöglicht. Auf erzähltechnischer Ebene erzielt die spiegelbildliche Vervielfachung der weiblichen Figur nicht die Wirkung eines Umherirrens, sondern die eines Verständnisprozesses, also einer identifikatorischen Vereinung. Wenn ich von Vereinung spreche, so in dem Sinne, daß ich hier die weibliche und die männliche Identifikation sowie die soziale und die sexuelle Identität nicht trennen kann. So gesehen steht dieser Roman unter dem Zeichen eines übergreifenden Gedankens, der – indem die Hand einer Frau, Mörderin der herrschsüchtigen Männlichkeit des Vaters, bewaffnet wird – die durchaus zeitgenössische Anerkennung der These vom genetischen Primat weiblicher Elemente auf die Erzählung projiziert.

Von der Frau als Objekt zur Frau mit der Waffe in der Hand

Eugénia Viseu ist der Prototyp romantischer Schönheit: von den Männern umworben und tragisch in ihrer Einsamkeit als reiche Erbin. Sehr früh hat sie ihre Mutter verloren, die im Roman nur flüchtig als uneheliches Kind auftaucht, das von der Großmutter aufgezogen wurde. In Eugénia Viseus Generation verschwindet die Tradition der Erziehung durch die Mutter und der Initiation in die Welt, die die Frau dem Kind und insbesondere den Töchtern zuteil werden läßt. In Agustina Bessa Luís' Roman *A sibila* (dt. *Die Sibylle*) sind es die Frauen, die die junge Germa in den Mikrokosmos des Gutshofes Vessada einführen; in *Eugénia e Silvina* wird der Vater zum Wächter des Hauses und überträgt seiner Tochter die Rolle der Vestalin in einer so engen Beziehung, daß sich die Frage nach dem Inzest stellt: »(...) von der Mutter waren ihr wenige Erinnerungen geblieben. Henrique Viseu ließ sie nicht wieder aufleben.« (S. 36) Dennoch trägt Eugénia Viseu den gleichen Vornamen wie ihre Mutter und ihre Urgroßmutter. Und es ist die Urgroßmutter, Eugénia I, die das uneheliche Kind ihres Sohnes offiziell anerkennt und somit die Identität von Eugénia II legitimiert. Eugénia I ist eine tatkräftige Frau und scharfsinnige Politikerin, die sich der Sache D. Pedros verschrieben hat. Sie ist es auch, die ihrer Familie das Baronat verschafft hat.

Eugénia II tritt sehr früh von der Bühne ab, als könnte sie einer ganz neu erlangten Identität nicht gerecht werden. Zu jenem Zeitpunkt geht die Macht im Hause Malhada in die Hände des Vaters über. Eugénia III, die Heldin des Romans, wird zum Objekt der Aufmerksamkeit der Männer: »Henrique Viseu wandte sein ganzes Talent als müßiggehender Erzieher auf, um aus seiner Tochter eine Frau zu machen, die einem aristokratischen und feudalen Ideal entsprach, obwohl man sagte, daß sie 'amerikanisch' erzogen worden sei.« (S. 36) Sie wird zur »dekorativen Bedeutung«, »für die Ehe ungeeignet«, »eine Vestalin«. Eugénia verharrt in Abhängigkeit gegenüber ihrem Vater, schlägt nach dessen Tod die einzige, für sie annehmbare Heirat, nämlich eine Liebesheirat mit einem Leutnant, aus. Henrique Viseu läßt sich mit seiner Tochter in der Lissabonner Oper und in allen Hauptstädten Europas sehen, als wäre sie sein schönstes Juwel: »sie war hinreißend«, »die Diva einer Epoche« (S. 36).

Silvina widerfährt dasselbe Schicksal in ihrer Erziehung, obwohl sie einer anderen Epoche angehört: der des Niedergangs des Adels und des Beginns der Republik. Auf eine subtile Weise ist sie über ihren Vornamen mit Eugénia und der Romantik verbunden, wenn Agustina Bessa Luís ihre Eugénia mit der Silvina aus *O mundo elegante* (Die elegante Welt) von Camilo Castelo Branco vergleicht. Die Zusammengehörigkeit beider Figuren erwächst auch aus der Logik der Tatsachen: Silvinas Geburt ist das Ergebnis der enttäuschten Liebe João Trindades und ihre Erziehung ein Produkt der Aura, mit der die Erinnerung an Eugénia umgeben ist. Auch Silvinas Mutter verschwindet sehr schnell aus dem Leben der Heldin, die in ihrer frühen Kindheit, wie Eugénia, von der Großmutter aufgezogen wird. Ebenso bemächtigt sich der Vater seiner Tochter während der Pubertät, läßt ihr eine widernatürliche Erziehung im Kloster erteilen. »Die Schule, welch peinliche Erfindung, die der menschlichen Freiheit Hohn spricht«, sagt João Silva Mendes (S. 41). Silvinas Vater will aus ihr eine neue Eugénia machen. Es gelingt ihm nicht, da sie ihm ihre Heirat aufzwingt. Damit mündet eine bis dahin inzestuöse Beziehung in einen gnadenlosen Krieg.

Deutlich wird hier sichtbar, wie sich von Generation zu Generation ein Bruch zwischen Mann und Frau eingräbt. Die nicht passende Kopie, die João Trindade von Eugénia herstellen will, kann nur kriminell sein. Ihr fehlt die Liebe, die ein wesentlicher Teil von Eugénias Persönlichkeit war: Liebe zu ihrem Vater, Liebe zu dem Leutnant, Liebe, die sogar Verzicht übt.

Eugénias Leiden ist moralisch und physisch. Nachdem sie von ihrem Vater seit ihrer frühesten Kindheit vom Hause Malhada ferngehalten wurde, irrt sie nun ziellos umher. Ihre Persönlichkeit ist von Traurigkeit geprägt, wenn wir ihr in ihrem Pariser Salon oder in dem Grand-Hotel d'Aoste wiederbegegnen. Agustina Bessa Luís zeigt sie, wie sie von Liebeskummer, später von der Krankheit ausgezehrt wird. Im Vergleich mit der Silvina von Camilo Castelo Branco definiert sie sie als »die rettende Frau« in ihrer konventionellen Moral aus weltlicher Barmherzigkeit. Deutlich ist Eugénia eine Heldin der Spätromantik, die der Frau nur noch Raum für Melancholie ließ. Sie ist bei der Lektüre eines erbaulichen Buches zu sehen, als erfüllte sie eine Pflicht. Agustina Bessa Luís definiert sie als »ultrakonservativ«. Daß sie am Ende ihres Lebens ihren Reichtum den Armen stiftet, ist ein Akt der Erfüllung: »Davor war sie die unglücklichste Frau, die der Himmel beschützte.« (S. 31)

Dieser zentrale Akt im Leben Eugénias setzt sich fort im Werk gebildeter und mit ihr befreundeter Frauen wie Flora Tristan, Guiomar Torresão oder Virgínia da Costa, Eugénias Cousine und eine der ersten Juristinnen Portugals, die schon früh, in der alten, sich wandelnden Gesellschaft die Frauen verteidigte. Den Hintergrund von Eugénias Geschichte bilden die Anfänge des europäischen Feminismus, dessen eigentliche Repräsentantin Flora Tristan ist: Sie steht in der politischen Diskussion und ist gesellschaftspolitisch aktiv bis hin zum Scheitern ihrer »Arbeiterunion«, einer von sozialistischen Ideen inspirierten Organisation. In der Familiengeschichte der Viseus hinterläßt Flora Tristan eher die Erinnerung an ihr galantes Auftreten als an ihren sozialen und politischen Kampf. In ihrer Funktion als Erzählerin greift Agustina Bessa Luís Flora Tristans Engagement für das Recht auf Ehescheidung auf, ihre Großzügigkeit, ihre provokante Schönheit, ihr ungerechtes Schicksal als eine von der Gesellschaft verfolgte Frau.

Für die portugiesische Seite im feministischen Kampf in *Eugénia e Silvina* steht Guiomar Torresão, die »Avantgardistin unter den portugiesischen Geisteswissenschaftlern«. Es trifft zwar zu, daß Guiomar Torresão die erste portugiesische Geisteswissenschaftlerin war, die von ihrem Beruf gelebt hat, doch bleiben ihre Schriften konventionell und ihre Grundgedanken weisen keine Gemeinsamkeiten mit denen Flora Tristans auf. Luísa Dacosta entwirft in dem Kapitel »Literatura de autoria feminina« in der *História ilustrada das grandes literaturas* (hrsg. von Óscar Lopes), ein ziemlich karikaturistisches Porträt von ihr: Guiomar Torresão lehnt den Gedanken der politischen Gleichstellung beider Geschlechter ab; sie verurteilt den Realismus; sie ist »eine formale Romantikerin, ohne Dramatik«. 1869 veröffentlichte Guiomar Torresão ihren ersten Roman mit dem Titel *Alma de uma mulher* (Die Seele einer Frau), über den wir von Agustina Bessa Luís erfahren, daß er das Leben Eugénia Viseus erzählt. In der Tat sind die Heldinnen bei Guiomar Torresão schön, enthaltsam, rein und wohltätig. Oft verblassen sie in einer pappmachéartigen Umgebung.

Die Guiomar Torresão in *Eugénia e Silvina* ist arm, »aber sie besaß den Stil einer entthronten Preziösen«. Sie ist eine Randfigur, eine Stimme aus dem Off, deren Unangepaßtheit an das Milieu sich die Erzählerin zunutze macht. Sie ist also eine subversive Stimme. Sie schließt sich Eugénias »Phantasie« an und macht dadurch als Zeugin das Bild, das Agustina Bessa Luís von ihr entwirft, noch deutlicher. Der Kontakt zwischen Eugénia und den Feministinnen, den die Erzählerin herstellt, verweist damit auf eine Möglichkeit, wie die Identitätsfrage im Kontext der Vielzahl weiblicher Figuren gelöst werden könnte. Guiomar Torresãos Aufenthalt in Paris, während dem sie angeblich Eugénia kennengelernt haben soll, um ihr Vorbild zu werden, hat in Wirklichkeit nur die zwei Monate einer völligen Blendung gedauert. Gleich der damaligen aristokratischen und aufgeklärten Gesellschaft wendet sich Guiomar Torresão von Portugal ab, wo ihre Berufung nicht zur Entfaltung kommen kann. Sie ist das literarische Echo Eugénias, die Aufbewahrerin ihres Tagebuchs. Agustina Bessa Luís vermischt mit Vergnügen die historischen Fakten mit der fiktiven Stimme Guiomar Torresãos im Roman. Die Erzählstränge sowie die Frauenfiguren überschneiden sich und lösen einander ab.

Eugénia Viseu ist ein grauenhafter Tod bestimmt: sie verwest bei lebendigem Leib. »Sie schien ein Bündel aus verwesenden Innereien zu sein, alles an ihr war schmutzig und roch schlecht. Auch die Blumen kamen nicht gegen diesen pestilenzialischen Gestank an, die Leute rissen sich zusammen, um nicht zu erbrechen.« (S. 88) Nach ihrem Tod erscheint sie in gewisser Weise in ihrem Prachtgewand mumifiziert: »Die Hitze vollbrachte ihr Zerstörungswerk in ihrem Körper, der ekelerregende Flüssigkeiten auszuscheiden begann. Es war nötig, ihre Nasenlöcher und die Vagina mit Wattebäuschen zu verstopfen, eine Krankenschwester kam, um diese Arbeit auszuführen. Danach machte ein Bestattungsinstitut den Rest; sie schminkten sie, und der Friseur hellte ihr Haar ein wenig mit künstlichem Blond auf. Schließlich wurde sie von einer Modistin wie für einen Familienempfang gekleidet, ein Kleid aus grauem Faille, von einer Eleganz, die Tugend- und Lasterhaftigkeit miteinander vermischte, von einer beispielhaften Eleganz, stolz und einfach zugleich (...)« (S. 89) Die Verdinglichung der toten Eugénia setzt sich in der Erinnerung ihrer Zeitgenossen fort, insbesondere bei João Trindade. Agustina Bessa Luís vergleicht sie mit Schneewittchen und Marilyn Monroe, »eine Art Monstrum, ein Meisterwerk, das die Vorstellung von anatomischer und moralischer Eleganz in sich vereint; das ist es, was Eugénia Viseu bedeutete«. Und weiter: »Sie war die Schauspielerin, um so glaubwürdiger, als sie sich als wirkliches Objekt darstellte, eine Fotografie des Natürlichen und so natürlich wie die Person, die dafür posierte.« (S. 118)

Silvina wird ebenfalls Objekt der Mystifizierung während ihres Prozesses. Als zweitrangige Kopie Eugénias wird sie zu einer mittelmäßigen Schauspielerin, »eine Frau weit unter dem Niveau der intelligenten Verstellung«. In der öffentlichen Vorstellungskraft spielt sie die Rolle eines »Fräulein Doktor« oder einer Mata-Hari (S. 232). Das intellektuelle Milieu, in dem Eugénia zuhause war, kennt Silvina nicht. Sie führt ein Leben, abseits der Ereignisse ihrer Zeit. Ihr Entwicklungsprozeß hat nichts mit dem einer Feministin zu tun. In dieser Hinsicht repräsentiert sie den Obskurantismus, in dem eine bestimmte Kategorie portugiesischer Frauen gelebt hat und für welche eine Ana de Castro Osório, eine Adelaide Cabete und andere Feministinnen, Mitstreiterinnen der Ersten Republik und Gründerinnen des »Conselho Nacional das Mulheres Portuguesas« (Nationaler Rat der Portugiesischen Frauen), gekämpft haben. Im Gegensatz zu Eugénia, die Europa durchstreift, ist Silvina eine eingeschlossene Person. Ihrer volkstümlichen Wurzeln beraubt lebt sie im Haus Malhada, wo der Köder der Erbschaft sie gefangen hält. Als sie sieht, daß jene ihr entgleitet, als ob man ihr die Vollendung ihrer vom Vater geschmiedeten Identität verweigerte, tötet sie. »Der Tod ist immer etwas Sündhaftes, sogar der eines Wurms ist ungeheuerlich.« (S. 310) Agustina Bessa Luís vergleicht dieses Verbrechen mit dem Béatrice Cencis, von dem Stendhal erzählt: »Der Fall Cenci entsprach einer Ideologie der Libertinage, der zufolge der Vater die Rechte besaß und die Tochter sie sich aneignen wollte (...).« (S.252)

In der Nacht des Verbrechens betritt Silvina das Zimmer ihres Vaters, indem sie die Verbindungstür zum Salon aufstößt. Dabei handelt es sich um eine Tür, die mit einem trompe-l'oeuil-Effekt eine Tresortür vortäuscht. Der Alte bietet sich ihr in den Schlaf der Trunkenheit versunken dar. »Händler von Menschenfleisch«, allzeit bereiter Jäger, der er ist, hat er die Waffen ausgebreitet, die seiner Tochter nun ins Auge fallen. Silvina wählt einen Hammer. Aber auch andere Waffen sind da, »ein Engländer aus bläulichem und feinem Stahl«, »neue Patronen«. Der Hammer fährt wie ein umgekehrter Phallus nieder. So tötet Silvina die abstoßende Männlichkeit ihres Vaters, indem sie sich der emblematischen Waffe bemächtigt. Kaum hat sie zugeschlagen, löst sich der Kopf des Hammers vom Stiel: »Sie war verwirrt, verließ dann aber langsam das Zimmer und schloß die Tür.« (S. 224) Sie ist im wörtlichen und übertragenen Sinn orientierungslos. Sie hat die Tür geöffnet, ist hineingegangen, hat zugeschlagen. Die Waffe entgleitet ihr, und sie führt die Bewegungen in umgekehrter Reihenfolge aus. Die Symbolik dieser Szene macht den Mord zu einem schicksalhaften Akt. Silvina ist nicht mehr im Besitz ihrer Macht und ihres Ziels. An diesem Morgen des 17. Juli 1925 gleicht sie einer »abgenutzten und verlassenen Fetzenpuppe« (S. 228). Die Frau mit der Waffe in der Hand ist die Frau als Objekt.

Aktive Weiblichkeit

In *Eugénia e Silvina* stellt eine Gruppe von Frauen die Verbindung zwischen den Ländereien von Ranados und der Quelle der Zauberinnen her. Es handelt sich um die *mestras*: »Die Meisterinnen, Nachfahren der Druiden, Beschützerinnen der heidnischen Gemeinschaften mit ihrer Waldweisheit, haben ihren Ursprung im 15. Jahrhundert, wo sie mit kalten Heilbädern arbeiteten und mit erfahrener Hand Brüche heilten; man schrieb ihnen Schutzkräfte zu und glaubte, sie seien mit wohltätigen Wesen verwandt. Sie lebten an den Ufern von Wasserläufen oder hatten innerhalb ihres Besitzes Quellen und Bäche, die ihnen zu medizinischen Zwecken dienten und eine gewisse magische Inspiration eingaben, die sich aus den Brunnen nährte. Das Gut der Meisterinnen war bis zum 18. Jahrhundert berühmt für seine Schule der heiligen Zauberinnen, die der lichten Seite der Magierin entsprachen; im Gegensatz dazu stand die Zauberin des Bösen, die dem Dunkel angehörte und schlechte Taten verübte.« (S. 44)

Hervorzuheben ist die Verbundenheit der Meisterinnen mit dem Wasser. Seit *A sibila* (1954) entwickelt Agustina Bessa Luís eine Mythologie um die Frau und das Wasser: Brunnen, Becken, Teiche, Flüsse und Quellen. Die Meisterinnen von Ranados bringen eine Gesellschaft hervor, in der die Frau eine wohltätige Macht über die Welt ausübt. In *Eugénia e Silvina* nimmt die aktive Weiblichkeit bei diesen Druiden-Frauen ihren Anfang. Sie durchzieht den ganzen Roman, da sie Eugénia I, der Baronin, Fruchtbarkeit verleiht. Mit der Geburt Eugenia Viseus wird die Ahnenreihe jener Frauen fortgesetzt, die sich durch ihre »weiblichen Verdienste« ausgezeichnet haben.

Eugénia II selbst stellt die letzte mögliche Inkarnation der Meisterinnen dar: »Die Reihe von Eugénias würde mit dieser seltsamen Mischung aus Meisterin und Opferlamm erlöschen, die die Vicomtesse von Malhada darstellte.« Die Szene mit dem Testament »war noch ein Rat der Meisterinnen«. Das weibliche Handeln hält die geistlichen Würdenträger auf Abstand, »die Träger des Sterbesakraments, die sich im letzten Moment ausgeschlossen sahen. Virgínia benachrichtigte sie nicht in einem Rest von antiklerikalen Gefühlen, die mit ihrem Andenken an die Urgroßmutter verbunden waren, eine starrköpfige Frau angesichts von Kirchenangelegenheiten.« (S. 49 f.) Die Cousine und Juristin Virgínia handelt nicht nur in ihrer Eigenschaft als positivistische Feministin, sondern auch in Übereinstimmung mit der weiblichen Ahnenreihe. Eugénia Viseu als Romanfigur wird übrigens in ihren leidvollsten Momenten über Anspielungen auf diese Ahnenreihe definiert. Der Leutnant sieht in ihr eine Besessene: »(...) mit Besessene war gemeint, daß sie Situationen und Personen beherrschte. Zu anderen Zeiten würde man ohne Zögern Eugénia Viseu mit den berühmten Meisterinnen von Ranados in Verbindung bringen (...).« (S. 83) Die Meisterin, die das Bindeglied zwischen Eugénia Viseu und ihrer Urgroßmutter darstellt, trägt den symbolischen Namen Maria do Amparo (*amparo* = Schutz, Hilfe). Sie wird von ihrer Bestimmung, dem Schutz schwächlicher Kinder in der Familie zu dienen, abgehalten und prophezeit den kommenden Generationen Trauer und Melancholie. Eugénia hat einige ihrer Kenntnisse in Botanik indirekt von ihrer Urgroßmutter geerbt. Selbst mit ihrer mystischen Jungfräulichkeit, dem Geheimnis ihrer Schönheit, verewigt sie noch die Prinzipien der Meisterinnen, die die Gebärenden verachteten und der Jungfrau Maria einen Kult weihten.

Silvina steht völlig außerhalb jeder von den Meisterinnen verliehenen Transzendenz. Wie wir gesehen haben, greift sie aus Machtlosigkeit zu den Waffen. Was ihre Jungfräulichkeit angeht, so wird sie von drei Männern in Frage gestellt: ihrem Liebhaber, ihrem Vater und ihrem Ehemann. Mit der Figur Eugénias aber hat Silvina die Tatsache gemein, daß sie, wie jene am Ende ihres Lebens, handelt als »Frau, die rettet«. Gleich Eugénia, die ihr Vermögen den Armen stiftet, gibt sich Silvina ganz der Sache der Frauen im Gefängnis von Mónicas hin: »(...) sie hatte einen Heiligenschein bekommen.« (S. 374) Mit der Unterweisung der Gefangenen findet sie die Rolle der Meisterinnen wieder. Sie schließt sich damit den Feministinnen von damals an, die sich die Bildung der portugiesischen Frau zum Ziel gesetzt hatten. Silvina war niemals die Vestalin von Malhada. Aber in ihrem Gefängnis wird sie verehrt wie eine mit Votivtafeln bedeckte Heilige: »sie nahmen aus allen möglichen Gründen bei ihr Zuflucht und stießen immer auf einen guten Empfang und die Bemühung, ihnen dienlich zu sein. Sie bezahlten sie auf die absurdeste und sogar lächerlichste Weise mit der Gabe kleiner Geschenke, Süßigkeiten und Tücher, manchmal auch wertvollerer Dinge, wie einem Kästchen für Schmuck oder Dokumente. Oder Häkeldeckchen (...).« (S. 374) Silvina rettet diese Frauen, indem sie ihnen einen Teil ihrer Macht überträgt. In den Augen der Gesellschaft rettet sie sich selbst, weil ihre Opferbereitschaft ihr die Freiheit bringt. Aktive Weiblichkeit setzt sich in diesem Roman gleichviel aus Opfergeist, Hingabe seiner selbst, Wohltätigkeit und Heiligsprechung zusammen. Diese Begriffe gehören dem semantischen Bereich der katholischen Religion an. Tatsächlich bietet Silvina ein Bild der Unterwürfigkeit, wenn sie die Stufen der Kirche bei ihrem Transport in das Gefängnis küßt. Zwischen den Meisterinnen des 15. und der Silvina des 20. Jahrhunderts vollzieht sich der Übergang von den heidnischen zu den christlichen Werten. Der Wandel in der Gesellschaft bewirkt einen Wandel der bildlichen Vorstellungen, der auch die weibliche Identifikation mit ihrem Bild von sich selbst betrifft. Noch als Handelnde bleibt die Frau eine Gefangene, wie Silvina, die nach ihrer Entlassung aus Mónicas nach Einsamkeit verlangt und mit ihrer Vergangenheit bricht.

Aber es gibt in dem Roman einen Blick auf weibliche Identität, der die Frau als Instanz der Rede wertschätzt und nicht mehr nur als Bild, das sich der Mann von ihr macht. João da Silva Mendes, König-Johann aufgrund seiner geistigen Kräfte, hat in Eugénia Viseus Erziehung eingegriffen, als sie noch ein Kind war und bei ihrer Urgroßmutter lebte. Er hat eine *Memória biográfica* zur Verteidigung ihres Großvaters, des Obersten Costa de Almeida, geschrieben. Die Widmung zu diesem Werk stellt einen Ausschnitt aus einer Anthologie dar, die das damals übliche Bild der Frau wiedergibt. Agustina Bessa Luís macht die Mutter des König-Johann zu einem wirklichkeitsnahen Beispiel für die »messianische Frau« der Biographie. Diese Art der Huldigung an die Frau hieße also, den Mutterleib und die Erziehung des Kindes als Teil der weiblichen Aktivität anzuerkennen. König-Johann ist ein gutes Beispiel für »den mit sich selbst versöhnten Mann«, wie ihn Elisabeth Badinter in ihrem letzten Buch bezeichnet.[2] Agustina Bessa Luís zeigt alternative, denkbare Vorbilder auf, jenseits der Idealfrau, wie sie von König-Johann definiert wird. Dazu gehört Flora Tristan, »'die gebildete und folglich aufrichtige, starke und würdevolle Frau, die aus Frieden und Freiheit, für immer miteinander verbunden, den Lobpreis der Menschheit machen kann'« (S. 122). Für die Schriftstellerin stellt Flora Tristan die Synthese aus Pädagogin und liebender Frau dar. Letztere verkörpert natürlich Eugénia Viseu, und die Erzählerin fragt sich, ob sie nicht König-Johann in Leidenschaft versetzt hat. Flora Tristan und Eugénia verschmelzen zu ein und derselben Frau: »Wie Eugénia meint sie, daß eine gebildete Frau und geistige Mutter der Welt der Emanzipation das ist, worauf die Männer zu ihrer Rettung hoffen.« (S. 123) Dieser Satz stammt, wie eine Art Zusammenfassung, aus der genannten Widmung, die darüber hinaus Anregungen aus der Teilnahme von Frauen am Volksaufstand der Maria da Fonte bezieht. König-Johann erhebt sich gegen »diese Landschaft aus Dummheit und Nachlässigkeit, ohne Bildung und ohne Größe, in der sich die Frau als Projektion der großen Haßgefühle abzeichnete« (S. 95). Aus dem Widmungstext spricht eine grundlegende Sorge um die Bildung der Frau: »Es war nicht vorauszusehen gewesen, daß in der *Bildung der Frau* vielleicht die einzige Lösung für das fürchterliche Problem der Nationen liegen könnte.« (S. 79) Weiter unten kommentiert Agustina Bessa Luís die Widmung folgendermaßen: »Zum ersten Mal in der Geschichte war die Vertrautheit mit der Frau nicht mehr vulgär oder lasterhaft.« (S. 79)

Die Frau und Retterin kehrt noch einmal als Leitmotiv wieder. »Der mit sich versöhnte Mann« fordert für sie eine Identität und die Übernahme eines aktiven Parts in der Tragödie des menschlichen Schicksals. Eine Feministin der Ersten Republik predigte 1913 einen Feminismus, der »einem großartigen und allgemeinen Erlösungsgedanken gleichen sollte, der ernsthaft und mit der majestätischen Gelassenheit aller unbesiegbaren Kräfte voranschreitet, die dazu bestimmt sind, das Antlitz der Welt zu verändern.« [3] Gerade zu Anfang des 20. Jahrhunderts zählt Bildung für die Frau zu den grundlegenden Forderungen der portugiesischen Frauenbewegung. König-Johann erscheint also als theoretischer Vorläufer des Feminismus. Er erinnert an die wenigen männlichen Stimmen, die sich zwischen 1870 und 1880 zur Verteidigung der Frau in Portugal erhoben haben. Regina Tavares da Silva zitiert in der Einleitung zu *Feminismo em Portugal na voz de mulheres escritoras no início do século XX* (Feminismus in Portugal in der Stimme schreibender Frauen zu Beginn des 20. Jahrhunderts) unter anderen das 1872 erschienene Werk des Coimbraner Universitätsprofessors Joaquim Lopes Praça, *A mulher e a vida ou a mulher considerada debaixo dos seus principais aspectos* (Die Frau und das Leben oder Die Frau unter ihren wichtigsten Gesichtspunkten betrachtet), sowie *A mulher: sua infância, educação e influência social* (Die Frau, ihre Kindheit, Erziehung und sozialer Einfluß) von David Correia Sanches de Frias (1880) und *A mulher em Portugal* (Die Frau in Portugal) von António da Costa (1892).

Besonders auffällig ist, daß Agustina Bessa Luís in der Diskussion um die Frauenrechte die Stimme des Mannes privilegieren wollte. Schreibend wird König-Johann dem alternden Camilo Castelo Branco ähnlich, von dem, Agustina Bessa Luís zufolge, genau die gleichen Zeilen hätten stammen können. Sowohl bei den männlichen Figuren als auch bei den weiblichen bildet sich ein Phänomen der Überlappung und der Vielheit heraus. König-Johann verkörpert die gleiche Art von Menschlichkeit wie Eugénia Viseu. Als literarische Referenz steht aus dem gleichen Grund Camilo Castelo Branco wie Flora Tristan. Darüber hinaus ließen sich noch viele Parallelen zwischen König-Johann und Eugénia ziehen, insbesondere hinsichtlich ihrer Herkunft und Erziehung. Am Ende des Romans entdeckt Silvina ihren Bruder, der als Beobachter kam, um ihre Geschichte zu verstehen. Er ist der zeitgenössische Gegenpart zu Guiomar Torresão: als Journalist und Bruder kann er Silvinas Jahre im Gefängnis von einer privilegierten Position her aufzeichnen.

Die männlichen Figuren finden noch anderwärtig ihren Widerhall in den weiblichen – und umgekehrt, wie besonders im Spiel mit den Vornamen Eugénia und Eugénio. Ich möchte hier nur einen Fall herausgreifen, der das Aufleben der weiblichen Identität bei den männlichen Figuren erhellt. Es dreht sich um João Trindades Bruder und (Geschäfts-)Partner Eugénio, der in São Tomé stirbt. In seiner Verzweiflung über Eugénias Tod verläßt João Trindade Portugal. Erstaunlicherweise bestimmt Agustina Bessa Luís den Bruder zum Objekt seiner Trauer, die João Trindade bis zu seinem Lebensende trägt. Allem Anschein nach hat eine Übertragung von Eugénia auf Eugénio stattgefunden: »Eugénio mußte von seinem Bruder sehr geliebt worden sein.« (S. 134) Die Autorin läßt sich dann über die Reizbarkeit João Trindades aus. Eugénia hat wie in einer Symbiose ihre Leidensfähigkeit und ihren Hang zur Perfektion auf ihn übertragen. Diese amoralische Sensibilität bestimmt ihn zum Opfer. João Trindade trauert um Eugénia, um Eugénio und in Vorwegnahme um sich selbst. Beim Herannahen des Todes ist er das Bild »eines Mannes, auf den diese Bezeichnung im sexuellen Sinne nicht mehr zutrifft« (S. 254).

Dagegen überlebt der Leutnant die Zeit. Er repräsentiert eine andere Vorstellung von männlicher Identität, nämlich die des androgynen Mannes. »Er war ein schöner Mann. Die Schriftstellerin Torresão sah ihn oft an und sagte: 'Der Junge hat viele Vorzüge', als spräche sie von einem heiratsfähigen Mädchen, das mit leichter Hand schrecklich gewagte Blumenarrangements entwirft.« (S. 308) An anderer Stelle heißt es, daß er sich einer »schwach ausgeprägten Männlichkeit« und einer »zarten Schönheit« erfreute. Diese Karikatur von einem »Schönling« leitet eine tiefere Erklärung für die Leidenschaft ein, die Eugénia ihm entgegenbringt. Vom androgynen Mann wird der Leutnant zum Transvestiten: »Sie sah in Freitas Barroso, so wie Balzac in De Marsay, eine weibliche Imitation des Mannes (...). Sie dachte oft, daß er nur deshalb nicht grotesk wirkte, weil eine Frau als Transvestit nie grotesk ist; nur der Mann.« (S. 35) Das ist der Ausgangspunkt für eine Symbiose der Geschlechter, in der das weibliche Element dem männlichen überlegen ist, als ob wahre Liebe nur von Frau zu Frau möglich wäre: »Sie liebte in ihm nicht den Mann.« Eugénias Figur überschreitet die Bisexualität. Sie wird wie ein Engel gezeigt, »der sich einer geschlechtlichen Definition entzieht«. Der Leutnant ist ein Kentaur. Auch in der Beziehung zwischen Silvina und João Trindade kehren sich an einem bestimmten Punkt die Rollen um. Silvina nimmt den Rollentausch auf sich, sie raucht, kümmert sich um die Geschäfte und greift zu den Waffen: »Sie hatte eine beunruhigende Seite.« João Trindade kann seine Rolle als Don Juan nicht mehr spielen und läßt sich »von seiner latenten homosexuellen Neigung« (S. 169) einnehmen. Silvina wird zu Silvino, womit auch jeglicher sexuelle Anteil aus der Beziehung zu ihrem Vater ausgeschlossen wird.

Außerdem hat Silvina mit ihrer Dienerin Albina eine homosexuelle Beziehung, die an jene erinnert, die die Heldinnen in Agustina Bessa Luís' Romanen aus der Zeit vor 1974 mit den Knechten des Hofes unterhalten. Diese Liebhaber aus der Dienerschaft waren monströse Gestalten, eher Elfen als Engel, und wurden als geistig behindert angesehen. Das gleiche geschieht mit Albina. Aber Agustina Bessa Luís sieht bei ihr wie bei den anderen eine höhere Intelligenz. Diese beinahe schon übernatürlichen Wesen verletzen eher die Norm der Identität als die sexuelle Identität. Darin besteht der Akt der Transgression. Der folgende Aphorismus steht für diesen Gedanken: »Liebe ist allein möglich, wenn man, wie im Gebet, danach trachtet, die Ordnung niederzureißen und ein Wunder zu bewirken (...).« (S. 123)

Das Wunder in *Eugénia e Silvina* ist die Übertragung von Weiblichkeit auf den Mann. Die Gleichsetzung der Geschlechter, die sich in *Eugénia e Silvina* vollzieht, wird um so offensichtlicher, wenn man die Symbolik des Blutes untersucht. Der Mann verliert hier sein Blut, als wäre er vom Tod vergewaltigt worden. João Trindade bietet sein Blut auf dem Altar der Quelle der Zauberinnen dar. In der Szene des Weizendreschens sind Männer zu sehen, die sich mit ihrem Dreschflegel verletzen. Dieser phallische Gegenstand läßt Blut fließen. Auch sie waschen sich im kalten Wasser. Sie hinterlassen, wie auch João Trindade, Blutspuren auf dem Boden. Vergegenwärtigen wir uns noch einmal, daß bei Eugénias Tod gerade kein Blut fließt, sondern daß Verwesung sie besiegt.

Durch die Männlichkeit wird der Mann verletzt. Der Mann, mit dem die Chronik von *Eugénia e Silvina* schließt, ist Silvinas Bruder António; er repräsentiert den »sanften Mann«, den Elisabeth Badinter beschreibt (op. cit.). Das klassische Bild einer harten Männlichkeit überträgt er auf seine Schwester: »António dachte, daß seine Schwester wirklich eine Frau mit hohen Qualitäten sei. Er geriet der Mutter nach, die leicht in Tränen ausbrach und einen Hang zu romantischen Situationen hatte.« (S. 325)

Letztendlich mündet *Eugénia e Silvina,* abgesehen von der Tatsache, daß ein Verbrechen begangen wird, in eine pessimistische Sicht des Mannes und der Frau. Die Zukunft ist ohne Zeichen und ohne Erinnerung an eine an Dramen reiche Vergangenheit. Indem Agustina Bessa Luís die Geschichte neu interpretiert, gibt sie dem weiblichen Identifikationsprozeß einen Sinn. Silvinas Einsamkeit am Schluß ist emblematisch für Portugal, das 1925 kurz vor einer Niederlage steht und bereits von ihr gezeichnet ist: der Niederlage der Demokratie. Silvina bürdet sich das Schicksal ihres Volkes auf und lehnt damit gleichzeitig die zentrale Figur, Eugénia Viseu, ab: »Es stimmt schon, diese Eugénia war ein Wunder und fand ein schlimmes Ende. Mein Vater hat mir oft gesagt, ich sollte ihr Leben und ihr Auftreten nachahmen. Aber ich glaube nur an das, was ich sehe oder berühre. Alles, was er mir vorschlägt, sind Phantasien, Romane und verlorene Zeit. Ich bin, wie die Portugiesen, eine Zynikerin mit Rückfällen ins Gefühlvolle. Ich hoffe, Sie verstehen mich.« (S. 324)

Übersetzung: Barbara Loreck

Anmerkungen:

1) mise-en-abîme: Wiederholung des Bildes im Bild, aber auch: *abîme* = der Abgrund (Anm. d. Übers.).

2) Elisabeth Badinter, *XY l'identité masculine,* Odile Jacob, Paris 1992.

3) Virgínia de Castro e Almeida, *A mulher,* Livraria Clássica Editora, Lissabon 1913, zit. nach: Regina Tavares da Silva, »Feminismo em Portugal na voz de mulheres escritoras do início do século XX«, in: *Cadernos condição feminina* Nr. 15, Lissabon 1982, S. 15.

4) Regina Tavares da Silva, »Feminismo em Portugal ...«, a.a.O.

AGUSTINA BESSA LUÍS wurde 1922 in Vila Meã, in der Nähe von Amarante, geboren – einer Gegend, deren Identität älter als die portugiesische Nation ist. In Coimbra, wohin sie ihrem Mann, einem Jurastudenten, folgt, und später dann in Porto beginnt ihre literarische Laufbahn; 1953 und 1954 erhält sie für ihren Roman *A sibila* die Literaturpreise »Delfim Guimarães« und »Eça de Queirós«. In dieser Zeit lernt sie José Régio, Eugénio de Andrade, Óscar Lopes, Vitorino Nemésio, Jorge de Sena und Sophia de Mello Breyner Andresen kennen. 1966 und 1977 erhält sie den Literaturpreis »Ricardo Malheiros«. 1979 wird sie für ihre 30jährige Teilnahme am literarischen Leben geehrt. Sie war Präsidentin des portugiesischen PEN-Clubs und davor Chefredakteurin der Tageszeitung *O Primeiro de Janeiro* in Porto. Von November 1990 bis September 1993 war sie künstlerische Direktorin des Teatro Dona Maria, derzeit ist sie Vorsitzende von dessen »Lektürerat« (Conselho de Leitura). Agustina Bessa Luís lebt in Porto.

Auswahlbibliographie:

Prosa: *Mundo fechado,* Coimbra 1948; *Contos impopulares,* Porto 1951-1953; *A sibila,* Lissabon 1954; *A muralha,* Lissabon 1957; *Os quatro rios,* Lissabon 1964; *As categorias,* Lissabon 1970; *A brusca,* Lissabon 1971; *Fanny Owen,* Lissabon 1979; *Florbela Espanca* (Biographie), Lissabon 1979; *O mosteiro,* Lissabon 1980; *Os meninos de ouro,* Lissabon 1983; *Prazer e glória,* Lissabon 1988; *Eugénia e Silvina,* Lissabon 1989; *Vale Abraão,* Lissabon 1991; *Ordens menores,* Lissabon 1992.

Dramen: *Ana Plácido,* o.O. 1975; *A bela portuguesa,* Lissabon 1986; *Estados eróticos imediatos de Sören Kierkegaard,* Lissabon 1992.

Übersetzungen ins Deutsche: *Die Sibylle,* übers. und mit einem Nachwort versehen von Georg Rudolf Lind, Frankfurt/M. 1987; »Eine Fischpartie« (aus: *A brusca*), übers. von Jeanne Adler, in: *Portugiesische Erzählungen des zwanzigsten Jahrhunderts,* hrsg. von Curt Meyer-Clason u. Dieter Offenhäußer, Freiburg 1988; *Fanny Owen,* übers. von Georg Rudolf Lind und Lieselotte Kolanoske, Frankfurt/M. 1993.

Lusitanische Grenzgängerin

Eine Einführung in das Werk von Maria Ondina Braga

Von Ilse Pollack

Drei Dinge scheinen mir für das Werk von Maria Ondina Braga, das zwischen 1965 und 1992 insgesamt 15 Titel aufweist, bestimmend zu sein: die Begegnung der Europäerin mit der chinesischen Welt, wie sie die Autorin selbst in den sechziger Jahren in Portugals fernster Kolonie, Macau, erlebte; die fast ausschließliche Thematisierung einer gewissen, sehr portugiesischen *condition féminine,* wie sie vor der Nelkenrevolution charakteristisch war; und der freie Umgang mit der Gattungsbezeichnung »Prosa«, der sich von der einfachen, dem Journalismus verwandten *crónica* bis zum stilistisch raffiniert ausgearbeiteten Roman buchstäblich aller erzählerischen Register bedient.

In Afrika und Macau

Ihr literarisches Debüt legte Maria Ondina Soares – die sich damals noch nicht nach ihrem Geburtsort »Braga« nannte – 1965 mit einer Sammlung kurzer Texte ab, die zuvor in der Tageszeitung *Diário de Notícias* erschienen waren und als Buch mit dem Titel *Eu vim para ver a terra* (Ich kam, um das Land zu sehen) die Patenschaft der Agência-Geral do Ultramar[1] trugen. Die junge Portugiesischlehrerin hatte sich nicht nur ihre ersten beruflichen Erfahrungen in Angola, Goa und Macau erworben, sondern hatte auch in einer fremden, exotischen Welt zum Schreiben gefunden.

Das Wort »exotisch« ist hier mit Absicht gewählt, denn die Art und Weise, wie Maria Ondina Braga beispielsweise ihre Eindrücke über

Angola wiedergibt, mag aus heutiger Sicht befremden – damals war jener »Exotismus« geradezu Voraussetzung, um in der Kategorie »Kolonialschriftstellerin« zu reüssieren. »Ich kam, um das Land zu sehen«, warnt die Autorin eingangs den Leser – und nimmt sich vor, nur von der »Erde, dem Meer, den Tagen, den Nächten, dem Regen und dem Mondschein« zu erzählen – als wäre sie sich instinktiv der Gefahr bewußt, als Angehörige der 'Herrenrasse' sich schreibend mit den Menschen Afrikas auseinanderzusetzen.

Der afrikanischen Natur hingegen vermeint die Europäerin sich allemal ungestraft hingeben zu können; die Erde weckt ihre Leidenschaft, »eine blutfarbene Masse, die Gott gedient hätte, um daraus den vollendeten Körper des ersten Menschen zu formen»; »die verschwenderisch fruchtbare Erde« mit den tausend Wundern afrikanischer Flora und Fauna reißt sie zu hymnischen Beschreibungen hin, in denen *o negro* oder *a negra* ihren Platz als rein dekoratives Element einnehmen: »Die Schwarze war aus Erde. Ihre Hände erinnerten an Wurzeln, dunkel und knorrig; ihr stolzer Körper rankte sich wie eine Kokospalme in die Höhe; sie bewahrte das Geheimnis Gottes in einer Samenkette.« (*Eu vim ...*, S. 29)

In einem persönlichen Gespräch mit der Verfasserin dieser Zeilen hat Maria Ondina Braga ihr Bedauern über dieses ihr erstes Buch ausgedrückt; man hätte ihre *crónicas* nach Lust und Laune verändert, gekürzt, umgeschrieben – selbstverständlich in der wohlmeinenden Absicht, sie dem Zeitgeschmack entsprechend anzupassen (und derart 'aufbereitet' durften sie dann auch beim Wettbewerb der Texte des Genres »Kolonialliteratur« teilnehmen). Die ursprüngliche Fassung mag in einem Archiv der erwähnten Tageszeitung ruhen oder verschollen sein – der Verdacht, daß hier manipuliert wurde, bleibt für jeden bestehen, der die anderen Texte dieser Autorin kennt. »Die Unempfindlichkeit ist der Schild der Rasse« (*Eu vim ...*, S. 101), solche und ähnliche ostentative Urteile über den Charakter »des Asiaten« scheinen nicht von jener leisen, verhaltenen Stimme zu stammen, deren »Kunst der Suggestion« (Regina Louro) zu Recht als ihr hervorstechendstes Merkmal gilt.

Als eine Art Einführung in das Gesamtwerk von Maria Ondina Braga ist ihr drittes, 1969 erschienenes Buch zu empfehlen, das im Untertitel die Bezeichnung »Autobiografia romanceada« (Romanhafte Autobiographie) trägt: *Estátua de sal* (Salzsäule) zeichnet nicht nur die Stationen (eines außergewöhnlichen Lebensweges) nach, die am Rande der 'großen' portugiesischen Kolonialgeschichte die persönliche, alltägliche Lebenserfahrung einer so ganz anderen Art von 'Abenteuer' belegen: nicht um zu erobern, wurde hier ausgezogen, um fremde

Reichtümer einzufahren, oder gar um zu missionieren, sondern um in der demütigen Begegnung mit dem anderen, dem Andersartigen, sich selbst besser kennenzulernen. Gleichzeitig sind in diesem, noch während ihres Aufenthaltes in Macau verfaßten Werk in nuce Personen und Örtlichkeiten thematisiert, die später in verschiedenen Erzählungen und in ihrem großen Roman *Nocturno em Macau* (Nachtstück in Macau) zur Sprache kommen. Und vor allem: Leitmotive ihres So-Seins, ihrer Weltanschauung.

Der Titel *Estátua de sal* weist auf jene Bibelstelle hin, wo Rachel, die Frau von Loth, gewarnt wird, ihren Blick rückwärts zu richten; wer zu sehr in die Vergangenheit blickt, wird gelähmt, was seine Zukunft betrifft. Wer jedoch so wie die Ich-Erzählerin ohne jeden Ehrgeiz durchs Leben geht (»mein Herumstreifen ohne Ziel, mein Leben ohne Ambitionen«/*Estátua,* S. 166), dem wird ausschließlich in der Wiedererweckung des vergangenen Augenblicks bzw. in dessen Neu-Erfindung der Sinn des Lebens erschlossen.

Die Wurzeln dessen, was sie an anderer Stelle als »Verzicht auf die Pflicht zur Existenz« bezeichnet, liegen in der Kindheit, in der frühen Erfahrung des Todes: »Ich habe mich von klein auf an den Tod gewöhnt. Da gab es die Wachsblumenkronen von Allerseelen in den Winkeln des Dachbodens, die Bilder von Verwandten, die an bösen Leiden gestorben waren, an Tuberkulose, an verwirrtem Verstand, an Leidenschaften (...)« (*Estátua,* S. 40) Und es gab, stärker noch als alle Geschichten über die Großmutter, die sich die Pulsadern durchgeschnitten hatte, über das qualvolle Sterben der Lieblingstante im Irrenhaus, das direkte Erlebnis des Todes für die Zehnjährige, als der Vater starb. Diese Erschütterung, welche ihr eigenes und das Leben der Mutter auf so einschneidende Weise veränderte, wird sie noch Jahrzehnte später, in der Euphorie der Nelkenrevolution, der sich *A personagem* (1978/Die Figur), ihr 'optimistischstes' Buch verdankt, schreiben lassen: »Die christliche (oder marxistische? oder buddhistische?) Philosophie sagt, daß der Sinn des Lebens darin besteht, daß wir uns gegenseitig helfen. Doch wie? Wenn wir doch alle denselben Weg hin zum Tode gehen.« (*Personagem,* S. 10) Die Trauer, am Leben zu sein, und das Bewußtsein, daß angesichts des Todes alles, aber auch alles lächerlich ist, durchziehen wie ein roter Faden Leben und Werk dieser Autorin.

Macau, als Ort des Leidens und der Einsamkeit zum Ort ihrer Selbstfindung par excellence prädestiniert (»Macau ist meine Seele, die sich offenbart«), erschließt sich ihr gerade durch die allgegenwärtige Präsenz des Todes. Dreht sich die Religion der Chinesen nicht ausschließlich um den Tod? Und ist nicht auch in deren Alltagsleben diese

Präsenz stets spürbar? »Man betritt ihr Haus und da sind die Toten (...) An erster Stelle die Toten, die Toten, die am Tisch der Lebenden einen Platz haben, die die Wohnung besuchen, die ihre Ehre sind (...)« (*Eu vim ...*, S. 120) Und: »In der Entfernung der Augen [dieses Volkes] (...) kommt der Tod auf mich zu.« (*Estátua*, S. 7)

Anders als in dem dreißig Jahre nach ihrem Aufenthalt in Macau verfaßten *Nocturno em Macau* werden in der Autobiographie die tristen materiellen Lebensbedingungen, denen die Portugiesischlehrerin damals dort ausgesetzt war, immer zuerst und beim Namen genannt: »Riesige Klassen, Hausarbeiten, die zu korrigieren waren, Schularbeiten, und ein Elendsgehalt, und Würmer im Reis.« (*Estátua*, S. 165) Das größte Mädchenkolleg dieser »Speerspitze« Portugals in China, mit mehr als tausend Schülerinnen, Töchtern reicher Hongkong-Chinesen, Töchtern des Gouverneurs, hielt auch seine weltlichen Lehrkräfte in klösterlicher Armut und Unterwürfigkeit. Doch anstatt sich dagegen aufzulehnen (erst am Ende des Buches finden sich leise Anzeichen einer Revolte, die sich freilich nach innen richtet, wenn es heißt: »Ich bin krank. Ja, krank vor Rebellion«), gelingt es der Autorin, Armut und Einsamkeit fast immer positive Seiten abzugewinnen: »Die Armut hat mich immer begleitet. Sie kommt mit der Einsamkeit. Doch weit davon entfernt, mich zu quälen, bringt sie etwas von der Genügsamkeit und der Vollkommenheit des Todes mit sich.« (*Estátua*, S. 25)

Es ist selbstverständlich kein Zufall, daß vieles an Maria Ondina Bragas Lebensauffassung an religiöse Grundsätze erinnert. Wenn auch die stark katholisch geprägte Kindheit im nordportugiesischen Braga nicht ausgereicht haben mag, um aus ihr eine Gläubige zu machen, so hat sie diese dennoch emotional äußerst stark – und für immer – geprägt. In ihrer Lebenshaltung muten denn auch viele ihrer autobiographisch gezeichneten Frauengestalten – die Ich-Erzählerin in *Estátua de sal* und Ester im *Nocturno* – oft geradezu wie laizistische Nonnen an. Und: Der Katholizismus wird zwar oft als Enge empfunden, aber auch als Quelle der Poesie, welche sich beispielsweise in den heiligen Namen des heimatlichen Braga offenbart, in Namen wie »A Senhora do Leite«, »A Senhora-a-Branca«, »O Bom Jesus do Monte«. Andererseits scheint es gerade ihre katholische Erziehung zu sein, die sie auch für die Grundwerte des Buddhismus empfänglich macht und im Fremden, Anderen, geheime Affinitäten aufspüren läßt.

In der Erzählung »O homem do Sam-un-che« (Der Sam-un-che-Mann) aus dem Band *A China fica ao lado* (China ist nebenan)[2] ist es freilich der einfache Chinese, der im »Wettstreit der Religionen« den Sieg über den Katholizismus davonträgt. Der alte Cheong, einer von vielen armen Dreirad-Fahrern, nimmt eines Tages einen Säugling bei sich auf, der vor den Toren des Klosters, in dem viele zum Katholizismus übergetretene Chinesinnen ihre frommen Dienste tun, zum allgemeinen Entsetzen ausgesetzt wurde: Wenn es wenigstens ein Mädchen gewesen wäre, aber gleich ein Junge! Nur eine völlig »entartete« Mutter hatte diese Tat begehen können, so munkelt man auch im Kloster, denn: »Ein männlicher Sprößling ist das größte Glück jeder Frau!« (Selbst im kommunistischen China soll sich der Brauch gehalten haben, daß eine Frau bei der Geburt einer Tochter in Tränen ausbricht.) Der alte und einsame Mann, für den das Kind, »eine Mischung aus Europäer und Chinese«, ein Geschenk des Himmels bedeutet, bekommt den Jungen nur unter der Bedingung, daß er ihn zum katholischen Religionsunterricht schickt – und es verschafft Cheong keinerlei Gewissensqualen, daß er nach dem Besuch bei seinen Göttern im buddhistischen Tempel den Kleinen in der katholischen Kirche ministrieren sieht. Für die Katholiken ist dieser Zustand eines friedvollen Nebeneinanders zweier Religionen unter ein und demselben bescheidenen Dach allerdings bald untragbar, und sie wollen Cheong mit Hilfe seines Ziehsohnes zum Christentum bekehren. Daß die Missionierungswut dieser Gerechten keinen größeren Schaden anrichten kann, verdankt sich am Ende der lauteren Seele des Knaben, der zum Glück von der Liebe des einfachen Mannes nachhaltiger erzogen wurde als von den christlichen Glaubensgrundsätzen.

In anderen Erzählungen des erwähnten Bandes wird uns das Drama jener Chinesen geschildert, die aus mannigfachen Gründen aus dem maoistischen Imperium in die portugiesische Kolonie Macau flüchteten (Hongkong, unter britischer Oberhoheit, sperrte damals übrigens seine Grenzen für diese Verzweifelten.)

Um nach Macau zu gelangen, überquerten auch viele arme Chinesen auf abenteuerliche Weise, stets von den Gewehren auf beiden Ufern bedroht, den Fluß, der die beiden Länder trennt. Die einen ertranken, andere wurden von den Soldaten, die an dem Fluß patrouillierten, von ihren primitiven Floßen in die eiskalten Gewässer gestoßen. Frei von jeglicher ideologischer Parteiergreifung oder Verurteilung berichtet Maria Ondina Braga über die menschlichen Tragödien, die sich damals in Macau, dem »Ausfluß des alten China«, abgespielt haben: Da ist der Arzt, der einst in Peking eine Luxusklinik unterhielt und nun in einem schmierigen Hinterzimmer wortlos Abtreibungen an jungen Chinesinnen vornimmt, deren einziges Mittel, in Macau zu überleben, die Prostitution darstellt. Da ist die alte Frau, deren »Feenfüße« (im alten China ein Zeichen ihrer adeligen Herkunft) die Soldaten unter Hohn und Spott gewaltsam auseinandergebunden haben – was ihr nicht nur unendliche Qualen bereitet, sondern auch die größte Erniedrigung ihres Lebens bedeutet.[3] Und da ist vor allem die Großmutter von Mei-Lai, die im alten China, Witwe beim zehnten Kind, als einfache Reisbäuerin sich das Essen vom Mund abspart und die Söhne nach Amerika schickt, damit sie nicht nur sich selbst weiterbringen, sondern auch die Aussteuer für ihre Schwestern schicken; deren ältester Sohn, nach China zurückgekehrt, von den Revolutionären erschossen wird; und die, obwohl man ihr alles weggenommen hat, im hohen Alter sich über Tabus hinwegsetzt und fremde Tote begräbt, damit ihr Dorf von weiteren Repressalien verschont bleibt. Als der wohlverdiente Tod sie auf der Flucht endlich einholt, scheinen ihre Weggefährten mehr Wert darauf zu legen, die Leiche der alten Frau heil über den Fluß zu bringen (um sie der Sitte nach in der Erde zu bestatten), als auf die Rettung ihrer eigenen Leben.

Die Geschichten des Buches *A China fica ao lado*, so wie die zuvor erwähnte Autobiographie in Macau geschrieben und 1968 in Lissabon publiziert, haben nicht nur das Verdienst, dieses weitgehend unbeachtete chinesische Flüchtlingsdrama in die europäische Literatur eingeführt zu haben; sie weisen Maria Ondina Braga auch als große Erzählerin aus, die in der Beschränkung auf das Wesentliche, in der Bevorzugung des Leisen vor dem Lauten, des Verschwiegenen vor dem Ausgesprochenen eine seltene Meisterschaft erreicht. (*A China fica ao lado* wurde 1991 in einer zweisprachigen Ausgabe, chinesisch und portugiesisch, vom Kulturinstitut in Macau herausgegeben und ist inzwischen auch in China bekannt.)

An einer bestimmten Stelle ihres bisher ambitioniertesten Prosawerkes, *Nocturno em Macau* (1991), fragt die junge Chinesin Xiao He Hua, die so wie ihre portugiesische Kollegin Ester am größten Mädchenkolleg »Santa Fe« Englisch unterrichtet, ihre Zimmernachbarin, warum diese denn überhaupt nach Macau gekommen sei; die Antwort lautet, verblüffend für Xiao: »Ich wollte die Chinesen kennenlernen.«

Eine Europäerin, die sich für die Chinesen interessiert? Das ist in der Tat für Xiao schwer zu verstehen, denn die Kulturen sind in der nicht nur geographisch äußerst beschränkten Kolonialwelt streng voneinander getrennt. An der Spitze der Gesellschaft steht der portugiesische Gouverneur (der sich zur Dekoration einen »echten Schwarzen« unter seiner Wache hält), unterstützt von Offizieren der portugiesischen Armee, von denen einige ihre Frauen (»eingebildete Gänse«) aus der *metrópole* (dem Mutterland Portugal) mitgebracht haben. Alle gemeinsam langweilen sich tödlich in dieser »Verbannung« am äußersten Ende der Welt.

Die eigentlichen Macaenser, ein Mischvolk aus Europäern und Chinesen, sind ganz ihren – meist obskuren – Geschäften hingegeben, der

Jagd nach dem schnellen Geld; und erst an unterster Stelle rangiert das Volk der Asiaten – mit ihm sich abzugeben, stellt eine »Wertminderung« vor allem für die Europäerin dar. Wenn man es in dieser Gesellschaft stillschweigend duldet, daß Armeeangehörige mit der einen oder anderen Chinesin ein Schäferstündchen abhalten (sofern sie den Kodex nicht verletzen und an mehr denken als an eine bezahlte Liebesstunde), so muß Ester ihr Zimmer im chinesischen Viertel schleunigst verlassen, nachdem sie am ehrenwerten Institut Santa Fe zu unterrichten begonnen hat. Undenkbar, in Gesellschaft eines Chinesen auf der Straße gesehen zu werden – und selbst der Umgang mit den chinesischen Kolleginnen an ein und demselben Institut wird, sobald er den Verdacht erweckt, über das Unabdingliche hinauszugehen, scharf mißbilligt.

Doch ist Ester keineswegs ausgezogen, um die Chinesen tatsächlich kennenzulernen. Die ihr durch Sprache und Kultur verschlossene Welt fasziniert sie vor allem durch das, was deren äußere Zeichen an Geheimnisvollem suggerieren: »Geheimnisse an jeder Ecke, in jedem Winkel von Macau.« (*Nocturno*, S. 26) Nach einer ersten gemeinsamen Entdeckungsfahrt, bei der Xiao ihre Kollegin auf die Geheimnisse aufmerksam macht, welche sich hinter manchen Mauern verbergen, Geschichten von *kwais* (Selbstmördern) zu erzählen weiß, die nach dem Tod nicht zur Ruhe kommen und von denen einzelne Körperteile eine gespensterhafte Existenz weiterführen, und ihr schließlich von den Legenden berichtet, welche das »Haus der Lehrerinnen« umgibt (wo auch die beiden Frauen untergebracht sind), fühlt sich Ester mehr und mehr in den Bann der Kollegin gezogen.

Sie schätzt an der jungen Chinesin deren Diskretion, deren asketische Genügsamkeit und die »Zeremonie der Distanz«, mit deren Hilfe die beiden Frauen die allzu große körperliche Nähe (ihre Betten sind nur durch eine Zwischenwand aus Bambusrohr getrennt) zu ertragen lernen. Xiao bezaubert Ester auch durch die weise Verläßlichkeit, mit der sie gegen jedes Wehwechen ein Mittel bereithält; durch ihr dramaturgisches Talent, mit dem sie gegen die Portugiesin und Schulmeisterin Rosa Mística in Wettstreit tritt; durch ihre gänzlich entgegengesetzte, ausgewogene und kohärente Persönlichkeit (hingegen Ester: »ich lebe aufs Geratewohl, in den Tag hinein«); sowie durch ihr Schicksal, das einen seltsamen Riß hinterlassen hat: denn Xiao, Enkelin einer adeligen Großmutter und Tochter einer Mutter, die sich als junges Mädchen den (noch) im Untergrund agierenden maoistischen Revolutionären angeschlossen hat, ist seltsam hin- und hergerissen zwischen »Tradition« und »Fortschritt«: Wenn sie auch mehrfach gegen die Unterdrückung der Frau in der alten chinesischen Gesellschaftsordnung höhnt und sich über jegliches Kastenbewußtsein hinwegzusetzen scheint (was genügt, um ihr in dem beschränkten Milieu der portugiesischen Kolonie den Ruf einer »kommunistischen Spionin« einzubringen), scheint sie andererseits selbst in den alten Kanons gefangenzubleiben und die Ehe, welche sie Ester (vergeblich) so warm ans Herz legt, am Ende für sich selbst als »Heilmittel« in Anspruch zu nehmen.

In dem spartanischen, klösterlich anmutenden Leben, das diese Frauen im »Haus der Lehrerinnen« zu führen gezwungen werden, obwohl sie keine Nonnen sind, gewinnt jedes Detail eine ungeheure Bedeutung. Man rettet sich über das Nichts an Leben, indem man sich an Zeremonien klammert: die Zeremonie des Muß und der Muße: zuerst das Korrigieren der Hefte, dann erst die Zeremonie des Teetrinkens. »Die Wichtigkeit dieser Formen, in diesen Schlupflöchern, eine an der anderen, ohne jegliche Bequemlichkeit, ohne jegliche Gesellschaft.« (*Nocturno,* S. 23) In winzigen Zimmerchen, die kaum größer sind als »ein Sarg« und an die *sampanas,* die ebenso winzigen Dschunken im Porto Interior, dem Inneren Hafen, erinnern, wo die Flüchtlinge zusammengepfercht leben. Das hilflose Ausgesetztsein – den Geräuschen, den Stimmen, ja sogar dem Licht im Neben'zimmer'. Eine Nähe, die beinahe schon Promiskuität bedeutet und die trotzdem die Einsamkeit der Frauen um nichts mindert. Denn je enger ihre Körper aneinandergerückt werden, desto weiter entfernen sich ihre Seelen. Um in dieser aufgezwungenen Nähe überhaupt überleben zu können, hütet jede vor der anderen ihr Geheimnis: Welches Ziel verbirgt sich wirklich hinter den regelmäßigen Ausflügen von Xiao nach Hongkong? Und lieben beide Mädchen tatsächlich ein und denselben Mann, wie es die Fahrt nach Coloane und das gemeinsame Abendessen zu dritt zu suggerieren scheinen?

Der Leser kann allenfalls erahnen, daß Ester eine Leidenschaft für den stolzen und sanften Chinesen Lu Si Yan nährt, von dem sie freilich nicht viel mehr als seinen Namen weiß und daß er aus Nordchina stammt. Er hatte für sie auf der Flöte »ein süßes und ein wenig trauriges Liedchen« gespielt, als sie noch im chinesischen Viertel wohnte und er ihren Hausherrn besuchte. Als sie sich später zufällig in der Menge finden, die das chinesische Neujahr in den Straßen feiert, schenkt er ihr einen Pfirsichzweig. Wenige Tage darauf erhält Ester einen Brief in chinesischen Lettern: Da sie jedoch kein Chinesisch kann, bleibt ihr der Inhalt verborgen. Wie einen Fetisch hält sie den Brief fortan verschlossen in ihrer Lade und begnügt sich damit, ihn hin und wieder hervorzuholen, seinen Duft einzuatmen, »wie den Duft des Jasmintees«, und über seinen Buchstaben zu träumen: »Sie würde das parfümierte Blatt aus Reispapier aufrollen, würde es auf den Tisch mit den Büchern legen, und von dem weißen Grund würden die Ideogramme aus Nanking-Tinte sich wie ein Flachrelief abzeichnen: lotrechte, unregelmäßige Linien, waagrecht und parallel wie ein Notenblatt, und Bögen und Winkel und Flügel. Eine Architektur. Ein Tempel mit neun Stockwerken und neunmal neun Giebeln, die in die Lüfte dringen. Ein Bambuswald nach dem Regen.« (*Nocturno,* S. 57)

Der Absender aber verwandelt sich in eine Feengestalt, deren Konturen sich aus Bruchstücken gehörter und gelesener Legenden zusammensetzt: »Der Reisende in den Wolken, Nam tin Mun, das südseitige Himmelstor, der bezwungene Drache ...« (*Nocturno,* S. 23) Ester wird nun keinen Schritt mehr tun in Richtung auf die konkrete Person von Lu, auch wenn es manchmal den Anschein hat, daß sie ausgeht, um ihn zu suchen. Zu sehr ist die chinesische Maxime bereits die ihre geworden, wonach die Zerstörung des Geheimnisses einer anderen Person bedeutet, diese beinahe zu vernichten. Lu – das ist fortan eine Möglichkeit zu träumen, eine Möglichkeit unter vielen. Anstatt den Roman einer von vornherein aussichtslosen Liebe zu schreiben, hat Maria Ondina Braga in *Nocturno em Macau* die für sie einzige Möglichkeit einer Liebe geschrieben: jener, in der die Phantasie alles, die konkrete Wirklichkeit hingegen nichts bedeutet.

Wie banal nimmt sich gegen den geheimnisvollen Lu der Oberleutnant Zacarias aus; für jedermann durchsichtig stellt er Ester mit der Gier des typischen Macho nach. An ihm ist alles – nicht zuletzt durch den gleichen sprachlichen und kulturellen Hintergrund – nur allzu bekannt – und daher nichts ein Anlaß, es träumend zu vertiefen. »Zac« bleibt – im Unterschied zu den Hauptfiguren Ester, Lu und Xiao, um die die Autorin ein dichtes poetisches Kokon webt –, eine treffend gezeichnete Schablone.

Anders als in den Erzählungen des Bandes *A China fica ao lado* bedient sich Maria Ondina Braga in ihrem großen Roman bestimmter stilistischer Mittel der Verfremdung und »Behinderung« eines linearen Lesens. Dies wird auf der einfachsten Ebene durch Einführung chinesischer Ausdrücke erreicht, die weder in Fußnoten noch in einem Glossar erklärt werden und deren Bedeutung sich erst aus dem Zusammenhang erschließt. Die semantischen Botschaften sind auch sonst vielfach verschlossen, die zum Verstehen eines Ganzen notwendigen Einzelheiten in mehreren Lagen 'verpackt' – winzige Mosaiksteinchen, die der aufmerksame Leser aufspüren und zusammensetzen muß. Zum stilistischen Raffinement trägt auch der der Alltagssituation abgelauschte, oft abrupte Wechsel von hohem und niedrigem Ton bei; die Übernahme chinesischer Metaphern in den Fluß des Erzählens (eine scheinheilige Person wird als *fumo-de-incenso* [Weihrauch] bezeichnet); sowie mannigfache – variierte – Wiederholungen, Bruchstücke von inneren Monologen, mit deren Hilfe eine »dritte Person« plötzlich zum erzählenden Subjekt wird (Ester, die Englischprofessorin oder »die Englische«): ein freilich immer von außen betrachtetes Ich. Schreiben ist für Maria Ondina Braga stets ein schmerzvoller Prozeß, bei dem das »Ich« keine Erlösung, sondern eine zwar notwendige, doch oft kaum zu ertragende Spaltung erfährt. »Wer spricht, ist jener Teil außerhalb von mir, der immer über meinen inneren wacht und ihn ausbeutet, ein erbarmungsloses, falsches Ich, das ich erfinden mußte, um nicht abzudanken.« (*Estátua*, S. 77)

Das Fresko der Frauen

Wie kaum eine andere Erzählerin ihrer Generation hat Maria Ondina Braga in ihrem Werk die alltäglichen, außergewöhnlichen und ungeheuerlichen Schicksale portugiesischer Frauen festgehalten. Es sind immer Frauen der mittleren und unteren Schichten, deren Erlebnisse – und es ist davon auszugehen, daß alles, was hier erzählt wird, einen Bodensatz an Authentizität besitzt – die Schriftstellerin interessieren. Ihre Geschichten gehen zeitlich bis zur Jahrhundertwende zurück und zeigen ebenso auf, wie die Nelkenrevolution für die Existenz vieler Frauen schlicht und einfach zu spät kam oder sich gar nicht bzw. sogar negativ darauf auswirkte.

Die besten Erzählungen gelingen Maria Ondina Braga dort, wo sie aufgrund ihrer Herkunft am stärksten verwurzelt blieb – im Norden des Landes mit seiner stark katholischen Prägung und seinen der Tradition verhafteten patriarchalischen und autoritären Wertvorstellungen. Nordportugal ist auch der Mutterboden des großen portugiesischen Romanciers Camilo Castelo Branco, der explizit von der Schriftstellerin als ihr großes Vorbild genannt wird. Viele Personen, so versichert uns Maria Ondina Braga, die sie in ihrer Kindheit im heimatlichen Minho gekannt habe, seien in ihrem Wesen den Figuren Camilo Castelo Brancos noch sehr ähnlich gewesen bzw. geradezu seinen Büchern entsprungen – »außer den Flöhen und den Adeligen«, wie sie einmal ironisch bemerkt. Die traditionell in nordportugiesischen Familien noch immer starke Präsenz Brasiliens kommt ebenfalls mannigfaltig zur Sprache – im Unterschied zu Camilo Castelo Brancos Zeiten, als es noch leichter war, in der einst »goldenen« Kolonie Portugals Reichtümer zu erwerben, sind die *brasileiros* bei Maria Ondina Braga freilich fast durchweg tragische Gestalten, die vergeblich den weiten Weg über den Atlantik angetreten haben und vielfach als Gestrandete in die Heimat zurückkehren, falls sie nicht längst in der Fremde verschollen sind.

Die Bereitschaft zum Leiden, die Stärke, die daraus erwächst, die Lebensweisheit und die blinde Hingabe an das, was euphemistisch mit 'Liebe' bezeichnet werden kann, zeichnen die großen Frauengestalten Camilo Castelo Brancos, dieses Schriftstellers mit der weiblichen Seele, aus – einen »camilianischen« Charakter besitzen auch viele der (weiblichen) Hauptfiguren unserer Autorin. In der kurzen Erzählung »Pássaro mudo« (Stummer Vogel) aus dem Band *Estação morta* (1980/Tote Saison) schildert Maria Ondina Braga, wie die vom geliebten Mann verlassene Frau, welche sich ihrer Leidenschaft schutzlos ausgeliefert hat, von dieser physisch und psychisch zerstört wird. Die junge, lebenslustige, mit vielerlei Gaben ausgestattete Carolina ist, nachdem ihr Verlobter sich doch lieber einer reichen Partie zugewandt hat, unfähig, ihrem Leben einen anderen Sinn als diese – nun aussichtslos gewordene – Liebe abzugewinnen. Beschützt und behütet von dieser Liebe, was wäre aus ihr geworden! War sie doch einst aufgeflogen wie ein Vogel, mit den schillernden Flügeln ihrer Talente drauf und dran, die ganze Welt zu erobern ... Die Liebe kreuzte als Unglück ihren Weg und hat diese Flügel für immer gestutzt: wie die einst prächtige väterliche Villa, die Carolina nicht mehr verläßt, verfällt, verwildert auch sie; nur ein einziges Mal lodert die Flamme einer vagen Revolte in ihr auf – doch ist sie zerstörerisch gegen sie selbst gerichtet, als sie das letzte, an dem ihr Herz noch hängt, den von ihr aufgezogenen Vogel – gleichsam ein Symbol ihrer einstigen hoffnungsvollen Existenz –, eines Tages zerdrückt.

Es ist eine der seltenen Erzählungen, in denen eine ganz von der Leidenschaft ergriffene Frau im Mittelpunkt der Aufmerksamkeit steht. Denn so sehr die Autorin auch überzeugt zu sein scheint, daß die Fähigkeit zur Liebe ausschließlich den Frauen innewohnt (es gibt in ihrem ganzen Werk keinen einzigen liebenden Mann), so selten hat sie sich doch ausschließlich diesem meist als 'eminent weiblich' geltenden Thema gewidmet.

In der 1975 veröffentlichten Sammlung von Erzählungen und kurzen Prosastücken *A revolta das palavras* (Die rebellierenden Wörter) beklagt Maria Ondina Braga den »Verfall der Tränen« – so der Titel eines jener knappen Texte, die als *crónicas* oder Fast-Gedichte bezeichnet werden und von denen einige fast zwanzig Jahre später als Leitmotive den Erzählungen der Anthologie *A Rosa-de-Jericó* (Die Rose von Jericho) vorangestellt sind: »Ausgetrocknet sind die Gefühle, wie versiegte Flüsse. Die Ironie, der Zynismus, die Gleichgültigkeit der Welt haben sie ausgetrocknet« (*Revolta,* S. 100) – und ein Ungeheuer, das im Portugiesischen männlichen Geschlechts ist: die sogenannte »Kopflastigkeit« (*cerebralismo*). Aber nicht nur. »Auch das Leben in neuen

Formen« – der ungehemmte technische »Fortschritt«, der immer rasanter und ohne Rücksicht auf menschliche Dimensionen eingesetzt wird und der eben nichts als einen kühlen Kopf verlangt. Da ist »die Gleichgültigkeit unerläßlich und eine Bedingung fürs Überleben« (*Revolta*, S. 100).

Ein Übermaß an Gefühlen zeichnet hingegen viele der weiblichen Gestalten aus, denen Maria Ondina Braga in ihren Erzählungen ein Denkmal gesetzt hat, vor allem jene Frauen aus dem Volk, die auch nach dem Eintritt Portugals in die EG und der damit verbundenen »Europäisierung« und »Modernisierung« wie Fossilien aus einer vergangenen Zeit fortzudauern scheinen und noch immer nicht verschwunden sind: Diese »vielfachen Mütter ihrer Brüder, Neffen, Kinder, Enkel«, diese Mütter auch der Kinder ihrer Nachbarinnen, »die im Spital liegen oder auf dem Friedhof (...), Frauen, die sich selbst vergessen haben, Sklavinnen ihres Herzens, das zu groß ist für eine Gesellschaft, die gar kein Herz hat« (*Revolta*, S. 196), ohne die jedoch jener andere, angeblich allein seligmachende, frenetisch produzierende Teil der Gesellschaft zusammenbrechen würde.

Maria Ondina Braga hat sich mit ganz wenigen Ausnahmen fast ausschließlich für Frauenschicksale interessiert. Die Spezies Mann kommt in ihren Erzählungen zwar ausgiebig, jedoch nur insofern vor, als sie (meist unwillentlich, aber dafür um so nachhaltiger) den Frauen Leid zufügt bzw. die Wege der Protagonistinnen in dieser oder jener verhängnisvollen Art und Weise kreuzt. Nur in einer einzigen Erzählung, »O homem pássaro« (Der Vogelmann) aus dem Band *Estação morta,* sind die Rollen gewissermaßen vertauscht: Den männlichen Part – also denjenigen, der die Gesellschaft stützt –, scheint hier Mary Rose, die Ehefrau von Mr. Green, einzunehmen: sie verteidigt das Kolonialsystem, tritt für Ordnung, Herrschaft und Arbeit (der anderen) ein, ist autoritär und simplen geradlinigen Geistes. Mr. Green, mit einer weiblichen Seele ausgestattet, leistet sich selbstverständlich nicht ungestraft seine Leidenschaft, welche in diesem Fall nicht Frauen, sondern Vögel sind, und zieht sich, bevor er verstoßen wird, diskret von selbst aus der Gesellschaft zurück.

Doch verweilen wir kurz bei einem seiner (portugiesischen) Geschlechtsgenossen: In der Erzählung »O homem da ilha« (Der Mann von der Insel) aus dem gleichnamigen Erzählband[4] ist »Er« ein Ein faltspinsel, mit dem »Sie« im Zug von Porto nach Lissabon fährt. »Sie« und »Er« stammen aus Nordportugal und haben eine – freilich aufgrund ihrer verschiedenen sozialen Herkunft auch verschiedene – Lebenserfahrung in den (damaligen) portugiesischen Kolonien hinter sich: »Sie« als Professorin in Angola, »Er« auf der Insel São Tomé als einer von vielen mittellosen Portugiesen, die zu jener Zeit das zweifelhafte Glück genossen, plötzlich vom Bauernsklaven zum Herrn von Schwarzen zu avancieren. Wie so oft bei Maria Ondina Braga beruht auch diese Mann-Frau-'Begegnung' – und die Geschichte, die sich daraus ergibt – auf einem Mißverständnis: Der Mann glaubt, in den Augen der Frau Sympathie, wenn nicht gar Zuneigung für ihn gelesen zu haben, wo es doch nur Mitleid war, »das gewohnte Mitleid, vor jedem anderen Gefühl« (*Homem,* S. 65), Mitleid mit diesem Unglücksraben, mit diesem linkischen Mann. Und obwohl »Sie« ihm in einem Brief abgeraten hat, wegen ihr nach Lissabon zu kommen, steht »Er« eines Tages vor ihrer Tür – und das gleich mit einem Heiratsantrag.

»Sie« wird gleichermaßen angezogen von dem Leid, das dieser Mann in seiner Jugend erlitten hat und das er nun vor ihr ausbreitet, und abgestoßen von dem primitiven Machismo, mit dem er ihr seine »Liebe« erklärt: »Sie sind weder anziehend noch abstoßend. Genau die Frau, die ich brauche. Denn ich bin eifersüchtig.« (*Homem,* S. 69) Die unfreiwillig komische Lächerlichkeit dieses ehemaligen Seminaristen, der noch immer hin- und hergerissen ist zwischen seinem Wunsch, Priester zu werden, oder zu heiraten, hätte Anlaß zu beißender Ironie sein und ihn vor den Augen der Leserin vernichten können. Und doch empfindet diese selbst so etwas wie Mitleid mit dieser Schmerzensfigur (welche psychischen Leiden muß eine Erziehung zum katholischen Priester wohl bei einem Mann auslösen!), als dieser am Ende der Erzählung, in seinen Absichten zurückgewiesen, trotzdem wenigstens eine kurze Umarmung riskiert – welche »Sie« unweigerlich daran denken läßt, »wie ungeschickt er wohl im Bett sein müsse« (*Homem,* S. 78)

Die Männer sind bei Maria Ondina Braga seit eh und je die immergleichen bedauernswerten und lächerlichen Opfer ihres anderen Ichs, um das sie die Frauen seit Sigmund Freud angeblich so restlos beneiden ... Sie kennen oft keine Zärtlichkeit: wieviele Ehefrauen werden von ihren Männern nie geküßt in diesen Geschichten, sondern nur »besessen«: »indem sie danach trachten, die Frauen zu besitzen, täuschen die Männer ihre eigene Impotenz«.[5] Ihre 'Liebe', die sich ausschließlich auf den Sexualakt beschränkt, hinterläßt die Spuren körperlicher Gewalt; sie wird auch als Besudelung empfunden, von der man sich hinterher schnell reinwäscht.

In der Erzählung »Lua de sangue« (Blutiger Mond) aus dem gleichnamigen Band (1986) ist der Akt der Zeugung (»die Sache« oder »die Sünde«) so unbedeutend, daß das Dienstmädchen Maria, die von dieser ihrer einzigen »schwachen« Stunde ein Kind davonträgt, später sagen kann, sie habe dieses vom Heiligen Geist empfangen. Wie die Spezies Mann als solche lächerlich ist, so ist es auch der Liebesakt, von dem

Maria nur die Erinnerung an »seine nackten, armseligen Füße« behält ...

Liebe, Ehe und Mutterschaft, diese drei in einem traditionellen Frauenleben so wichtigen Ereignisse, erweisen sich in fast allen Erzählungen der Autorin als negative Werte.

In der phantastischen Erzählung *A casa suspensa* (1982/Das schwebende Haus) heiraten Großmutter und Enkelin mit einer Art traumwandlerischer Sicherheit den falschen Mann. Die Großmutter wird in ihrer Hochzeitsnacht brutal vergewaltigt, besitzt jedoch die Kraft, sich dem Mann, dem es selbstverständlich gelingt, sie zu schwängern, danach endgültig zu verweigern. Daß der Mann es vorzieht, lieber seiner Wege zu gehen, als seine 'Rechte' weiterhin mit Gewalt einzufordern, dürfte nicht zuletzt an der Tatsache gelegen haben, daß hier die Frau (Francisca Teresa) die sozial Höhergestellte ist. Als strenge Katholikin empfindet Francisca Teresa die Trennung von ihrem Mann freilich nicht als Befreiung, sondern im Gegenteil als Sünde, für die sie vor allem unmittelbar vor Geburt ihres Kindes Abbitte tut. In der übernächsten Generation wirkt sich der Fluch, den Francisca Teresa auf sich geladen hat, fatal auf das Leben ihrer Enkelin aus. »Gott im Himmel, was tun mit einem Mann, den man aus Versehen in den Armen hält?« (*Casa,* S. 33) Wie eine Familienkrankheit hat sich die verfehlte Liebe von der Großmutter auf die Enkelin übertragen, und ohne daß sie es selbst wüßte warum, heiratet die Ich-Erzählerin – anstatt ihren gleichaltrigen Verlobten Álvaro – den schüchternen Jungen João, dem sie Nachhilfestunden in Französisch gab. Die Rollen haben sich freilich umgekehrt: War die Großmutter einst das Opfer, so empfindet sich Chica jetzt als Henker(in), die den um einige Jahre jüngeren Mann unweigerlich ins Verderben zieht. Die Geschichte bleibt letzten Endes ebenso in der Schwebe wie das Ambiente, in dem sie sich abspielt: die unheimliche Villa, die ihre reichen, nach Brasilien ausgewanderten Taufpaten einst für die Großmutter errichten ließen und in dem die ansonsten nur in den Tropen vorkommende *salale* (eine Termitenart) das Werk ihrer Zerstörung wohl bis zum völligen Einsturz des Hauses fortsetzt. (Was der Leser freilich ebensowenig erlebt wie eine Aufklärung, wohin und warum Chicas Mann eines Tages auf mysteriöse Art und Weise verschwindet.)

In ihrer sprachlich und inhaltlich vielleicht dichtesten Erzählung »O gato« (Der Kater) aus dem Band *Lua de sangue,* welche drei ungleiche Schwestern zum Mittelpunkt hat, beginnt das Unglück von Balbina ebenfalls mit dem Tag ihrer Hochzeit (ein strömender Regen kündet hier das Verhängnis an). Die als jüngste auch von ihren Schwestern verwöhnte und verhätschelte Tochter wird bezeichnenderweise von der eigenen Mutter – in gutem Glauben, daß die Ehe ein Allheilmittel für schwache Frauennaturen sei – an einen Mann verheiratet, der seinen sozialen Ruin wissentlich verschwiegen hat. Der Zeit entsprechend (aus einem Nebensatz erfahren wir, daß Gungunhana, der mosambikanische König gerade von den Portugiesisen gefangen wurde, die Geschichte also um die Jahrhundertwende spielt) geht Balbina völlig unaufgeklärt in die Ehe und wird ein natürliches Opfer der »männlichen Brunst«, welche sich hier auf den katholischen Glaubensgrundsatz stützt, wonach die Frau ihre ehelichen Bettpflichten in keinem Fall verweigern darf (auch hier ist der Ehemann ein ehemaliger Seminarist). Die Ehe bedeutet im Falle Balbinas eine Schwangerschaft nach der anderen, so daß die – zum Glück – unverheiratet gebliebenen Schwestern mit Entsetzen erleben, wie aus dem prächtigen, verhätschelten Mädchen eine verwüstete und – weil ihrer Jungfräulichkeit verlorengegangen – schutzlose Frau wird. Die psychische und physische Verwandlung, die das Monstrum Ehe bei der Hauptbeteiligten nach sich zieht, wird dabei von dem gnadenlosen Röntgenauge der Betrachterin gerade an scheinbaren Details virtuos beschrieben; nicht die kleinste Geste bleibt hier unkommentiert, alles ist bedeutungsvoll und vielfältig belebt. Die dichte Atmosphäre des Aberglaubens, die letztendlich auch die im täglichen Leben ansonsten mit beiden Beinen fest auf der Erde stehende ältere Schwester Mundica umgibt, trägt das Ihre dazu bei, daß auch diese Erzählung fast wie eine phantastische Novelle anmutet, auch wenn der Leser am Ende darüber aufgeklärt wird, daß Balbina ausgerechnet den Liebling ihrer Schwester Mundica, den Kater Mico, »in vier Mahlzeiten aufißt«, wie es ihr zur Rettung ihrer vierten und komplizierten Schwangerschaft (»weil es ein Junge ist!«) von einer Kurpfuscherin empfohlen worden war.

Mit einer fast grausamen Luzidität hat Maria Ondina Braga das Thema Mutterschaft auch von einer anderen Tabuseite her aufgerollt: Je mehr sie sich für ihre Kinder aufgeopfert haben, desto verlassener sind viele dieser Mütter im Alter (vgl. die Erzählung »O recolhimento«[6]). Wenn die Mutterschaft selbst für die verheiratete Frau kein Glück bedeutet, so erweist sie sich für jene Leidensgestalten, genannt ledige Mütter (die vor der Nelkenrevolution oft wie Parias behandelt wurden), vollends als Katastrophe – je niedriger die soziale Herkunft dieser Frauen ist, desto eher ist die Mutterschaft dazu angetan, ihr Leben zu zerbrechen.

Am eindringlichsten wird uns dies in der Erzählung »Casa de Regeneração« (Die Besserungsanstalt)[7] vorgeführt, in der alle Arten von 'gefallenen‘ Mädchen für die Sünde, ein uneheliches Kind geboren zu haben, Abbuße tun. Mit feiner Ironie hatte Maria Ondina Braga schon in der frühen Erzählung »O recolhimento« (Das Altersheim) dabei auf die Rollenverteilung aufmerksam gemacht, die die Gesellschaft dem jeweiligen Geschlecht in der Verantwortung für diese – wie es im Volksmund fast zynisch heißt – »Kinder der Geschicklichkeit« zumaß: »Das Waisenhaus, das fast ausschließlich uneheliche Kinder beherbergte, verdankte seine Existenz der *Ehrlosigkeit* der Frauen. Die Männer hatten mit 'der Sache' nichts zu tun. Wenn der eine oder andere großmütig Geld, eine Mitgift oder ein Stipendium beisteuerte, so kam sein Name auf das Verzeichnis der Wohltäter und sein Porträt in den Ehrensalon.« (*Rostos,* S. 270 f.) Auch wenn unter jenen »imposanten Figuren, mit dicken Schnauzern oder Koteletten, mit Vatermördern und Talaren« sich die Erzeuger jener verstoßenen Wesen befanden, die jetzt aus Dankbarkeit für solche Wohltaten diese in ihre täglichen Gebete miteinschlossen: es änderte nichts an der Tatsache, daß der »Grad der Ehrenhaftigkeit jener Männer genau in dem Verhältnis anstieg, wie jener der Frauen sank« (*Rostos,* S. 271)

Am erschütterndsten ist wohl das Schicksal jener Rita in »Casa de Regeneração« (Marta in der überarbeiteten Fassung), die als blutjunges Mädchen von ihrem Dienstgeber (der seinem Beruf *santeiro* – Hersteller von Heiligenfiguren – alle Ehre macht) entjungfert und schwanger wird und dafür gleich fünfzehn Jahre in der Besserungsanstalt verbringt. Doch nicht genug damit: Von den Nonnen, die die Anstalt leiten, vor die Alternative gestellt, entweder den Schleier zu nehmen oder das Haus zu verlassen, geht sie, als Weltfremde zurück(gestoßen) in jene Welt, aus der sie einst kam. Und wird wieder schwanger, denn: »Lieben war für sie schwanger werden. Mann und Kind eine Fatalität (...)« (*Rostos,* S. 264) Der junge Mann, der zwar sozialistische Ideen aber ein kapitalistisches Herz besitzt, läßt sie im Stich. Doch zum Glück gibt es auch hochherzige Seelen und eine Senhora bietet sich an, das zweite Kind zu erziehen, wenn ... die Mutter sich der Besserungsanstalt anvertraut. Vor die Wahl der Erziehung des Kleinen oder seiner Schutzlosigkeit gestellt, kehrt Rita, mangels besseren Wissens, an den Ort ihrer Hoffnungslosigkeit zurück. Dem »Fluch der Mutterschaft« können sich bei Maria Ondina Braga nur die sozial höhergestellten und die intellektuellen Frauen (wie Paula in dem Roman *A personagem*) bewußt entziehen, indem sie sie schlicht und einfach verweigern.

Zweifelhafte Befreiung

In ihrem 1978 erschienenen Roman *A personagem* (Die Figur) bedient sich Maria Ondina Braga des (fiktiven) Tagebuchs als Kunstform, um die Geschichte einer Persönlichkeitsspaltung zu erzählen. Mehrfach wird dabei der Dichter Fernando Pessoa nicht nur als literarisches Vorbild genannt, sondern auch als ein Mensch, der sich bedingungslos dem Schreiben ausgeliefert hat. Auf der Suche nach sich selbst erfindet die Ich-Erzählerin Paula ihr Double Vania – abwechselnd mythische Gegenwart und eigenständige Figur. Lebt Paula mit Raul in einer bloß lockeren Verbindung, die – zumindest von ihrer Seite her – jederzeit auf Abbruch gerichtet ist, so ist Vania zunächst durch die Kette der Ehe und durch ein behindertes Kind an Gustavo gebunden. Beide Frauen lieben ihre respektiven Männer nicht, sie (er)dulden jedoch die Beziehung – einem bewährten Trägheitsprinzip folgend und auch, weil sie für jene bedauernswerte Kreatur, genannt Mann, Mitleid empfinden. Vanias Entschluß, sich trotz des Kindes von ihrem Mann zu trennen und auf eigene Füße zu stellen, wird – man ahnt es – letztendlich auch Paula die Kraft geben, dasselbe zu tun – und damit ist auch Vanias Funktion erfüllt. Am Ende des Buches hat Paula den Platz ihres Doubles eingenommen: »Indem ich mir vorstellte, daß sie frei ist, schuf ich meine eigene Befreiung.« (*Personagem,* S. 197) Ständig auf dem schmalen Grad zwischen Dichtung und Wahrheit, zwischen Erfindung und gelebter Wirklichkeit wandelnd, gelingt es Maria Ondina Braga auch den Leser meist so vollkommen zu 'täuschen', daß er bis zum Schluß vermeint, es tatsächlich mit zwei verschiedenen Frauen zu tun zu haben und einer 'Geschichte' im klassischen Sinn zu folgen.

Nicht von ungefähr ist dieser »Roman« der Befreiung einer Frau in unmittelbarer zeitlicher Nachbarschaft der Nelkenrevolution angesiedelt, und so sehr auch seine 'Handlung' mitunter künstlich erscheinen mag – so realistisch hat Maria Ondina Braga hier die unmittelbare Realität nach dem 25. April 1974 eingefangen. Diese Wirklichkeit ist nach einem kurzen Augenblick der Euphorie gekennzeichnet von weitgehender Enttäuschung und Frustration. Die Nelkenrevolution hat die portugiesische Gesellschaft bis in die Familien hinein gespalten und bringt neues Unrecht mit sich, wie am Schicksal zahlreicher Personen aufgezeigt wird. Und was, so fragt sich die Ich-Erzählerin bitter, kann eine Revolution wert sein, solange es weiterhin Kinder gibt, die vor Tagesanbruch von ihren Eltern auf die Straße geschickt werden, um die Mülltonnen zu durchsuchen? Solange die Alten kein Recht auf eine Rente haben? Solange Übersetzer und »Hilfsjournalisten« einer Selbstausbeutung ohnegleichen ausgesetzt sind, ohne Sozialversicherung und ohne Gewerkschaft, die für ihre Rechte eintritt?[8] »Ist es nicht so, daß die edelsten Absichten der Menschheit verderben wie Früchte, die einem Gesetz des Kosmos gehorchen?« (*Personagem,* S. 88)

Der Geschichtspessimismus der Autorin überträgt sich auch auf die Ich-Erzählerin, die dennoch nicht umhin kann, an anderer Stelle auch den positiven Seiten dieser historischen Zäsur gerecht zu werden: »Sämtliche Irrtümer, die die neuen Herren begehen, reichen nicht aus, um die Korruption und die Präpotenz der alten auszulöschen oder die Schönheit jenes Augenblicks zu zerstören, in dem ein ganzes Volk sich begeisterte. Ein Aufschrei, ein vielstimmiger Chor, eine Freude, die man nie mehr vergißt. Sie rührten die Welt. Und sie flößten uns einen Mut ein, eine Kraft, um die eigene Würde zu verteidigen, die Freiheit, welche unser natürliches Gesetz ist.« (*Personagem,* S. 204)

Für viele Frauen, die es nie gelernt haben, mit dieser Freiheit umzugehen, kommt die Nelkenrevolution freilich zu spät; sie sind schlicht und einfach zu alt, um dieser plötzlichen Freiheit noch etwas Positives abgewinnen zu können. Erloschene Existenzen, denen auch die Flamme der Revolution kein Leben mehr einhauchen kann, wie es uns am eindrucksvollsten in der Erzählung »A flor do heliotrópio« (Die Heliotrop-Blume; in dem schon erwähnten Band *Lua de sangue*) vorgeführt wird. Oder sie müssen, was noch bitterer ist, erleben, wie die Mühen eines ganzen Lebens von den neuen Herren jetzt verspottet werden – wie es mit den Spitzenklöpplerinnen geschieht, deren Beruf plötzlich als »faschistisches Gewerbe« in Verruf gerät und die keine Arbeit mehr finden (vgl. die Erzählung »As arrecadas«/Die Ohrringe, in dem Band *Estação morta*).

Es ist Maria Ondina Bragas großes Verdienst, gerade auch in Zeiten dieses für die portugiesische Gesellschaft wichtigen Umbruchs ihre Stimme jenen geliehen zu haben, denen immer Unrecht geschieht.

Anmerkungen:

1) Diese mit verschiedenen Kolonialangelegenheiten betraute staatliche Institution unterhielt eine eigene Schriftenreihe, in der auch Literatur aus den und über die portugiesischen Kolonien veröffentlicht wurde.

2) In der 2. Auflage dieses Buches, nach der hier zitiert wird, heißt diese Art chinesisches Taxi »Sam-un-che« – im *Nocturno* wird es als »Sam-lun-che« bezeichnet.

3) Der Brauch des Fußeeinbindens (dabei wurden dem kleinen Mädchen die Knochen gebrochen) galt bis ins 20. Jahrhundet als unbedingte Voraussetzung für eine gute Heirat. Die gebundenen kleinen Füße und der damit verbundene trippelnde Gang galten als erotisch. Männer durften nackte Füße nicht sehen (vgl. Jung Chang, *Wilde Schwäne. Drei Frauen in China von der Kaiserzeit bis heute*, 1991).

4) »O homem da ilha« erschien zunächst in dem Erzählband *Amor e morte* (1970), mit dem die Autorin einen Literaturpreis gewann. Hier wird nach der überarbeiteten Fassung zitiert, die als Titelerzählung 1982 in den gleichnamigen Band *O homem da ilha* Eingang fand.

5) Dieses Zitat ist der Erzählung »O retrato« (Das Porträt) aus dem 1973 erschienenen Erzählband *Os rostos de Jano* (Die Janusgesichter) entnommen.

6) »O recolhimento« (Das Altersheim); ursprünglich ebenfalls in *Os rostos de Jano* erschienen, überarbeitete Fassung in *A Rosa-de-Jericó* (1992/Die Rose von Jericho).

7) Auch von dieser Erzählung gibt es zwei Fassungen; zunächst in *O homem da ilha,* zuletzt (überarbeitet) in *A Rosa-de-Jericó.*

8) Von dem Kampf, den diese Gruppe »Selbständiger« erst nach der Nelkenrevolution zu führen begann, hat die Autorin aus eigener Erfahrung viel eingebracht.

MARIA ONDINA BRAGA (eigentlich: Maria Ondina Fernandes Soares), 1932 in Braga (Nordportugal) geboren. Mit zehn Jahren Halbwaise; sie wurde gefördert von ihrem Onkel, dem künstlerisch ambitionierten Möbelfabrikanten Luis Soares. Sie arbeitete, um sich daneben eine Sprachausbildung zu finanzieren, als Au-pair-Mädchen in England und Frankreich, bevor sie ihre Wanderung als Lehrerin durch die damaligen portugiesischen Kolonien begann. Als solche war sie von 1958 bis 1961 in Angola, anschließend in Goa; nach dem Überfall der indischen Armee auf Goa floh sie nach Macau. Dort war sie Englischlehrerin am größten katholischen Mädchen-College. 1965 Rückkehr nach Lissabon, Beginn einer zwanzigjährigen Fronarbeit als (schlechtbezahlte) Übersetzerin aus dem Englischen und Französischen; aufgrund dieser Tätigkeit Rückenleiden. 1982/1983 als Portugiesisch-Lektorin in Peking; *Angústia em Pequim* (1984), eine Sammlung von Texten über das Alltagsleben in Chinas Hauptstadt, ihre Begegnungen mit Schriftstellerinnen und Schriftstellern und ihre Vorliebe für die chinesische Lyrik. Nach ihrer Rückkehr aus Peking monatliche minimale Unterstützung vom portugiesischen Kulturministerium, die es ihr ermöglicht, sich ganz auf ihre schriftstellerische Tätigkeit zu konzentrieren.

Bibliographie:

Eu vim para ver a terra (*crónicas*), 1965; *A China fica ao lado* (Erzählungen), 1968; *Estátua de sal* (romanhafte Autobiographie), 1969; *Amor e morte* (Erzählungen), 1970; *Os rostos de Jano* (Kurzgeschichten), 1973; *A revolta das palavras* (Erzählungen u. Kurzgeschichten), 1975; *A personagem* (Roman), 1978; *Estação morta* (Erzählungen), 1980; *Mulheres escritoras* (Biographien), 1980; *O homem da ilha e outros contos* (Erzählungen), 1982; *A casa suspensa* (Novelle), 1982; *Angústia em Pequim* (Berichte), 1984; *Lua de sangue* (Novellen), 1986; *Nocturno em Macau* (Roman), 1991; *A Rosa-de-Jericó* (Erzählungen), 1992 (alle Lissabon).

Übersetzungen ins Deutsche: »Die Tochter des Teufels«, übers. von Curt Meyer-Clason, in: *Portugiesische Erzählungen des zwanzigsten Jahrhunderts,* hrsg. von Curt Meyer-Clason u. Dieter Offenhäußer, Freiburg 1988; »Chinesische Weihnacht« (Auszug aus *A China fica ao lado*), übers. von Kirsten Brandt, in: *Tranvía* Nr. 26 (Sept. 1992)

Aufbrüche von Frauen und Künstlern in den fiktionalen Welten von Teolinda Gersão

Von Gesa Hasebrink

»... als wäre es möglich, das Fest wirklich zu feiern, als existierte nicht hinter allem die die Lebensfreude hemmende, das Leben hemmende Hand von O.S., die sich über allem erhob, die das Land still stehen ließ, die Zeit still stehen ließ, Jahrhunderte zurückgehen ließ, seine Hand hielt die Winde der Veränderung an und streute den schwarzen Sand der Angst, zog die Knebel des Schweigens um die Häuser zusammen, seine kastrierende Hand nahm dem Volk die Kraft zur Revolte, die Menschen schliefen mit offenen Augen, ließen die Zeit unberührt an sich vorübergehen, automatisch verrichteten sie ihr alltägliches Tun, immer wieder, wie Schatten, vertaten ihr Leben damit, sich in Resignation und Gehorsam zu üben. Man hatte ihnen die Füße abgchackt, und sie hatten keine Berührung mehr mit der Welt.«[1]

Mit diesen Worten schildert die portugiesische Schriftstellerin Teolinda Gersão die düstere Atmosphäre in Portugal während der über vierzig Jahre andauernden Diktatur von António de Oliveira Salazar. Sie erzählt von dem Mangel an Lebenslust und Heiterkeit, von Menschen, die in dumpfe Lethargie, Mut- und Ziellosigkeit verfallen sind. Nach mehreren vergeblichen Versuchen wird es den Portugiesen erst in den sechziger Jahren gelingen, sich mit großer Behutsamkeit, aber erfolgversprechend zu regen, sich kleine Freiräume zu schaffen und so zur Vorbereitung der 'Nelkenrevolution' vom 25. April 1974 beizutragen.

Die lange Zeit der Resignation, das allmähliche Erwachen und der Akt der politischen Befreiung mit den jeweiligen subjektiven und persönlichen Folgeerscheinungen, all dies spiegelt sich in den Romanen von Teolinda Gersão wider, und zwar in einer Art und Weise, die sich deutlich über die konkrete politische Lage Portugals zu erheben vermag. Die Autorin beschreibt, wie in einem zähen Entwicklungsprozeß die über lange Zeit verinnerlichten beharrenden Kräfte und diejenigen des Aufbruchs und der Revolte immer wieder hart aufeinanderprallen, und sie zeichnet die beschwerlichen Wege der Befreiung und Öffnung in allen erdenklichen Bereichen von Gesellschaft, Kunst und Kultur in ihrer ganzen Vielfalt nach.

1940 in Coimbra geboren, wächst Teolinda Gersão in einer künstlerisch sehr engagierten Familie relativ unbehelligt von den Mißlichkeiten des politischen Systems auf. Schon früh beginnt sie zu schreiben, doch kann sie sich niemals durchringen, ihre Werke der Zensur auszusetzen: »Wozu mit voller Kraft schreiben, wenn die Zensur alles zerstört?«[2] Der ganze Ernst der Lage ihres Landes wird ihr allerdings erst bewußt, als sie den deutlichen Kontrast zu dem freien und offenen Deutschland der frühen siebziger Jahre erlebt: »In Deutschland hatte ich plötzlich alle möglichen Bücher, alle Filme, alle Theaterveranstaltungen. Das war ein Gefühl der Befreiung. Damals ist mir das Ausmaß der portugiesischen Zensur samt ihrer fürchterlichen Folgen zum ersten Mal klargeworden. Für uns Portugiesen war die Zensur unter Salazar ja schon zum Alltag, zur Gewohnheit geworden.«[3]

Diese Erkenntnis erschüttert Teolinda Gersão zutiefst, und vielleicht ist gerade hierin der Grund dafür zu suchen, daß sie erst 1981, also sieben Jahre nach der politischen Befreiung, die Veröffentlichung ihrer fiktionalen Texte in die Wege leitet: In rascher Folge erscheinen nun neben einem Kinderbuch[4] die Romane *O silêncio* (1981/dt. *Das Schweigen*, 1987)[5] und *Paisagem com mulher e mar ao fundo* (1982/dt. *Landschaft mit Frau und Meer im Hintergrund*, 1985) sowie das fiktive 'Tagebuch' *Os guarda-chuvas cintilantes* (1984)[6], worauf nach einer längeren Pause der aus einem umfassenderen Projekt isolierte Roman *O cavalo de sol* (1989)[7] folgt. Die Erfahrung eklatanter Unterdrückung und Unfreiheit findet trotz der wachsenden zeitlichen Distanz zum 25. April als zentraler Aspekt Eingang in alle literarischen Texte der Autorin, und doch kann im Grunde nur bei dem Roman *Landschaft mit Frau und Meer im Hintergrund* von einem historisch fest umrissenen Rahmen gesprochen werden. Der Text beschreibt die Geschichte der Portugiesin Hortense, deren Leben von jeher durch die direkten oder indirekten Auswirkungen der Diktatur bestimmt war. Schon in ihrer Kindheit, so erinnert sie sich, empfand sie einen tiefen Widerwillen gegen die dirigistischen Zwänge der Schule.[8] Sie fühlte sich dort Zwängen und Unfreiheiten unterworfen, die auch in ihrer Familie Unterstützung fanden. Und so gelang es ihr erst mit achtzehn Jahren, in die langersehnte Freiheit zu entfliehen. Sie gab sich der großen Hoffnung hin, die bisherigen Erfahrungen nun endlich abschütteln zu können: »achtzehn Jahre plötzlich wie ein Tag, an dem einen Tag bin ich geboren, am nächsten bin ich groß geworden, und am dritten lasse ich die Toten zurück und gehe fort (...) Hals über Kopf die Treppe hinunterrasen und gehen, sie würde die Erinnerung an sich wie eine leere Hülse zurücklassen, denn alles dort war erdrückend und lähmend, (...) und alle logen, um, koste es, was es wolle, eine falsche Ordnung aufrechtzuerhalten (...)« (*Landschaft*, S. 120 f.)

In ihrer Ehe mit dem Architekten und Widerstandskämpfer Horácio entrinnt Hortense dann auch scheinbar den beengenden Regeln der Gesellschaft. Sie begegnet lebensfrohen Menschen und kann im offenen Austausch mit ihnen die Situation des Landes nicht nur besser ertragen, sondern durch die alternative Lebensweise sogar unbewußt bekämpfen.[9] Allerdings löst sich der dunkle Schleier der diktatorischen Realität niemals wirklich auf: »(...) immer wieder sollte die Welt von O.S. zurückkehren, gegen das Haus hämmern, es bedrohen, ihre Gewalt gegen die schwachen Wände des Hauses setzen, das Glück – das merkte sie jetzt – war immer eine kurze, heimliche, der Zeit gestohlene Pause gewesen (...)« (*Landschaft*, S. 92) Die Zerstörung der kleinen häuslichen Idylle ist unausweichlich: Horácio wird abgeführt und stirbt an einem Herzversagen, das vermutlich auf die langjährige Verfolgung zurückzuführen ist; der gemeinsame Sohn Pedro fällt dem Kolonialkrieg in Afrika zum Opfer.

Mit der Beschreibung dieser für Hortense verzweifelten Phase setzt der Roman ein. Sein Beginn ist somit überaus finster, aber er trägt auch ein positives Vorzeichen: »(...) jetzt war gewissermaßen die letzte Schlacht geschlagen, mehr konnte ihr nicht mehr passieren. Sie war frei und ungebunden und unverletzbar, weil sie nichts mehr zu verlieren hatte (...). Von jetzt an hatte sie ihr Leben ganz in der Hand (...) plötzlich besaß sie soviel Macht und war für die Welt so unerreichbar, es würde keine einzige Schlacht mehr geben, bei der ersten Bedrohung würde sie nein sagen, und dieses Mal, dieses einzige Mal, würde sie gewinnen (...)« (*Landschaft*, S. 10)

Aufgrund dieser stärkenden, wenn auch freilich deprimierenden Erkenntnis gelingt es Hortense, sich aus den Fesseln des Regimes zu befreien. Schritt für Schritt kann sie sich nun daran begeben, ihre defensive Haltung abzustreifen und ein neues Selbstverständnis zu entwikkeln. Erstmalig wagt Hortense, den Tatsachen ins Auge zu sehen, und sie lernt – ebenso wie ihr politisches Umfeld kurz vor dem Umschwung –, selbständig und eigenverantwortlich zu handeln: »Denn es hatte sich bereits etwas zu ändern begonnen, die Menschen zeigten schon nicht mehr das gewohnte Verhalten und die Gefühle, die man von ihnen erwartete, sie probierten andere, weniger aggressive und gelockertere Lebensweisen aus, sie organisierten die Welt auf andere Art, mit Sitzkissen auf dem Fußboden und ohne Stühle, mit neuen möglichen Formen des Zusammenlebens (...)« (*Landschaft*, S. 41 f.)

Nachdem das Erlebte in vielen kurzen Rückblenden, Erinnerungen und immer wieder neuen Bestandsaufnahmen aufgearbeitet worden ist, kann Hortense ihren Lebensüberdruß und ihren Haß endgültig hinter sich lassen – und mit ihr das ganze portugiesische Volk: »Etwas Riesenhaftes wird Realität und sprengt die Grenzen des Bekannten, die Welt erweitert sich, verliert ihre Gitter, ein lange vorbereitetes Wunder, ein Samenkorn und noch eins, sie keimen unter der Erde, treiben Wurzeln, wachsen, und plötzlich geht eine Saat auf, steht ein Heer in Kampfstellung, wir bilden ringsum einen Belagerungsring, schließen die Reihen immer dichter und schreiben: deine Zeit ist zu Ende, jetzt fängt unsere an.« (*Landschaft*, S. 159) So gehen die individuellen und die gesellschaftlichen Wege der Befreiung Hand in Hand, und in den persönlichen Reflexionen über die Erfahrungen der Vergangenheit spiegeln sich zugleich die vorrevolutionären Entwicklungen innerhalb des Volkes wider.

Weit weniger konkret und faßbar ist diese Parallelität zwischen Individuum und Gesellschaft in Teolinda Gersãos erstem Roman, dem der Verlauf einer Beziehung zwischen Mann und Frau zugrundeliegt. Im Mittelpunkt von *Das Schweigen* stehen die junge, emotionsgeladene Lídia und Afonso, der erfolgreiche Arzt, der sich durch die sprühende Tatkraft und Lebensfreude Lídias angezogen und herausgefordert fühlt. Lídia bricht mit dem ganzen Überschwang ihrer Liebe und ihres Wesens in das Gleichmaß von Afonsos Welt ein und macht sich daran, ihn aus seiner starren Lebensvision zu befreien. Von Beginn an ist sie der festen Überzeugung, die ganze Absurdität der Welt des Mannes, den sie liebt, klar vor Augen zu haben. Und mit eindringlichen Worten versucht sie, auch ihm die Augen zu öffnen: »Eine Welt auf dem Weg in den Wahnsinn, sagte sie auf einmal unvermittelt. Eine effektive Welt mit totalem Schweigen, wo keiner mehr mit einem anderen spricht. Die Menschen sitzen da, Schulter an Schulter, und warten, aber das, worauf sie warten, ist immer falsch, der Bus, der Zug, das Flugzeug, denn alle Plätze sind gleich und nichts ist irgendwo anders. Und während des Wartens wächst das Schweigen, es wird immer dichter und schwerer, und manche Menschen werden allmählich unruhig, weil sie auf einmal merken, daß sie eingesperrt sind, in Glaskästen sitzen, die Welt ist ein riesiger Komplex aneinandergereihter Glaskästen (...)« (*Schweigen*, S. 35)

Lídia ist voller Zuversicht, Afonso durch ihre innere Energie aus seinem Gefängnis befreien zu können: »Und weil sie stark war und er schwach, weil sie fließendes Wasser war und er leer und steinig, konnte sie ihn mitreißen (...) sie würde an einen Punkt gelangen, wo er sich nicht mehr wehren würde und seine Welt wie eine abgestreifte Hülle hinter sich lassen. Und dann würde sie das Fenster öffnen und das Meer hereinlassen, die Ungeheuer, Sirene, Meduse, würde ihn mit ihren tausend Armen umfangen und in die Meerestiefe mitnehmen.« (*Schweigen*, S. 34 f.) Aber Afonso weigert sich, ihre Stimme zu hören, und verschließt sich all ihren Argumenten. Und so finden die beiden keine gemeinsame Sprache, eine wirkliche Annäherung erweist sich als unmöglich. Letzten Endes muß Lídia, die Lebendige und immer wieder Suchende und Tastende, erkennen, daß sie und ihre Worte nichts gegen das feste Regelwerk Afonsos und der ganzen sie umgebenden Welt ausrichten können. Um darin nicht auch noch selbst unterzugehen, bleibt ihr nur, Afonso zu verlassen: »(...) vielleicht treffe ich jetzt, in diesem Augenblick, dich und deine Welt, aber nur ganz leicht, so leicht, daß keine Spur zurückbleibt, das Schweigen wird wiederkommen, die Sonne, das leere, glatte Licht, das das Dunkel auslöscht, das Dunkel negiert, es gibt kein Aufbegehren, wirst du sagen und auf dem Blatt Papier weiterschreiben, und ich werde hinausgehen, nach unten fahren und nie wieder zurückkommen (...)« (*Schweigen*, S. 117)

Anders als in dem Roman *Landschaft mit Frau und Meer im Hintergrund* können die verhärteten Grenzen zwischen den Welten hier nicht aufgelöst werden. Durch die beträchtliche Diskrepanz der Lebensbilder und die Unfähigkeit, sich auf die jeweils andere Lebensweise einzulassen, ist die Kommunikation miteinander zwangsläufig zum Scheitern verurteilt: Lídia ist ebensowenig in der Lage, auf ihre Freiheit zu verzichten, wie Afonso sich überwinden kann, die ihn haltenden und führenden Mauern der Gesellschaft und des Regimes einzureißen.

Obwohl damit im Grunde beide Seiten einer Annäherung der Welten entgegenwirken, sind eindeutige Prioritäten zu erkennen: Afonsos Verstrickung in die engen Regeln der Gesellschaft und seine Unfähigkeit zu selbständigem und offenem Leben werden scharf kritisiert, wenn sie auch als unweigerliche Folge der äußeren Umstände erklärt und damit von Zeit zu Zeit fast entschuldigt werden. Lídia hingegen verschließt sich trotz aller Zweifel und Unsicherheiten nicht der Vielfalt der Welt, ja, sie ist sogar bereit, dieser ihre Liebe zu Afonso zu opfern. Zwar hat sie seiner Welt keine konkreten Alternativen zu bieten, aber dennoch bleibt sie die Stärkere, denn sie ist es, die eines Tages die Unmöglichkeit der Verbindung durchschauen und die notwendigen Konsequenzen ziehen kann. Afonso indes zeigt sich außerstande, einen solchen Riß in seinem System zu verkraften. Lídias Abschied stürzt ihn in eine derart große Verzweiflung, daß die Brüchigkeit und die Schwäche dieses Systems auf das deutlichste zutagetreten: »Er steigt aus dem Fahrstuhl, stößt die Tür auf und läßt die Schlüssel zu Boden fallen, warum hast du das getan, er hat den Kittel noch nicht ausgezogen und schreit plötzlich inmitten verstreuter Gegenstände, was willst du eigentlich, du Wahnsinnige, er schüttelt sie an den Schultern, drückt sie gegen die Wand und ist ein Tier im Käfig, das gegen das Gitter schlägt und nicht hinaus kann (...)« (*Schweigen*, S. 117)

Die gezielte Entmündigung durch den Estado Novo hat sicherlich entscheidend dazu beigetragen, daß viele Menschen in Portugal nicht mehr in der Lage waren, ihr Leben nach eigenen Wünschen und Vorstellungen frei zu gestalten. Durch die Konfrontation mit anderen Lebenskonzepten wurden sie oftmals nur neuen Qualen ausgesetzt, denn sie waren unfähig, sich darauf einzulassen und sich zu ändern.[10] Auch wenn *Das Schweigen* in vielerlei Hinsicht ein generelles Risiko zwischenmenschlicher Beziehungen aufgreift, dringt dieser fest umrissene Hintergrund dem Leser unwillkürlich immer wieder ins Bewußtsein.

Über ihren Roman *O cavalo do sol* (Das Sonnenpferd) sagt Teolinda Gersão: »Eigentlich wollte ich eine zeitlose Geschichte erzählen«[11], und so deutet sie selbst auf ihren Versuch hin, die Thematik erstarrter Lebensbilder noch konsequenter aus dem historischen Rahmen herauszulösen. Bei gleicher Gelegenheit fügt sie außerdem hinzu: »Ich wollte einen abgeschiedenen, ein wenig beklemmenden und sehr rückständigen Ort finden, an dem die Dinge stillstehen, versteinert sind, und an dem es zugleich aufrührerische Kräfte gibt.«[12] Diesen Vorgaben folgend spielt ihr Roman auf einem portugiesischen Landgut in den zwanziger Jahren unseres Jahrhunderts, und die 'handelnden' Personen sind den mythischen und damit ebenfalls zeitlosen Gestalten Diana und Akteon entlehnt. Sie besitzen daraufhin eine noch geringere psychologische Tiefe als die früheren Figuren der Autorin, sind auf nur wenige, für ihre Funktion maßgebliche Züge reduziert.

Auch dieser Roman schildert die Geschichte einer Beziehung zwischen zwei Menschen, Vitória und Jerónimo. Allerdings sind die Voraussetzungen nun insofern andere, als beide von frühester Kindheit an gemeinsam den strengen Traditionen des Hauses unterworfen sind und diese wie selbstverständlich auf ihre Beziehung zueinander übertragen; mit anderen Worten: Das Verhältnis von Vitória und Jerónimo ist unlösbar mit dem Normengeflecht des Hauses verknüpft. Die Handlung des Romans vollzieht nun in den immer schnelleren Rhythmen der einzelnen Pferdegangarten nach, wie es Vitória – *nomen est omen* – nach langem Kampf auf Leben und Tod gelingt, das Haus und mit ihm Jerónimo und die gemeinsamen Traditionen zu verlassen. Gleich zu Beginn gibt die Autorin einen bildhaften Vorverweis auf diese Entwicklung: »In einem bestimmten Augenblick würde sie in Trab fallen, der Körper würde sich dem ausgeprägten Zweiertakt anpassen, eine Runde und noch eine, bis sie, fast ohne Zutun oder irgendein Zeichen, schon vom Trab in den Galopp übergegangen wäre, ganz als reichte es aus zu denken oder zu wünschen und schon galoppierte man, so trainiert waren sie und so gut verstanden sich der Körper der Frau und der des Pferdes – und dann, irgendwo in jener endlosen Runde, würde der Moment kommen, in dem ihre Haare sich lösten und plötzlich herunterfielen (...)« (*Cavalo,* S. 12 f.)

Bezeichnenderweise folgt diese Darstellung den genau festgelegten Erwartungen Jerónimos, der auf der Tribüne sitzt und Vitórias Tun betrachtet. »Er war es, der zuschaute und klar und deutlich sah«, während »sie wahrscheinlich nicht schaute, sondern sich ganz und gar ihren Empfindungen hingab« (*Cavalo,* S. 13). Die Rollenverteilung scheint also ebenso eindeutig zu sein wie in *Das Schweigen:* Die Frau ist diejenige, die lebt und fühlt, während der Mann sich allein der Beobachtung von außen widmet. Als Vitória diese Situation erkennt, trifft sie – wie vor ihr Lídia – die Entscheidung, den Gefährten durch ihre fürsorgliche Liebe an das Leben heranzuführen: »Außer der Faszination, die seine Intelligenz auf sie ausübte, war dies vielleicht der Hauptgrund ihrer Liebe zu Jerónimo: das Verlangen, als Vermittlerin zwischen der Welt und ihm zu fungieren, ihm dabei zu helfen, diese Distanz zu überwinden, denn dieses Hindernis zu überspringen, das er sich standhaft zu entfernen weigerte, war ihr sehnlichster Wunsch. (...) Was ihr auch ein Gefühl zusätzlicher Verantwortung gab. Wie in einem Abkommen. Von nun an (...) würde sie die Dinge für sich und für ihn erleben.« (*Cavalo,* S. 79)

Zwar weiß Jerónimo um seine tief verwurzelte Angst vor dem aktiven Leben, doch zieht er daraus die entgegengesetzte Konsequenz und fordert Vitórias vollkommene Aufopferung.[13] Mit immer ausgefeilteren Methoden versucht er, sich seiner für ihn lebensnotwendigen Macht über sie zu vergewissern: »Wie bei einer Puppe, sagte Jerónimo, hatte er festgestellt, daß man sie an den Haaren ziehen, sie gegen den Boden schlagen, ihr die Kleider zerreißen konnte, sie war die Puppe, die er sich immer gewünscht hatte und die sie ihm immer verweigert hatten, weil Jungen nicht mit Puppen spielen. Das erste Mal, das er sich seither vergnügt hatte, war im Spiel mit ihr. Machtspiele, in denen er ihr eine Aufgabe nach der anderen stellte, immer schwierigere.« (*Cavalo,* S. 39) Vitória spürt, wie die Bedrohung durch Jerónimo langsam wächst. Ebenso wie das kleine Insekt in ihrem Verlobungsring und der mit den Flügeln schlagende Vogel fühlt sie sich ausgeliefert, gefangen, ohne Aussicht auf die rettende Befreiung.

Doch mit der zunehmend unerträglicheren Bedrängnis beginnt Vitória aufzubegehren. Aufruhr und Wut gewinnen in ihr die Oberhand. Endlich fühlt sie sich stark genug, auf all ihre bisherigen Bindungen zu verzichten und nähert sich so der Heldin aus *Landschaft mit Frau und Meer im Hintergrund* an, denn auch Hortense begann ihr Leben ja 'am Nullpunkt': »Sie fühlte sich unverwundbar, denn das Leben stand erst an seinem Beginn (...)« (*Cavalo,* S. 188). War ursprünglich Jerónimo der passionierte Jäger, so kehrt sich das Verhältnis nun um: Vitória wird zur jagenden Diana, so daß letztendlich der mythologischen Vorlage doch noch Folge geleistet wird. Wie in der klassischen Tragödie läßt Vitória ihren lebensunfähigen Peiniger in den unausweichlichen Tod gehen: »Voller Leichtsinn, mitten auf der Anhöhe, war er die Beute. Arglos und umzingelt. Denn sie war die Jägerin und nicht er (...) denn sie entzündete Licht vor seinen Augen und zwang ihn, Dinge anzusehen, die er niemals annehmen würde – darum mußte er sterben, so wußte er. Denn sie richtete sich gegen ihn und brachte ihm den Tod – brachte ihm den Tod – in dem Augenblick, in dem die Sonne aufging.« (*Cavalo,* S. 212) So endet *O cavalo do sol* mit einer Katastrophe; einer Katastrophe, die zwar einerseits tödlich endet, andererseits jedoch die Vernichtung all dessen impliziert, was einem wirklichen Leben im Wege steht.

Erinnert man sich vor diesem Hintergrund an *Das Schweigen,* so erweist sich der unmittelbare Kontakt von freien und unterdrückten Lebensformen dort zwar als unmöglich, doch trotzdem wird ihre Koexistenz auf Distanz nicht grundsätzlich ausgeschlossen. In der beengten und seit langer Zeit unentwirrbar ineinander verzahnten Welt der Abhängigkeiten in *O cavalo do sol* ist dieses Nebeneinander allerdings nicht mehr realisierbar. Die einzelnen Personen definieren sich nun ausschließlich durch ihre wechselseitige Beziehung zueinander. Es kann nur derjenige überleben, dem es gelingt, sich eine eigene Identität außerhalb der festen Strukturen und Konventionen zu schaffen. Diesem Resümee der zentralen Aussage des Romans zufolge ist es Teolinda Gersão mit ihrem *Cavalo do sol* wahrhaftig gelungen, die fundamentalen Folgen jedweder Unfreiheit gänzlich losgelöst von speziellen äußeren Vorgaben darzulegen.

Bevor wir die Betrachtung der Handlungsebene abschließen, noch einige Worte zu der durchweg deutlichen Parallelität der Rollenverteilung zwischen den Geschlechtern: Jerónimos Lebensmuster ist zum Scheitern verurteilt, weil er versucht, Vitória mit Gewalt an sich zu fesseln. Und sie findet nur durch den starken Druck, der auf sie ausgeübt wird, die Kraft, den ihr vorgezeichneten Weg letztendlich zu verlassen. Besonders anschaulich tritt diese Konstellation in der gezielten Zuordnung von Tieren zu einzelnen Figuren zutage: So ist Jerónimos ganzes Streben im Umgang mit seinem Hund darauf gerichtet, dessen Willen zu brechen, ihn vollkommen zu beherrschen (*Cavalo,* S. 87 ff.). Dieses Ziel verfolgt er auch bei Vitória, doch lernt diese es mit der Zeit, sich seinem Bannkreis zu entziehen. Dieser Prozeß der Befreiung klingt symbolisch verschlüsselt in ihrem Umgang mit Pferden an: »Es war wichtig, das Pferd nicht zu zwingen, sondern es seinen eigenen Rhythmus finden zu lassen. Lernen bedeutete in diesem Fall, sich zurückzuerinnern, es seinen früheren Takt wieder aufnehmen zu lassen. (...) alles war instinktiv, natürlich und schnell, aber zugleich voller Gleichmaß und Harmonie (...)« (*Cavalo,* S. 32) In der jeweiligen Beziehung zu Hund und Pferd offenbart sich die tiefe Diskrepanz zwischen den beiderseitigen Erwartungen an eine Beziehung, eine Diskrepanz, die sich zwischen alle 'Heldenpaare' der Autorin zu schieben vermag.

Fast grundsätzlich halten die Männer an den überkommenen Regeln fest und fordern den Besitz an den Frauen. Die Protagonistinnen der Romane, Hortense, Lídia und Vitória, empfinden die Unterdrückung so intensiv und erleben sie als so unerträglich, daß sie schließlich den Mut fassen, sich aus ihren Fesseln zu befreien. Mithin verkörpern sie das innovative, das lebendige Element.

Auf weniger exponierter Ebene stehen diesen Frauen allerdings weibliche Figuren gegenüber, die nur als Schatten ihrer selbst erscheinen, als vollkommen resignierte und gescheiterte Geschöpfe ohne eigenen Willen: »(...) sie sah ihn mit zärtlichen und leeren Augen an, als ob sie hoffte, daß er entschied, was sie zu fühlen habe, und sie würde so sein, wie er wollte, daß sie wäre – Freundin, Gast, Verlobte, Frau, Geliebte oder ganz einfach gar nichts (...)« (*Cavalo,* S. 188) Laut und deutlich erklingt der Appell der Autorin an die Frau als Vertreterin einer in Portugal – und nicht nur dort – traditionell untergeordneten Gesellschaftsgruppe, eigenverantwortlich zu denken und sich nicht mehr zum Besitztum des Mannes reduzieren zu lassen. Er gesellt sich damit zu dem übergreifenden Aufruf gegen jede Art von restriktiven Normen und veralteten Traditionen. Als Methode der Befreiung propagieren die Romane den offenen Blick, den Glauben an Sinne und Gefühle und den Mut, die eigenen Wünsche und Bedürfnisse zu erkennen und auszuleben. So lernt Vitória bezeichnenderweise erst durch die Liebe zu Amaro, sich als Ganzes anzunehmen. Aus dieser Liebe schöpft sie die Kraft und das Selbstvertrauen, mit ihrem früheren Leben zu brechen: »Und dann konnte sie gehen, sagte Vitória. So als habe sie die Einzelteile von sich selbst aufgesammelt, die jetzt endlich ein Ganzes formten, einen Körper, ihren Körper – Kopf, Arme, Füße, Rumpf, Geschlecht, Beine, Hände. Die Liebe war eine einende Kraft, die die Schatten in Bilder umformte. Nun konnte sie gehen.« (*Cavalo*, S. 203)

Aus den vorangehenden Ausführungen ist klar hervorgegangen, daß die Wege aus verkrusteten gesellschaftlichen Strukturen zu positivem und freiheitlichem Denken und Handeln als das thematische Zentrum der Romane von Teolinda Gersão anzusehen sind. Darüber hinaus unterstreicht jedoch eine enorme Vielfalt an Metaphern und Dichotomien die explosive Atmosphäre eindrucksvoll. Allen Bildern liegt der Kontrast zwischen Gefangenschaft und Freiheit, Leben und Tod, Dynamik und Stillstand zugrunde: der strahlenden Sonne steht der unheilverkündende Mond gegenüber, dem verschlossenen Haus der lebhafte Wind, dem abweisenden Schweigen das offene Gespräch, der bunten Blumenpracht des Gartens das graue Quadrat des Hinterhofs.

Ganz offensichtlich liegt hierin eine besondere Eigentümlichkeit der Sprache von Teolinda Gersão: die Autorin verwendet grundsätzlich sehr klare und fest umrissene Bilder, nur in Ausnahmefällen greift sie auf abstrakte Begriffe zurück. Und doch setzt sie ihre Bilder in einer Art und Weise ein, die ein ganzes Universum an Assoziationen in sich birgt. Greift man beispielsweise das Bild des Meeres heraus, so sieht man sich einer ganzen Palette an unterschiedlichen Vorstellungen gegenüber: Lídia sieht es als Symbol von Freiheit und Weite (*Schweigen*, S. 18), Afonso jedoch flößt es Angst ein (*Schweigen*, S. 19); und wenn es selbst zu Wort kommt, so klingt es wie die Stimme des Diktators persönlich: »Schweig still, schweig still, sprich nicht, schrei nicht, sagte das Meer, verschließ den Mund mit den Händen, unterdrücke das Weinen, oder wenn du absolut nicht schweigen kannst, leg dich auf den Bauch und vergrab deine Stimme in der Erde, aber schaufle ein tiefes Grab, damit deine Stimme nie mehr zu hören ist, horch nicht auf deine Stimme, sondern auf meine, ich lehre dich die Resignation und die leidvolle Melodie der Traurigkeit (...).« (*Landschaft*, S. 142 f.)

Diese Bedeutungsvielfalt des Meeres mag als erster Hinweis darauf gelten, daß die Autorin nicht nur durch ihre inhaltlichen Darstellungen zur Loslösung von festen Vorgaben auffordert, sondern daß sie auch selbst versucht, ihrem Medium, der Sprache, größtmögliche Offenheit zuzugestehen. Im Vertrauen auf deren weitverzweigte Ausdruckskraft verfolgt sie – ähnlich wie bei der sehr schematischen Personenzeichnung – nicht das Ziel, eine gewissenhaft ausgefeilte und differenzierte fiktive Welt zu schaffen, sondern ist im Gegenteil darum bemüht, durch den ungewöhnlichen und damit Aufmerksamkeit erweckenden Einsatz von ausdrucksstarken Bildern reale Erscheinungen plastisch hervortreten zu lassen. Das ungewohnte und phantasievolle Zusammenspiel von Sprache und Inhalt erlaubt einem jeden seine eigene Vorstellung und Sichtweise.

Zu Beginn von *Das Schweigen* heißt es an einer Stelle (S. 8): »Die Frau, die sie sich vorstellte, hatte daher zuerst große, offene Wörter gewählt wie Himmel, Meer, Brücke, Schiff, Landstraße, Fluß; Wörter, die genug freien Raum ließen (...).« Und so zeigt sich, daß die Autorin in ihren Romanen nicht nur unterschwellig mit der Sprache experimentiert, indem sie die vielfältigen Sinngehalte einzelner Worte erahnen läßt oder sich von Zeit zu Zeit unverdrossen über die üblichen Regeln der Interpunktion hinwegsetzt, sondern daß sie auch explizit auf den Umgang mit der Sprache eingeht. Eine kurze Episode aus dem fiktiven Tagebuch der Autorin, *Os guarda-chuvas cintilantes* (Die leuchtenden Regenschirme), erweist sich diesbezüglich als besonders aufschlußreich: »Es hat vier Silben, sagt Esquilo, das Eichhörnchen. Und es beginnt mit *a.* (Ein Wort, das man den ganzen Tag sucht, ohne es zu finden, und in der Nacht sucht man es weiter, in den Träumen, und man findet es niemals, niemals, es ist ein geschmeidiges Wort, vielleicht, ein weißes Wort, es beginnt mit *a,* denn *a* ist der Anfang, aber es hört niemals auf, es ist ein unbeständiges Wort, ein wogendes, das sich mit dem Wind verwandelt und sich verformt, es ist das Meer, ist nicht das Meer, es ist der Wind, der Himmel, es ist das Feld, der Strand, der Sand, es ist der Körper, es ist die Wolke, es ist das Meer, immer das Meer, es ist nicht das Meer, rate, wo es beginnt und wo es aufhört, es hat einen Anfang, denn alles hat einen Anfang, oder vielleicht hat es kein Ende und fängt nicht an.)« (*Guarda-chuvas,* S. 55 f.) Mittels der Suche nach einem bestimmten Wort in einem Kreuzworträtsel wird hier auf spielerische Art und Weise illustriert, daß kein Wort endgültig auf einen einzigen konkreten Kontext reduziert werden kann, daß es vielmehr einem ständigen Wandel unterworfen ist und je nach der speziellen Situation immer neue Sinngehalte annimmt.

Das intensive Bemühen der Autorin, die Offenheit der Sprache zu demonstrieren, zu reflektieren und ihr auch in der eigenen Anwendung von Sprache gerecht zu werden, findet eine Entsprechung in dem bewußten Umgang mit den Gattungsregeln. Um dies zu zeigen, soll erneut auf *Os guarda-chuvas cintilantes* zurückgegriffen werden.

Der Text ist mit der Bezeichnung »Diário«, Tagebuch, überschrieben, und dementsprechend handelt es sich um ein aus vielen Einzelfragmenten zusammengefügtes Buch, dessen Aufbau das Vorliegen eines Tagebuchs suggeriert, denn jeder Abschnitt ist mit einem Wochen- und einem Monatstag überschrieben. Allerdings erweist sich die Art der Datierung rein logisch als unmöglich, zumal Tage wie »Sonntag,

1.«, »Samstag, 3.«, »Montag, 14.« und »Donnerstag, 8.« (*Guarda-chuvas,* S. 7-10) unmittelbar aufeinanderfolgen. So deuten sich schon in den Überschriften der einzelnen Fragmente die Vorbehalte der Autorin gegenüber dem gewählten Genre an und zugleich ihr Wunsch, aus seinen engen Regeln auszubrechen: Nur scheinbar fügt sie sich dem chronologischen Leitfaden der Gattung, um sich jedoch der damit verbundenen Gängelung ebenso wie in den anderen Romanen gleich wieder zu entziehen.

Darüber hinaus kündigt sich hierin eine generelle Ablehnung von Tagebüchern an, wobei die Frage, worauf diese Ablehnung im einzelnen beruht, wiederum innnerhalb des Werks anklingt. Vor allem Professor Pip bringt seine Skepsis wiederholt in unsanften Worten zum Ausdruck: »Tagebücher sind absolut lächerlich« (*Guarda-chuvas,* S. 24), stellt er einmal fest, und wenig später heißt es: »Tagebücher sind pervers, sagt Pip, (...) (sie) sind die verrückteste und perverseste Literaturform überhaupt« (*Guarda-chuvas,* S. 25 f.). Er begründet seine radikale Verurteilung der Gattung mit der Bemerkung: »Die Welt dreht sich nicht um den Autor« (*Guarda-chuvas,* S. 24), und kommt damit auf einen Aspekt zu sprechen, der uns in unterschiedlicher Ausformung in allen fiktionalen Texten von Teolinda Gersão begegnet. Es handelt sich dabei um die Gefahr für den Schriftsteller, allzu großer Egozentrik zu verfallen, eine Gefahr, der eine kleine, phantasievolle und zugleich äußerst sarkastische Episode gewidmet ist:

»Mittwoch, 5.
Ich bin wunderschön, sagte der Autor fasziniert.
Ich bin wunder-, wunder-, wunderschön. So schön, daß ich die Augen nicht vom Spiegel abwenden kann. Und alles, was existiert, versuche ich in 'Ich' umzuwandeln. Denn ich habe nur Augen für mich.
Er setzte sich auf einen Stuhl, schlug die Beine übereinander und begann die Welt zu verschlingen. Er fraß und fraß und wurde maßlos dick und seine Aufgeblasenheit war so enorm, daß er schließlich platzte und in einem Regen von Einzelteilchen zu Boden fiel.
Und dann machte er sich auf allen Vieren geduldig daran, die Teile zusammenzusuchen und sie mit *Uhu* wieder zusammenzukleben.«
(*Guarda-chuvas,* S. 25)

Der hier beschriebene Narziß im Schriftsteller, der natürlich in seinem Tagebuch, das ihn explizit in den Mittelpunkt der Darstellungen rückt, in besonders ausgeprägter Form erscheint, verkörpert einen Menschen, der den Zugang zum eigentlichen Leben verloren hat. Er verfällt damit einem ähnlichen Irrtum wie die zuvor dargestellten männlichen Figuren Afonso und Jerónimo: Sie alle haben das Gefühl, das Zentrum der Welt zu sein und den einzig gangbaren Lebensweg gefunden zu haben, sind aber im Grunde genommen nur Mitläufer der Gesellschaft. Sie haben keinen aktiven Anteil am Leben, machen keine eigenen Erfahrungen und können daher weder zu ihrer persönlichen noch zur allgemeinen Entwicklung beitragen. Sie erweisen sich durch ihren ständigen Rückgriff auf die Aktivitäten anderer als 'Schmarotzer' der Gesellschaft. Die Erzählerin der *Guarda-chuvas cintilantes* beschreibt diese Erscheinung im Bereich der Kunst wie folgt:

»Sonntag, 29.

Dieser Anschein, die anderen zu belauern, mich anzunähern, langsam, scheinbar harmlos, fast komplizenhaft, und sie dann plötzlich von hinten zu fangen, hinterrücks, mit einem Schmetterlingsnetz.

Ist es für das nächste Buch? fragen sie, plötzlich beunruhigt, wenn ich mich an etwas allzu interessiert zeige. Die Angst, auf einmal hilflos auf einer Seite aufgespießt zu sein, wie Insekten in einem Rahmen, unter Glas gezwängt.« (*Guarda-chuvas*, S. 68)

Die fiktiven Gestalten sind der ebenfalls fiktiven schreibenden Erzählerin offenbar vollkommen machtlos ausgeliefert. Allerdings geht es nun – anders als bei den Darstellungen der Beziehungen von Mann und Frau, wo die unterdrückten Frauen zur aktiven Befreiung aufgerufen wurden – eher um die gesellschaftliche Integration des Künstlers, bei dem sicherlich in gewisser Hinsicht ebenfalls die Gefahr besteht, daß er seine Modelle ausnutzt und für seine eigenen Anliegen mißbraucht. Indirekt propagiert Teolinda Gersão auch hier einerseits die Loslösung von vorgegebenen Normen und andererseits die aktive Anteilnahme am Leben. Dies soll im folgenden kurz dargelegt werden:

Anhand ihrer Figuren Afonso und Jerónimo illustriert die Autorin sehr deutlich, daß die Beschäftigung mit Kunst allein keineswegs eine Garantie für offene Sichtweisen ist: Afonsos Schreiben findet zum Beispiel immer nur im Zusammenhang mit der Ordnung der einzelnen Blätter und der ihn umgebenden Dunkelheit Erwähnung; die Inhalte kommen niemals zur Sprache. Afonso beugt sich tief über seinen Schreibtisch und »schreibt mit dem Rücken zur Tür« (*Schweigen*, S. 22). Jerónimo hingegen spielt mit zwanghafter Ausdauer stundenlang Tonleitern auf seiner Geige: »Aber er fing immer wieder von vorn an, als ob er niemals den exakten Ton fände. Er übte die Tonleitern, als ob er auf Berge stiege (...), er würde niemals aufhören können, es war eine unendliche Aufgabe.«[14] Von frei gewählten, durch Stimmungen oder Gefühle geleiteten Klangfolgen kann hierbei sicherlich nicht die Rede sein. Wie ungeheuer lebendig wirkt demgegenüber der folgende Eindruck des behutsamen und aufmerksamen Einfühlens in die Musik: »(...) jemand, der an einem Klavier sitzt und auf einmal sieht, daß seine Hände auf den Tasten liegen, und die Hände spielen selbständig die

Töne durch, probieren alle aus, fügen sie zu immer neuen Improvisationen zusammen, während Freude aufkommt, tiefe Freude, und ungewiß ist, woher sie kommt, aus der Freiheit, über die Tasten zu laufen, oder der Möglichkeit, die Intervalle auf immer neue Art zu kombinieren. Kleine Leerräume zwischen einer Taste und der nächsten, ein kurzes, erwartungsvolles Zögern.« (*Schweigen*, S. 49)

In ihrer offenen und freien Gestaltung wird die Musik und mit ihr jede Kunstform zu einer ganz besonderen Erfahrungswelt, die sich ebenso wie Träume und Phantasien über die Grenzen der Realität erheben kann. Und so ist es auch nicht als Zufall zu werten, wenn die starke Gefühlsaufwallung, durch die Lídia eine ganz neue Einstellung zum Leben bekommt, direkt mit der oben zitierten Erfahrung des Klavierspiels in Beziehung gebracht wird: »Jetzt hatte sie eine Wesensform und einen Platz in der Zeit. Nie wieder würde sie wie früher ohne Ziel nach Norden oder Süden über die Straßen gehen. Nie wieder gleichgültig an den Häusern vorbeigehen, ohne Beziehung zu irgendeinem von ihnen. Jetzt war die Welt für sie greifbar, und es war ihr möglich, allein durch die Macht ihres Wollens deren Wesen zu bestimmen. Und sie war so stark, daß sie langsam und passiv sein konnte, sie brauchte nicht einmal der Welt entgegenzuhasten, denn auf einmal war es die Welt, die ihr entgegenkam, wie eine Glaskugel auf sie zu rollte.« (*Schweigen*, S. 49)

Ganz offensichtlich können mittels der Erfahrung von Kunst auch positive Effekte in der Realität erlangt werden – vorausgesetzt natürlich, daß der Blick für die Wirklichkeit nicht verloren geht, denn hinter einer allzu starken Fixierung auf die Fiktion lauern weitere Gefahren für den Künstler. Zur Veranschaulichung dieses Gedankens greift Teolinda Gersão erneut auf ein mythisches Bild zurück:

»Freitag, 10.

Und da verwandelt sich alles in Schrift: die Liebe, die Zeit, die Tage, das Gesicht derer, die wir lieben, der eigene Körper, das eigene Aussehen. Das Leben verlieren, um nur in Abhängigkeit vom Schreiben zu leben. Schon tot zu leben, und ein Text zu sein. Nichts als ein Text. Der Fluch des Midas. Alles was du berührst, verwandelt sich in Gold, und er vegetiert dahin, denn er ist der reichste Mensch des Universums. Sich selbst und der Welt verloren gehen, aufgrund des Fluchs zu schreiben. Dies verweigern und das Schreiben überwinden. Zumindest von Zeit zu Zeit den Scharfsinn haben, das Schreiben zum Teufel zu schicken und allen Welten aus Papier einen Fußtritt zu versetzen.« (*Guarda-chuvas*, S. 68)

Die konsequent von der Realität isolierte, in sich selbst verweilende Kunst kommt einer totalen Verbannung und Verelendung gleich. Der hier dargelegte 'Fluch des Schreibens' wird damit zu einem weiteren nachdrücklichen Aufruf der Autorin zur Öffnung der Künstler für das sie umgebende Leben.

Teolinda Gersão ist eine Autorin, die sich als Frau und Künstlerin furchtlos den diffizilen Herausforderungen ihrer Zeit stellt. So vollzieht sie in ihren literarischen Texten einerseits den steinigen Weg einzelner Frauenfiguren in die individuelle und gesellschaftliche Freiheit nach, und andererseits sprengt sie den traditionellen fiktionalen Rahmen: sie widmet sich sowohl implizit als auch explizit der Öffnung von Sprache und Gattung, von Zeitbegriff und Handlungsstruktur und begibt sich zugleich daran, die für Gesellschaft und Künstler neue Situation nach der 'Nelkenrevolution' aktiv mitzugestalten.

Von sich und von allen anderen verlangt sie dabei nichts Geringeres als den Verzicht auf die unkritisch übernommenen, aber vermeintlich schützenden Normen vergangener Zeiten. So klingt es in den Ohren des Lesers verführerisch und erschreckend zugleich, wenn sie Lídia folgende Worte in den Mund legt: »Ich öffne deine Tür und dringe in deinen Raum ein. Wörter, Erinnerung, ein Körper, ein anderer Raum, der sich aus der Stadt, der Straße, der Vergangenheit, aus vielfältigen Konstellationen anderer Leben aufdrängt. Ich bin all diese Dinge, offen, unfertig, in Bewegung.« (*Schweigen,* S. 74)

Anmerkungen:

1) Teolinda Gersão, *Landschaft mit Frau und Meer im Hintergrund* (im folgenden zitiert als *Landschaft*), München 1985, S. 83

2) Interview von Dorothea Prewo: »'Ich bin fast erstickt.' Ein Gespräch mit der portugiesischen Autorin Teolinda Gersão«, in: *Frankfurter Rundschau,* 1.9.1987, S. 14

3) ebd.

4) *História do homem na gaiola e do pássaro encarnado,* Lissabon 1982

5) Teolinda Gersão, *Das Schweigen* (im folgenden zitiert als *Schweigen*), München 1987

6) Wörtlich übersetzt: Die leuchtenden Regenschirme. *Os guarda-chuvas cintilantes* (im folgenden zitiert als *Guarda-chuvas*), Lissabon 1984.

7) Wörtlich übersetzt: Das Sonnenpferd. *O cavalo do sol* (im folgenden zitiert als *Cavalo*), Lissabon 1989.

8) Auf Seite 117 in *Landschaft* heißt es: »Hortense, komm an die Tafel und schreibe: Ich habe nicht aufgepaßt, ich habe nicht aufgepaßt, ich habe nicht aufgepaßt. Sie ging nach vorn an die Tafel (...) gerade wegen der Unsicherheit ging sie aufrechter, bemühte sich um Gleichgewicht, als ob sie tanze, als ob sie physisch, mit dem Körper alles negiere, was sie da schrieb, aber sie hatte schon immer negiert, hatte von klein auf negiert, Aufsatz das Vaterland Aufsatz die Familie Aufsatz Gott Aufsatz ohgottohgottohgott.«

9) Große Euphorie klingt aus den folgenden Worten: »(...) es war ein offenes, belebtes Haus, voll von Stimmen, Musik, Veränderung, immer brachte oder nahm irgend jemand Dinge mit, Bücher, Schallplatten, Zeitschriften, Hefte, Fahrräder (...)« (*Landschaft,* S. 80)

10) Es war Salazars erklärtes Ziel, das »Temperament der Menschen langsam aber sicher zu ändern, sie verkümmern zu lassen, sie zum Schweigen zu bringen, sie von Zeit zu Zeit zu bezwingen, in einem langwierigen aber nicht nachlassenden Rhythmus, der die Temperatur senkt, uns vom Fieber heilt« (zit. nach Manuel Braga da Cruz, *O partido e o estado no salazarismo,* Lissabon 1988, S. 79)

11) Interview von Carlos Vaz Marques mit der Autorin: »Teolinda Gersão no *ciclo do cavalo*«, in: *Jornal do Comércio,* 28.11.1989. Im übrigen ist auch schon in *Das Schweigen* die Rede vom »zeitlosen Jetzt« (S. 22).

12) s. ebd.

13) Auf Seite 21 heißt es in *O cavalo do sol:* »Das war es, was er vom Leben verlangte und was das Leben ihm gab: der bis an den Wahnsinn grenzende Besitz an Vitória.«

14) *Cavalo,* S. 94. Vgl. außerdem die folgende Textstelle zu Literatur und Musik: »Sie betrachtete ihn erregt, als wäre er ein Insekt, das unter den Büchern und den Regalen begraben würde. Und die Geige, sagte sie, war ein Folterinstrument.« (*Cavalo,* 117)

TEOLINDA GERSÃO ist 1940 in Coimbra geboren. Studium der Germanistik, Romanistik und Anglistik in Coimbra, Tübingen und Berlin, wo sie einige Zeit als Lektorin für portugiesische Sprache an der Technischen Universität unterrichtete. 1976/77 lebte sie mit ihrer Familie in São Paulo (Brasilien), wo sie u.a. als Übersetzerin arbeitete. Promotion mit einer Arbeit über Alfred Döblin. Heute ist sie als Professorin für Germanistik und Vergleichende Literaturwissenschaft an der Universidade Nova de Lisboa tätig.

Bibliographie der fiktionalen Texte von Teolinda Gersão:
O silêncio, Lissabon 1981; *História do homem na gaiola e do pássaro encarnado,* Lissabon 1982; *Paisagem com mulher e mar ao fundo,* Lissabon 1982; *Os guarda-chuvas cintilantes,* Lissabon 1984; *O cavalo do sol,* Lissabon 1989.

Übersetzungen ins Deutsche: *Landschaft mit Frau und Meer im Hintergrund,* übers. von Karin von Schweder-Schreiner, München 1985; *Das Schweigen,* übers. von Karin von Schweder-Schreiner, München 1987.

Olga Gonçalves:

Chronistin der portugiesischen Gegenwart

Von Fernanda Silva-Brummel

Olga Gonçalves ist eine der Autorinnen der modernen portugiesischen Erzählliteratur, die sich am nachdrücklichsten mit der nationalen Realität der Gegenwart ihres Landes auseinandersetzen. Ihre bislang veröffentlichte Prosa umfaßt sechs Romane, eine Erzählung und einen Erzählband. Den Corpus dieses Aufsatzes bilden die Romane und die Erzählung.[1] Sie geben ein breites Panorama der portugiesischen Gesellschaft des 20. Jahrhunderts. Dieses wird dem Leser immer aus der Perspektive des Individuums, in seinem Kampf um Menschenwürde, vermittelt. Dieser Kampf ist gelegentlich in einen spezifisch weiblichen Diskurs gekleidet, da die Frau traditionell am stärksten Opfer sozialer Unterdrückung gewesen ist und nun diese Auseinandersetzung mit besonderer Härte führt.

Mein Aufsatz besteht aus zwei Teilen. Der erste befaßt sich mit der detaillierten werkimmanenten Analyse des Romans *Ora esguardae* (Schauet her), den ich als wichtigsten der gesamten Prosa von Olga Gonçalves betrachte. Er gibt einen umfassenden Überblick über die portugiesische Realität des 20. Jahrhunderts. Dieses Werk umfaßt aber auch den breiten Fächer der Themen der Autorin, Themen, die sie bereits vorher behandelt hat oder mit denen sie sich in späteren Werken im Detail beschäftigt. *Ora esguardae* ist aber auch für ihr Verständnis von Literatur sowie für ihre Erzähltechnik repräsentativ. Im zweiten Teil dieses Aufsatzes analysiere ich die Thematik der gesamten Prosa von Olga Gonçalves.

Das »Wandgemälde« der portugiesischen Gegenwart

Noch bevor Olga Gonçalves mit der eigentlichen Erzählung in *Ora esguardae* beginnt, lenkt sie durch zwei Signale die Aufmerksamkeit des Lesers auf den Inhalt des Werkes wie auch auf die Form, in der er sich strukturieren wird. Das erste Zeichen ist der Titel. Er ist Teil des Zitates »Ora esguardae, como se fossees presentes« (Schauet her, als ob Ihr dabei wäret und denkt nach) aus der *Crónica de D. João I* von Fernão Lopes und wird der Erzählung epigraphisch vorangestellt. Durch die Wahl dieses Titels stellt die Autorin gleich zu Anfang eine Parallele her zwischen zwei Epochen der portugiesischen Geschichte, die zwar 600 Jahre auseinanderliegen, aber zwei gemeinsame Charakteristika haben: in beiden vollzieht sich ein sozialer und politischer Bruch; in beiden nimmt das portugiesische Volk entschlossen sein Schicksal in die eigenen Hände. Wie Fernão Lopes der Chronist der Revolution des portugiesischen Bürgertums von 1383 bis 1385 war, so übernimmt Olga Gonçalves diese Rolle für die Nelkenrevolution von 1974. Wie Lopes behandelt sie nicht nur das 'Während' der Ereignisse; sie befaßt sich auch mit dem 'Vorher' sowie mit dem 'Nachher' – mit der sozialen und politischen Entwicklung des demokratischen Portugal in den ersten acht Jahren nach dem 25. April 1974. *Ora esguardae* ist somit ein literarisches Dokument über das Portugal des 20. Jahrhunderts.

Ihr Verständnis von Literatur als Dokument der Realität unterstreicht Olga Gonçalves durch die Zitate, die sie häufig ihren Werken epigraphisch voranstellt, oder in Passagen, in denen sie die Erzählung unterbricht, um ihr literarisches Schaffen zu thematisieren. Außer der ästhetischen Funktion, die die Literatur selbstredend hat, schreibt ihr die Autorin noch zwei weitere sehr wichtige zu. Das literarische Kunstwerk soll zum einen Zeugnis von der sozialen Realität geben, in die es sich einfügt, indem es diese Realität in der erzählten Wirklichkeit wiederbelebt. Zum anderen muß es dazu beitragen, daß sich der Leser der Problematik der objektiven Realität bewußt wird. Auf dieses Ziel und auf die Struktur der Erzählung weist das zweite Zeichen hin. Der altportugiesische Imperativ *esguardae* und das Substantiv *mural* (Wandgemälde), wie Olga Gonçalves ihr Werk in der Widmung bezeichnet, sind in diesem Zusammenhang die Schlüsselworte. Beide implizieren eine Erzähltechnik der Visualisierung der geschilderten Fakten. *Ora esguardae* setzt sich somit aus Bildern zusammen, auf die die Autorin die Aufmerksamkeit des Lesers lenkt. Während aber in den Chroniken von F. Lopes der Erzähler noch ein Hindernis zwischen Leser und Erzähltem ist, geht Olga Gonçalves in der Visualisierung der

Erzählung und der Einbindung des Lesers in die erzählte Wirklichkeit weiter.

Bereits in der zweiten Zeile des Werks verdrängt sie den Erzähler aus dem Universum der Erzählung und lädt den Leser ausdrücklich ein, das zu *sehen,* was ihm erzählt wird: »Ich würde vom Jubel, vom Enthusiasmus, vom Ruhm und vom Mut sprechen. Aber *ich schweige. Schaut es euch* besser selbst *an.*« (*Ora esguardae,* S. 13)[2]

Von nun an gibt sie zahlreichen, verschiedenen Stimmen das Wort, die selten durch einen Namen identifiziert sind und im direkten, implizierten Dialog mit dem Leser – oder im Dialog untereinander, aber in seiner Gegenwart – die vielfältigen, individuellen Facetten des Erlebnisses der Nelkenrevolution, ihre Vorgeschichte und ihre spätere Entwicklung beleuchten. Letztendlich sind diese Stimmen Vertreter des kollektiven Protagonisten von *Ora esguardae,* des portugiesischen Volkes, das die Funktion des Erzählers einer fragmentarischen Handlung übernimmt. Olga Gonçalves macht den Leser nicht nur zum Gesprächspartner dieser Stimmen. Sie weist ihm noch eine andere Funktion als Mitwirkender beim Schaffen ihres Werkes zu. Da der traditionelle Erzähler fehlt, der die Erzählung 'ordnet', und weil sie häufig zwischen Gegenwart und Vergangenheit wechselt, hat der Leser die Aufgabe, den logisch-chronologischen Faden der geschilderten Realität zu spinnen. Durch diese beiden Kunstgriffe – Verdrängung des traditionellen Erzählens und Einbindung des Lesers in die erzählte Wirklichkeit – erreicht Olga Gonçalves zwei grundlegende Ziele in ihrem literarischen Schaffen: die Wahrhaftigkeit des Erzählten und die Garantie ihrer Objektivität als Autorin.

In *Ora esguardae* unterteilt sich die Erzählung in drei Phasen, den Jubel, die Enttäuschung und die Gestaltung der Zukunft.

Der Jubel

Chronologisch beginnt diese erste Phase am 25. April 1974 – Markstein, der das portugiesische 20. Jahrhundert unterteilt in all das, was vorher, und all das, was nachher war. Die erste Gruppe von Bildern des Wandgemäldes entspricht dem ersten Jahr der neuen Ära, die man später die romantische Phase der Nelkenrevolution genannt hat. Die Erzählung spielt hier lediglich in der Gegenwart. Sie besteht aus der direkten Rede der erzählenden Stimmen, die Zeugnis ablegen von dem historischen Moment, in dem die Portugiesen aufhören, Untertanen zu sein und fast in einem Gefühl von Trunkenheit ihre Bürgerrechte wahrnehmen.

Die Bilder sind kurz und folgen einander in schneller Reihenfolge. Sie geben dem Leser dadurch ein Gefühl der atemberaubenden Geschwindigkeit der Ereignisse. Jedes einzelne entspricht einem Auftritt auf der Bühne einer anderen erzählenden Stimme. In einer einprägsamen Sprache, in der der Ausruf vorherrscht, das Verb im Satz fehlt oder im Infinitiv benutzt wird, redet sie den Leser direkt in der zweiten Person Singular an: »JA zu freien Wahlen! (...) Es lebe die Bewegung der Streitkräfte (...)! Hast du jemals geglaubt, so etwas zu erleben?« (*Ora esguardae*, S. 16)

Die erzählenden Stimmen teilen dem Leser den Jubel des portugiesischen Volkes darüber mit, daß es zum ersten Mal öffentlich frei seine Meinung äußern kann, ohne Angst vor der Zensur und der politischen Polizei, daß es für Gerechtigkeit und die Auflösung der Strukturen des Faschismus, daß es für die politischen Parteien eintreten, auf dem Land und in den Fabriken die Rechte der Arbeitnehmer durchsetzen und schließlich einen kriminellen Kolonialkrieg beenden und die Geburt von fünf neuen Staaten in Afrika vorbereiten kann.

Die erzählenden Stimmen schildern aber auch die Erfüllung der neuen Pflichten. Es ist die Pflicht, die gewonnene Demokratie verantwortungsvoll zu leben, für die die Anhänger des alten Regimes die Portugiesen noch immer für unreif halten. Es ist die Pflicht, die Meinung der Mitbürger und der Mitbürgerinnen zu respektieren, die erstmals beim Aufbau des neuen Portugal gleichberechtigt Rechte und Pflichten übernehmen.

Auf der Ebene der objektiven Realität und derjenigen der erzählenden Wirklichkeit bedeutet die Ankunft der ersten Rückkehrer aus den ehemaligen afrikanischen Kolonien, dieser »Menschen, die ihrer Würde beraubt wurden« (*Ora esguardae,* S. 24), das Ende der ersten Entwicklungsphase des neuen demokratischen Portugal. Die entwürdigende Vergangenheit bricht in die romantische Euphorie der Gegenwart ein, in der man in naiver Weise an die schnelle Lösung der Probleme eines halben Jahrhunderts ohne sozio-ökonomische, politische und kulturelle Gerechtigkeit glaubt. Es ist die schmerzhafte, aber gesunde Auseinandersetzung mit den lebendigen Symbolen des Zusammenbruchs von fünf Jahrhunderten nationaler Geschichte.

Die Enttäuschung

Chronologisch ist diese Phase wesentlich länger als die erste. Von nun an entwickelt sich die Erzählung in einem wechselnden Rhythmus der Erinnerung an die Vergangenheit und der Auseinandersetzung mit der Gegenwart. Die wiederbelebte objektive Zeit umfaßt deshalb die vierziger und fünfziger Jahre des 20. Jahrhunderts bis zum Beginn der achtziger Jahre.

Die Bilder des Wandgemäldes sind nun länger und folgen einander in einem langsamen Rhythmus, da ja auch die Ereignisse in der objektiven Realität die rasende Geschwindigkeit der Anfangsphase der Nelkenrevolution verloren haben. Die Entwicklung Portugals nach dem 25. April 1974 wird nicht mehr vorwiegend von den Geschehnissen auf der Straße bestimmt. Sie wird nun stark von den Büros und politischen Schaltzentralen aus beeinflußt. Folglich verändert sich auch die Sprache der erzählenden Stimmen. Sie geben den Stil des Pamphlets auf, der in der ersten Phase zu beobachten war, und werden erzählerischer: »Ich erinnere mich sehr gut an die Zeit, in der du jeden Abend ein Vaterunser für Salazar gebetet hast. Daß ich dich jetzt in der CDS sehe, ist schon ein Fortschritt!« (*Ora esguardae*, S. 74)[3]

In ihrer Gesamtheit und auf der Erzählebene der Gegenwart drükken die gesprochenen Bilder jetzt eine Enttäuschung über die soziale, ökonomische und politische Entwicklung des demokratischen Portugal Ende des Jahres 1975 aus. Die Ernüchterung entsteht aus dem wachsenden Bewußtsein, daß der Aufbau eines neuen Landes eben nicht jener leichte, schnelle und lineare Prozeß ist, den man sich romantisch und idealistisch in den ersten Zeiten der Revolution vorgestellt hatte. Aber trotz der Enttäuschung ist die Botschaft dieser Bilder positiv. Es ist die Überzeugung, daß der Aufbau der Demokratie ein dauerhafter Prozeß ist und den ständigen Kampf zur Wahrung der eroberten Freiheit und Menschenwürde erfordert.

Hier kann man zwei Gruppen von Bildern unterscheiden. Die erste visualisiert konkrete Fakten der Entwicklung nach dem 25. April 1974. Sie bestimmen den Bruch mit den alten politischen, ökonomischen, sozialen und familiären Strukturen. Es sind die Hinweise auf die Organisation der Parteien, der Gewerkschaften, auf die Agrarreform und die politisch-gesellschaftlichen Organisationen auf der Ebene der Gemeinden. Es ist der Protest der weiblichen Stimmen, die sich endlich gegen die alte patriarchalische Familienstruktur erheben und das Recht der Frau auf persönliche und soziale Identität durchsetzen: »Ihr verzeiht uns nicht, daß wir Frauen sind und Ideen im Kopf haben. (...) das Ganze lebt man mit vielen Narben, (...) nicht mehr verdeckt von der Dreieinigkeit Gott-Vaterland-Familie (...).« (*Ora esguardae*, S. 157) Es ist schließlich das Zeugnis der Freude über den Aufbau einer neuen Ära, in der alle Bürger von Geburt an die gleichen Chancen und Rechte haben.

In der zweiten Gruppe berichten die erzählenden Stimmen darüber, in welcher Form dieser Bruch mit der Vergangenheit erlebt wird. Zwar ist die Freude und der Stolz über den Aufbau eines neuen Landes immer gegenwärtig, sie wechseln aber ständig mit der Enttäuschung darüber, wie sich die Entwicklung nach dem 25. April 1974 vollzieht, sowie mit der Angst vor der eigenen Courage.

Die Ernüchterung erfolgt aus einem grundlegenden Widerspruch, der das tägliche Leben der Portugiesen bestimmt und dessen sie sich erst nach der Phase der 'Revolution der Straße' allmählich bewußt werden. Es ist der Widerspruch zwischen der relativ großen Geschwindigkeit, mit der die Demokratie formal und juristisch eingeführt worden ist, und der Schwerfälligkeit der Veränderung der Mentalitäten und Verhaltensweisen. Ohne einen solchen Wandel wird Demokratie aber nicht auf allen Ebenen des Lebens praktiziert.

Die gesprochenen Bilder zeigen nun im einzelnen diese Widersprüche im nationalen Leben: der politische Opportunismus derjenigen, die von überzeugten Anhängern des Salazarismus sich zu unerschütterlichen linken Demokraten wandeln, um ihre Privilegien nicht zu verlieren; die Arroganz der Klasse, die sich der Durchsetzung gleicher Rechte entgegenstellt und mit allen Mitteln die Verbesserung der Lebensbedingungen der Mehrheit der Bevölkerung zu bremsen und die junge portugiesische Demokratie zu destabilisieren sucht; das Mißtrauen, mit dem die Portugiesen zusehends ihre Politiker betrachten, nachdem sie gelernt haben, daß diese keine Helden, sondern für Korruption anfällige Menschen sind; die Intoleranz, mit der ein großer Teil der Portugiesen die etwa halbe Million der weißen und farbigen Rückkehrer aus den ehemaligen Kolonien in Afrika empfängt, und die beschämende Art, wie die Farbigen in regelrechte Ghettos gedrängt werden; das Fortbestehen grundlegender Probleme des portugiesischen Volkes, für die keine wirkliche Lösung absehbar ist, wie Wohnungsmangel, unzureichende Krankheits- und Altersversorgung, kein Anspruch auf Erziehung und Arbeit, Ausbeutung und Gewalt gegen Frauen und Kinder; wie bereits in den sechziger Jahren die Emigration als Mittel, außerhalb des Landes Lebensqualität zu finden, die es seinen Bürgern daheim verwehrt; das Fortbestehen des Machismo als typische Verhaltensweise des portugiesischen Mannes trotz der Fortschritte im Kampf der Frau um ihre Würde; und schließlich die Sehnsucht nach Stabilität, die darin ihren Ausdruck findet, daß die Mehrheit der Portugiesen bei den Parlamentswahlen für die beiden Parteien stimmt, die die Interessen der Mehrheit am wenigsten verteidigt haben. All diese Widersprüche machen die wachsende Unsicherheit und das Schwinden des Selbstvertrauens verständlich, die sich immer mehr äußern. Momente großen Vertrauens, daß der Prozeß der Überwindung der alten Strukturen unwiderruflich voranschreitet, wechseln häufig mit anderen, in denen sie an ihrer Fähigkeit zweifeln, die Demokratie zu errichten.

Aber zwischen den Bildern, die im Wandgemälde die portugiesische Gegenwart darstellen, leuchtet oft die Vergangenheit auf. In der Erzählstruktur gibt Olga Gonçalves diesen Rückgriffen zwei Funktionen. Zum einen soll man die oben geschilderten Widersprüche der Gegenwart vor dem Hintergrund einer repressiven Vergangenheit und der Angst, der Präpotenz, des Obskurantismus und fehlender Gerechtigkeit auf allen Ebenen verstehen. Zum anderen will die Autorin dem Leser durch die ständige Gegenüberstellung zwischen dem vergangenen und dem gegenwärtigen Portugal trotz aller Hindernisse und Rückschritte der Nelkenrevolution klarmachen, was die Bürger schon erreicht haben. Sie will ihm dadurch vor allem bewußt machen, daß das Leben in Demokratie bedeutet, nicht auf die Lösung der Probleme zu warten, sondern ständig aktiv in der Gesellschaft zu ihrer Lösung beizutragen. In diesem Zusammenhang gibt es drei große Themen der nationalen Vergangenheit, die das Wandgemälde in *Ora esguardae* vergegenwärtigt.

Das erste ist das Erlebnis der allumfassenden, verinnerlichten Angst, die das Leben der Portugiesen seit der Verschärfung der Diktatur (Übergang von den dreißiger zu den vierziger Jahren) bis zu ihrem Fall 1974 beherrschte. In Wahrheit lernten die Portugiesen schon von Kindheit an in der Familie und in der Schule, daß es gefährlich war, frei zu denken und die eigene Meinung zu äußern, wenn diese nicht der bestehenden Ordnung entsprach. Daß es noch viel gefährlicher war, sich kritisch zu dem zu verhalten, was die bestehende Macht als gut und richtig festsetzte. Daß man seine ökonomische, soziale und kulturelle Situation mit der Geburt erbte wie ein unabwendbares Schicksal. Die Portugiesen lernten sehr früh, daß in ihrem Vaterland denjenigen, die sich nicht damit abfanden, nach dem Kodex der Angst und Unterwerfung zu leben, nur der Weg in die Emigration blieb.

Ein weiteres Thema zur Darstellung der Vergangenheit in *Ora esguardae* ist die Rolle der Frau, die von der Dreieinigkeit Gott-Vaterland-Familie am stärksten unterdrückt war. In dieser Gesellschaft mußte sie sich mit der Rolle abfinden, die das Vaterland und die Familie ihr zuwiesen und das die Kirche segnete – gebären im Schoß einer legal gegründeten Familie: »(...) es war entschieden, daß man nicht mehr über ein Studium sprach. Ich habe die Tränen im Gesicht getrocknet. (...) ein schönes Mädchen heiratet, studieren wozu?« (*Ora esguardae*, S. 90)

Das dritte große Thema ist der Kolonialismus und die Kolonialkriege. Gemäß ihrem Prinzip, die ganze Wahrheit zu registrieren, behandelt die Autorin diesen Themenbereich aus drei Perspektiven. Für die schwarzen Afrikaner ist der portugiesische Kolonialismus nicht nur die Gegnerschaft zwischen Herrscher und Beherrschtem, sondern eine brutale Form des Rassengegensatzes. Für die weißen Afrikaner ist er Ausdruck der Abneigung gegenüber den Invasoren aus dem »Mutterland«, den Vertretern der Zentralmacht, die die einheimische Bevölkerung demütigten, ihre Kultur verachteten und die weißen Afrikaner als Bürger zweiter Klasse betrachteten. Für das portugiesische Volk ist der Kolonialismus in erster Linie ein Alptraum, der den Familien durch die Diktatur dreizehn Jahre lang auferlegt worden ist: »Unser Sohn! (...) Sie haben ihn so in einen Krieg geschickt, der eigentlich was war? Was wußte er davon? (...) So haben sie um unsere Söhne gebeten! Gebeten, nein! Sie haben uns gezwungen, die Körper unserer Söhne herzugeben, um etwas zu verteidigen, das niemand gesehen hatte. Was interessierte uns Afrika!« (*Ora esguardae*, S. 41 f.)

Außerdem bedeutet der Kolonialismus das individuelle Erleben einer jungen Generation, für die dieser Krieg eine absurde Pflicht ist, der man sich nur durch die illegale Emigration entziehen konnte, oder Ausgangspunkt für das Interesse, die afrikanische Realität verstehen zu lernen. Dies wurde als subversiv betrachtet und zwang unvermeidlich zu einer anderen Form der Emigration – der Fahnenflucht.

Und schließlich gehört zur Darstellung der Problematik des Kolonialismus der mangelnde Wille, die Rückkehrer zu akzeptieren und sie in die portugiesische Gesellschaft zu integrieren. Diese Haltung entstand vor allem aus dem Bewußtsein, daß die afrikanischen Gebiete, die fünf Jahrhunderte lang unter portugiesischer Herrschaft gelebt hatten, nicht Portugal, sondern ausschließlicher Besitz einiger portugiesischer Familien gewesen sind.

Am Ende der zweiten Phase der Erzählung werden zwei gesprochene Bilder einander gegenübergestellt. Im ersten gibt die Autorin einem Arbeiter der »Carris« das Wort. Sie läßt ihn an den dreitägigen Streik in dieser Lissabonner Busgesellschaft im Jahre 1969 sowie an zwei weitere (auf der Werft und bei den Hafenarbeitern) erinnern, die die Diktatur in den fünfziger und sechziger Jahren in große Schwierigkeiten brachten. Dieser Erzähler vermittelt dem Leser im Namen der portugiesischen Arbeiter der damaligen Zeit die Angst, aber auch den Mut und das Risiko derjenigen, die in jenen Jahren für ihre Rechte kämpften: »Aber das war alles eine große Angst, an das Schlimmste zu denken, daß man uns nach Tarrafal schicken würde ...« (*Ora esguardae*, S. 166)[4]

Unmittelbar nach dieser Erinnerung an die portugiesische Vergangenheit setzt ihr Olga Gonçalves die Gegenwart gegenüber. Hier berichtet die erzählende Stimme über das 1. Mai-Fest 1980 in der Lissabonner Unterstadt. Der Erzähler erinnert mit Begeisterung an die

Freude der Portugiesen, die diese grundlegende Errungenschaft der Nelkenrevolution genießen: »Ich weiß nicht, ob das Volk entscheidet, (...) aber das ganze Volk sang, die Mütter sehen ihre Söhne nicht mehr in den Kolonien sterben, es gibt auch keine weiteren Flüchtlinge mehr, jetzt sind es schon wir, die entscheiden, ob gestreikt wird oder nicht, ob die Partei es befiehlt oder nicht! Jeder weiß, daß das Kampf ist! (...) Ja, meine Herren, das ist eine große Zeit! Caramba! Was man alles sieht!« (*Ora esguardae,* S. 166 f.)

In der Erzählstruktur von *Ora esguardae* erfüllt der Abschluß der zweiten Phase durch diese beiden Bilder konkrete Ziele. Zum einen faßt die Schriftstellerin in sehr klarer und nachdrücklicher Form das zusammen, was sie bis zu diesem Punkt der Erzählung hat vermitteln wollen: die Entwicklung des portugiesischen Volkes in vier Jahrzehnten des 20. Jahrhunderts vom Untertanen zum Bürger. Zum anderen bereitet sie schon den Übergang zur dritten und letzten Phase der Erzählung vor, in der sie eine Botschaft für die Zukunft Portugals formuliert.

Die Gesellschaft der Zukunft

Die letzte Phase in *Ora esguardae* ist kurz. Sie beginnt mit der Unterbrechung der Erzählung durch eine erzählende Stimme, die die Unabhängigkeit der Autorin bezweifelt, wenn sie die objektive Realität über die der erzählten setzt: »Der Autor verwendet bei der fiktionalen Behandlung unserer Gesten nicht immer die notwendige Sorgfalt, er belebt sie zu stark mit Illusionen (...).« (*Ora esguardae,* S. 168) Sie übernimmt sogleich die Erzählung und unterstreicht die Wahrhaftigkeit der Geschichte, ihre Wahrheit: »Dies wird ein Monolog (...), ich spreche wie in eine Filmkamera (...).« (*Ora esguardae,* S. 169)

Olga Gonçalves unterstreicht noch einmal ihre Objektivität gegenüber dem Erzählten. Sie erlaubt dieser erzählenden Stimme nun, ihre eigene Figur zu schaffen. Dafür gibt sie ihr einen Namen, João, und zum ersten Mal in *Ora esguardae* versieht sie sie mit biographischen Daten. Die Bilder des Wandgemäldes beleuchten jetzt nicht mehr verschiedene Aspekte und Ereignisse in einer bestimmten historischen Phase in Portugal. Sie geben die Geschichte von João wieder. Es ist jedoch nicht die chronologische Geschichte seines Lebens. In seinem Monolog spricht João zum Leser nur darüber, was seine Entwicklung bestimmt und ihn zu dem gemacht hat, was er heute ist.

Die Bilder der Erzählung zeigen vor allem die Schlüsselerlebnisse der Kindheit und Jugend. Das Elend beherrscht die Kindheit von João, der bezeichnenderweise in der Rua da Esperança (Straße der Hoffnung) in Madragoa geboren ist, einem der verkommensten Viertel Lissabons. Der Vater ist Hafenarbeiter. Er verdient bei weitem nicht genügend, um die siebzehnköpfige Familie zu ernähren, die in einer Zweizimmerwohnung lebt. Die Winterkleidung sind Säcke, die sie in den Geschäften stehlen. Und der Kampf zwischen Menschen und Ratten um die wenigen Nahrungsmittel ist Bestandteil des täglichen Überlebenskampfes. Die Mutter stiehlt, um Essen für die Familie zu besorgen. Aber vor allem die Großmutter verhindert, daß die Kinder verhungern. Sie holt die Suppe der Armen.

João wächst auf der Straße auf, sich selbst überlassen, ohne Zärtlichkeit und ohne die Möglichkeit, die Schule zu besuchen. Er zieht seine ersten Schuhe mit sieben Jahren an, als ihn der Vater mitnimmt, damit auch er im Hafen zu arbeiten beginnt. Er wächst heran zwischen Promiskuität und moralischem Verfall, für den das Schicksal seiner kleinen Freundin und Kindheitsliebe das beste Beispiel ist. Maria Gema, die wie João in der sozialen Klasse derjenigen geboren ist, »von denen man nicht weiß, wie sie überleben« (*Ora esguardae,* S. 170), hat ihr Schicksal vorgezeichnet, nachdem sie vom eigenen Vater, einem Alkoholiker, vergewaltigt worden ist – sie endet in der Prostitution.

Besonders prägend in Joãos Kindheit ist darüber hinaus der solidarische Kampf der Bewohner dieser Rua da Esperança um die Verbesserung ihrer Lebensbedingungen. Immer wieder war da die übermächtige Präsenz der Polizei, die in das Viertel und in sein Haus eindringt. Als dem heranwachsenden João schließlich bewußt wird, daß die Präpotenz der Polizei lediglich dem Ziel dient, das Stigma des Elends als Schicksal einer sozialen Klasse aufrechtzuerhalten, revoltiert er gegen die soziale Unterdrückung durch die Diktatur. Er läuft von zuhause weg, um wenigstens zu versuchen, »seinen Hunger nach dem Absoluten zu stillen« (*Ora esguardae,* S. 176). Die erste Etappe der Entwicklung von João endet mit dieser eigenständigen Entscheidung. Der bewußte Bruch mit dem ihm auferlegten Schicksal ist die einzige Möglichkeit für ihn, sein Leben in die eigenen Hände zu nehmen.

Die zweite Etappe beginnt in dem Moment, als er eine Arbeit als Helfer im Atelier eines Malers bekommt. In ihm wird João den Vater und Meister finden, den er nie gehabt hat. Er gibt ihm Nahrung, Gesundheit und vor allem Erziehung auf der Grundlage von Dialog und nicht von physischer Gewalt. Er lehrt ihn lesen und weckt sein Interesse für die Kunst, wodurch er ihm den Weg zur Kultur eröffnet. Die Lehrjahre im Zusammenleben mit dem Meister bedeuten für João die endgültige Befreiung aus seinem Schicksal. Diese Entwicklungsphase endet, als er, bereits erwachsen, das Atelier des Meisters verläßt und sein Leben allein zu gestalten beginnt.

João wählt immer wieder neue Berufe auf der dauernden Suche nach persönlicher Verwirklichung und nach Verbesserung seiner wirtschaftlichen, sozialen und kulturellen Situation. Es ist ein Kampf, den João *hier* führt, ohne der Versuchung der Emigration zu erliegen. Gleichzeitig sucht er nach einer Lebensgefährtin, die seine Auffassungen versteht und mit ihm eine Familie gründen möchte, in der die Generation der Zukunft Portugals geboren werden soll.

Im letzten Bild des Wandgemäldes zeigt Olga Gonçalves João, wie er in seiner Familie die Gegenwart lebt, seinen Tee genießt, sein Haus und seinen Garten, die nun in der Rua da Anunciação (Straße der Verkündung) liegen. Er ist das Musterbeispiel eines Menschen, der aus dem Nichts gekommen ist, der Nein zur Vorbestimmtheit der sozialen Klasse seiner Herkunft gesagt hat, der sich innerhalb des Landes widersetzt und sein Recht auf Menschenwürde erkämpft hat. Seine Kinder werden in *Ora esguardae* die Träger der *anunciação,* der Botschaft sein, die Olga Gonçalves dem Leser mit auf den Weg geben möchte.

Sie wachsen in einem Heim auf, in dem die Kinder das Recht haben, zu spielen und sich um einen Plattenspieler zu streiten, aber auch zu lernen. Und als Rodrigo, der Sohn von João, dem Olga Gonçalves *Ora esguardae* gewidmet hat, bei der Vorbereitung für eine Prüfung in der portugiesischen Sprache auf den Ausdruck *filho de algo* (altportugiesisch: Sohn eines Adligen; heute: Sohn aus guten Verhältnissen) stößt, den er nicht kennt und dessen Bedeutung ihm sein Vater erklären muß, schließt sich der Kreis der Erzählung. Sie endet mit der Verwirklichung des Traumes, der gleich zu Beginn von einer der erzählenden Stimmen formuliert worden ist: »Und es kommt die Zeit, in der wir alle auf gleiche Weise anfangen werden, mit dem Recht auf Komfort, auf Ausbildung, ich will sagen, mit den Mitteln für eine Ausbildung und dem Recht auf Arbeit.« (*Ora esguardae*, S. 55)

Ora esguardae ist Olga Gonçalves' Geschenk an die portugiesische Generation, die nach der Nelkenrevolution geboren ist, damit die Vergangenheit nicht vergessen wird und – vor allem – damit sie sich nicht wiederholt.

Auf der Suche nach Würde

In *Ora esguardae* gibt Olga Gonçalves den Lesern ein Panorama der Entwicklung Portugals in den vergangenen vierzig Jahren. Sozio-ökonomische, politische oder kulturelle Phänomene werden in Form eines Überblickes in ihrer Vielfältigkeit lediglich angerissen. Mit den Problemen, die ihrer Meinung nach die heutige portugiesische Gesellschaft besonders stark geprägt haben oder noch prägen, befaßt sie sich ausführlicher in verschiedenen Werken vor wie auch nach der Veröffentlichung von *Ora esguardae.* Es handelt sich dabei um die Problematik der sozialen Integration der Rückkehrer aus Afrika, der Drogen und der Prostitution, der Emigration, der Emanzipation der Frau. Die Erzählperspektive ist wie in *Ora esguardae* die des betroffenen Individuums. Es kann dabei zum Kriminellen werden oder aber seine Menschenwürde gewinnen.

Rudolfo und Carla oder die verpaßte Gelegenheit, die eigene Menschlichkeit zurückzugewinnen

Portugal sah sich nach der Revolution vom 25. April 1974 mit sozialen Problemen konfrontiert, die es vorher nicht oder nicht in dieser Schärfe gekannt hatte. Dazu gehörten die Schwierigkeiten und Spannungen, die sich ab Mitte der siebziger Jahre aufgrund der Rückkehr von etwa 500.000 Portugiesen aus den ehemaligen afrikanischen Kolonien, vor allem aus Angola und Moçambique, ergaben. Dazu gehört aber auch die Ausbreitung der Prostitution, häufig verbunden mit dem rapiden Anstieg des Handels und Konsums von Drogen. Dem Drama der Marginalisierung der afrikanischen Rückkehrer in der portugiesischen Gesellschaft widmet Olga Gonçalves die Erzählung *Rudolfo* (1985). Die Prostitution und das Rauschgift sind das Thema des Romans *Armandina e Luciano, o traficante de canários* (1988/Armandina und Luciano, der Drogenhändler).

Es gibt zwei Arten von Rückkehrern. Die einen waren die ehemaligen weißen Siedler. Ihre Bindung an Afrika bestand in der Ausbeutung des Landes. Sie haben niemals Wurzeln geschlagen. Ihre Rückkehr nach Portugal war letztendlich die Heimkehr zu ihren Ursprüngen. Sie integrierten sich in der familiären und sozialen Umgebung, aus der sie gekommen waren, und verfügten auch über die notwendigen ökonomischen Mittel, um sich ohne soziale Hilfen einzugliedern. Die große Mehrheit aber waren Farbige ohne irgendeinen Besitz. Sie wurden von der portugiesischen Gesellschaft von Anfang an als unerwünschte Eindringlinge betrachtet und marginalisiert. Ihr Schicksal behandelt Olga Gonçalves in *Rudolfo.* Sie erlebten die Entkolonisierung und die Unabhängigkeit der Kolonien als Tragödie.

Rudolfo ist ein junger Mulatte, im Binnenland Angolas geboren, wo Mensch und Natur noch im gleichen Rhythmus leben. Als Kind hat Rudolfo jedoch ein traumatisches Erlebnis. Im Kolonialkrieg werden vor seinen Augen seine Eltern grausam getötet. Als Jugendlicher erfährt er die Abscheulichkeiten eines Bürgerkrieges mit tribalistischen Zügen, der ihn dazu zwingt, die Wurzeln zu seinem Vaterland zu kappen, um sein Leben zu retten. Als junger Mann erlebt er in Portugal eine radikale ethnische und soziale Ausgrenzung.

Von Kindheit an brutalisiert und seiner Menschenwürde beraubt, hat Rudolfo schon vor langer Zeit die Bedeutung sozialer und ethischer Werte vergessen. Im sozialen Ghetto, in das die portugiesische Gesellschaft ihn eingeschlossen hat, lebt er in der Einsamkeit eines gehetzten Tieres, das in einem verzweifelten Versuch zu überleben mit Gegenangriff reagiert. Der Angriff Rudolfos ist die Kriminalität. Ausdruck seiner Verzweiflung ist der Akt der Gewalt, den er begeht, um Kontakt mit der Autorin-Erzählerin aufzunehmen. Er bricht ihre Haustür auf, um einen Einbruch vorzutäuschen. Später wird er sie anrufen und sich als »Dieb« vorstellen. Da er weiß, daß auch sie aus Angola stammt, hofft er, sie werde seine große Sehnsucht nach der angolanischen Heimat und nach Frieden mit sich selbst und der Welt verstehen. Als die Autorin sich bereit erklärt, ihm bei seiner Befreiung aus der Unterwelt zu helfen, reagiert Rudolfo wie ein gequältes Tier: er bricht die Verbindung ab und verschwindet für immer in seiner Welt als krimineller Außenseiter.

Die Marginalität ist auch das unabwendbare Schicksal von Carla, der Protagonistin-Erzählerin in *Armandina e Luciano.* Carla ist am Anfang der Erzählung eine junge ehemalige Prostitutierte und Drogenhändlerin. Eine religiöse Institution hatte sie von der Straße geholt. Wie João in *Ora esguardae* ist Carla in der Welt des Elends geboren, in der Promiskuität und moralischer Verfall das natürliche Gesetz des Lebens sind. Anders jedoch als João lernte Carla als Kind nicht, daß man sich gegen dieses Schicksal auflehnen muß. Im Gegenteil: Die Vorbilder ihrer Kindheit und Jugend sind zwei ältere Geschwister, Armandina und Luciano, die als Prostituierte und Drogenhändler ein gutes Leben führen.

Carla wird als Hausangestellte bei einer Familie progressiver Intellektueller aus dem Lissabonner Großbürgertum untergebracht. Sie arbeitet, nun zwanzig Jahre alt, das erste Mal, ohne ausgebeutet und unterdrückt zu werden, und nimmt teil an der Sensibilität und dem Verständnis, von denen die Beziehungen zwischen den Familienmitgliedern bestimmt sind. Tagtäglich erlebt sie soziale Verhaltensregeln, die sie bis dahin nicht gekannt hatte. Hier herrscht weder das brutale Gesetz des Stärkeren noch das schmutzige Geld, das Körper und Seelen kauft. Pflichten und Rechte, Gerechtigkeit und Respekt vor der Individualität des anderen prägen diese Verhaltensregeln.

Carla zieht andauernd den Vergleich zwischen dieser Welt, in der sie nun lebt, und jener, aus der sie gekommen ist. Sie zieht jedoch keine Schlußfolgerungen aus der Gegenüberstellung von Vergangenheit und

Gegenwart. Deshalb schafft sie es nicht, sich aus der »Rattenwelt«, aus der sie kommt, zu befreien. Die Vorbilder ihres Lebens kommen, um sie zu holen und erneut in die Unterwelt zu zerren, aus der die Gesellschaft sie zu retten versucht hatte. Am Ende von *Armandina e Luciano* ist Carla auf tragische Weise in ihre Vergangenheit zurückgekehrt.

Die Emigration als Zurückweisung eines jahrhundertealten Schicksals

Die Problematik der portugiesischen Emigration nach Mitteleuropa, die während der sechziger Jahre fast einem Exodus gleichkommt, wird von Olga Gonçalves in *A floresta em Bremerhaven* (1975/Der Wald in Bremerhaven) und *Este verão o emigrante là-bas* (1978/Diesen Sommer der Emigrant là-bas) behandelt. In diesen Romanen thematisiert sie das gesamte Erlebnis der Emigration: von der Entscheidung aufzubrechen über die Erfahrung des Lebens im Ausland bis hin zur Rückkehr in die Heimat. Im ersten Werk wird dieses Erlebnis dem Leser als die Erinnerung an eine noch sehr junge Vergangenheit eines Ehepaares ehemaliger Emigranten in der Bundesrepublik Deutschland erzählt, in deren portugiesischem Haus die Autorin zufällig ein Ferienzimmer mietet. Im zweiten reist Olga Gonçalves mit der Absicht nach Paris, dort in Kontakt mit portugiesischen Emigranten zu treten und nachher Zeugnis über ihr tägliches Leben in der französischen Gesellschaft abzulegen. Ob es sich nun um die Emigration nach Deutschland oder nach Frankreich handelt – die Erlebnisse der Betroffenen sind weitgehend identisch. Die portugiesischen Emigranten der sechziger Jahre verlassen ihre Heimat nicht, um vor der Härte des Arbeitslebens zu fliehen oder gar dem Traum des sagenhaften Eldorado nachzulaufen, wie ihre Vorgänger im 19. und zu Beginn des 20. Jahrhunderts. Sie wandern aus, wenn sie erkennen, daß sie in einer Gesellschaft leben, die ihnen sogar die Möglichkeit verwehrt, sich von dem Schicksal ihrer Klasse zu befreien, das sie durch Geburt geerbt haben. Die Vorbestimmung, ihr ganzes Leben Diener zu bleiben, wie es ihre Eltern und Großeltern gewesen waren und wie es ihre Kinder fatalerweise bleiben würden, akzeptieren sie nicht. Sie wandern aus, weil sie es ablehnen, sich passiv in dieses Schicksal zu ergeben. Sie emigrieren letztendlich, weil sie ein Recht auf Menschenwürde haben wollen, so wie sie sie verstehen – Recht auf Arbeit, Gesundheit, Wohnung, Sicherheit im Alter, Ausbildung für sich und vor allem für ihre Kinder.

Die Jahre im Ausland bedeuten für die Emigranten von Olga Gonçalves immer eine belastende und zwiespältige Erfahrung. Ökonomisch erreichen sie all das, dessen Mangel sie dazu gebracht hat, die Heimat zu verlassen. Der soziale Preis für den wirtschaftlichen Erfolg ist jedoch recht hoch. Sie werden zu unsicheren Menschen, weil sie ständig zwischen zwei Welten hin und her schwanken, ohne wirklich zu einer von ihnen zu gehören. Den Emigranten in diesen beiden Werken von Olga Gonçalves gelingt keine wirkliche soziale Integration in der neuen Heimat. Dafür gibt es unterschiedliche Gründe. Einerseits lehnt die Gastgesellschaft sie ab. Zwar toleriert sie sie, weil sie sie braucht, aber sie betrachtet sie niemals als gleichberechtigt. Sie vollziehen aber auch niemals einen Bruch mit ihrem Vaterland. Wegen der geographischen Nähe sind die Besuche häufig, und ein Großteil läßt die Kinder in Portugal zurück. Der Hauptgrund dafür, daß sie sich ihre portugiesischen Wurzeln erhalten, ist aber, daß sie alle in ihrer Lebensplanung die kurz- oder langfristige Rückkehr als selbstverständlich und ihren Aufenthalt im Ausland als vorübergehend betrachten. In ihren Träumen liegt die Zukunft ausschließlich in ihrem Herkunftsland. Deshalb vollzieht sich bei Olga Gonçalves' Emigranten niemals eine Veränderung ihrer kulturellen Identität. In der Gastgesellschaft leben sie in einer Art Ghetto nach ihren traditionellen Werten, an ein irreales Bild von ihrer Heimat geklammert.

Wenn die Jahre des Aufenthaltes im Ausland, so positiv sie auch sein mögen, immer ein wenig Bitternis mit sich bringen, so enthüllt sich die Rückkehr zweifellos als eine Enttäuschung. Nach Jahren, in denen sie von ihrer Reintegration in die Heimat geträumt haben, kehren die Emigranten in *A floresta ...* und *Este verão ...* mit allen wirtschaftlichen Voraussetzungen zurück, um ihre Heimkehr als Erfolg zu erleben. Aber das Aufeinanderprallen ihrer Wunschvorstellungen und der vorgefundenen Realität macht ihnen schließlich klar, daß ihre Heimat keineswegs ihrem idealisierten Bild entspricht.

Die soziale Isolierung, die sie im Ausland gespürt hatten, finden Olga Gonçalves's Emigranten nun auch in ihrer Heimat. Die gesellschaftliche Schicht, in die sie durch ihren ökonomischen Erfolg aufgestiegen sind, betrachtet sie als Eindringlinge, weist sie zurück, beneidet sie und macht sich über noch verbliebene Reste von Grobschlächtigkeit lustig. In Wahrheit sieht sie sie nämlich weiterhin als Menschen, die eigentlich dazu bestimmt sind, Diener zu sein. Auf der anderen Seite lehnt aber auch die soziale Klasse sie ab, aus der sie gekommen sind. Sie verzeiht ihnen nicht, daß sie, obwohl recht erfolgreich, keineswegs den alten Mythos des *brasileiro* personifizieren, der in seine Heimat zurückkehrt, um seine fabelhaften Reichtümer auszugeben und zur Schau zu stellen.

Nach Jahren des Schwankens zwischen zwei Vaterländern idealisieren die Emigranten die Rückkehr in ihr Heimatland als die Möglichkeit, zu ihren Ursprüngen heimzukehren. In Wahrheit bedeutet aber die Rückkehr in ihrem Leben das, was der Aufenthalt im Ausland nicht zustande gebracht hat: die Entwurzelung.

Sara, die neue portugiesische Frau

Die Fundamente der autoritären portugiesischen Gesellschaft vor der Nelkenrevolution ruhten auf der Familie als patriarchalischer Organisation. Tragende Säule dieses Typus von Familie war die Frau, Ehefrau und Mutter ohne eigene Identität, einzig und allein im Dienste des Mannes. Ab Ende der sechziger Jahre gibt es für die portugiesischen Frauen mehr Freiräume zu einer eigenen Entwicklung, da auch die Gesellschaft sich ändert. Dieser Thematik widmet Olga Gonçalves zwei Werke: *Mandei-lhe uma boca* (1977/Ich habe es ihr aber gezeigt...) und *Sara* (1986). Beide sind Ich-Erzählungen. Erzählerin-Protagonistin ist immer Sara. Die beiden Werke entsprechen zwei Phasen der Entwicklung von Sara. In *Mandei-lhe ...* hinterfragt und demontiert Sara, erst sechzehn Jahre alt, unbarmherzig die traditionelle Struktur ihrer Familie. Sie will das verstehen, was sie niemals werden will. In *Sara* ist sie schon eine erwachsene junge Frau. Hier entwickelt sie eine eigenständige Identität durch ein Leben nach eigenen Zielen und Wünschen.

In beiden Werken wählt Olga Gonçalves vier Figuren, um dem Leser die Entwicklung der portugiesischen Frau auf dem Weg zur Emanzipation zu verdeutlichen.Es handelt sich um Cândida, die alte Hausangestellte; um Saras Mutter; um Riva, eine Freundin ihrer Mutter; und um Sara selbst.

Cândida ist der Inbegriff einer Frau ohne eigenes Leben. Sie gehört zur Generation von Saras Großmutter. Verheiratet mit einem Emigranten, der nie wieder ein Lebenszeichen von sich gegeben hat, lebt sie wie eine Witwe im Andenken an ihren Ehemann. Nachdem sie bereits die Mutter von Sara in deren Elternhaus aufgezogen hat, geht sie mit ihr in die neue Familie, als diese heiratet. Nun zieht sie deren Kinder auf. Cândida ist fester Bestandteil von Saras Familie. Nicht so sehr als menschliches Wesen, vielmehr als ein Teilchen, das für das Funktionieren des täglichen Familienlebens unabdingbar ist. Mit ihrer großen Fähigkeit zu völliger Hingabe ist sie die einzige, die Zeit für die anderen hat, vor allem für die Kinder. Für sie ist Cândida gleichzeitig Mutter und Großmutter. Sie ist diejenige, die auf sie aufpaßt, sie versorgt, pflegt und verwöhnt, wenn sie krank sind, und die immer da ist, sich ihre jugendlichen Sorgen anzuhören. Sie macht aus dem Haus das Heim, in dem die Familie lebt. Sie verwirklicht sich, indem sie sich selbst vergißt und erlaubt, daß auch die anderen sie vergessen.

Die folgende Generation wird in beiden Werken von Saras Mutter und Riva vertreten. Beide stammen aus dem Großbürgertum. Sie erhalten in einer Nonnenschule die Erziehung und Ausbildung, die die Dreieinigkeit Gott-Vaterland-Familie von ihnen erfordert. In dieser Brutstätte der portugiesischen Oberschicht der vierziger und fünfziger Jahre werden einige Talente gefördert, sie werden vor allem ausgebildet – oder verbildet –, um perfekt ihre eigentliche Funktion zu erfüllen: Sie sollen den Fortbestand der Familie und des Status quo garantieren. Nachdem sie ihre 'Ausbildung' abgeschlossen und die Nonnenschule verlassen haben, verläuft die Entwicklung der beiden Freundinnen jedoch völlig entgegengesetzt.

Saras Mutter verfolgt den Weg, den die Gesellschaft ihr von Geburt an als Frau vorbestimmt hat: heiraten und Kinder in die Welt setzen, die sie weder auf- noch erzieht, weil ihre soziale Klasse Angstellte dafür hat. Nachdem sie ihre Funktion als Gebärmaschine von drei Kindern erfüllt hat, verwandelt sich Saras Mutter zusehens in eine frustrierte Frau, weil sie – anders als Cândida – keine weiteren Ziele mehr im Leben hat. Ohne intellektuelle und berufliche Ausbildung sucht sie Entschädigung in der Belanglosigkeit gesellschaftlicher Treffen und Empfänge sowie im Ehebruch mit einem jungen Mann, der so alt ist wie ihre Kinder. Sie prostituiert sich, wie es ihre Tochter Sara in harten, aber zutreffenden Worten ausdrückt.

Sowohl in der objektiven Realität wie auch in der von Olga Gonçalves in *Mandei-lhe ...* und *Sara* geschaffenen erzählten Wirklichkeit ist die Figur von Riva auf der Entwicklungsskala der Emanzipation der Frau die direkte Vorläuferin von Sara. Im Gegensatz zu deren Mutter hat Riva den Mut, sich dem Schicksal zu widersetzen. Sie erlaubt nicht, daß andere ihre Zukunft gestalten. Früh wird sie sich über drei Faktoren klar, die für ihre Entscheidung, in England zu leben, ausschlaggebend sind: Die Frau hat das gleiche Recht auf Menschenwürde wie der Mann; die portugiesische Frau, erzogen um für andere zu leben, erreicht diese Würde vor allem dann, wenn sie sich eine eigene Identität schafft; da es sehr viel leichter ist, dieses Ziel außerhalb der portugiesischen Gesellschaft zu erreichen, zerschneidet Riva ihre familiären und sozialen Bindungen und reist ab. In England studiert sie gemäß ihren geistigen und kulturellen Interessen, finanziert ihr Studium mit eigener Arbeit und bildet sich für ein Berufsleben aus, in dem sie ihre Verwirklichung findet. Riva übernimmt die Verantwortung für sich und für ihre Zukunft. Nach ihrer Rückkehr nach Portugal zahlt sie für ihre mutige Entscheidung jedoch einen hohen Preis. Sie ist der portugiesischen Gesellschaft eine Generation voraus. Sie wird abgelehnt, weil sie einen Frauentyp personifiziert, der den Status quo bedroht. Im besten Falle wird Riva toleriert als ein seltsames, extravagantes Objekt, das man mit gewisser Neugier betrachtet – mehr nicht. Riva ist in Olga

Gonçalves' Werk die Personifizierung der emanzipierten portugiesischen Frau der sechziger und siebziger Jahre, die den Anstoß für die Befreiung der Frau in Portugal gibt. Sie zahlt mit sozialer und emotioneller Einsamkeit für die Unverschämtheit, mit dem jahrhundertealten Kodex der Unterwerfung gebrochen zu haben.

Sara ist die portugiesische Frau der Gegenwart. In *Mandei-lhe ...* ist sie noch eine Jugendliche von sechzehn Jahren, die der revolutionäre Wirbelsturm, der auch in die Schulen eindringt, zwingt, sich der Widersprüche der portugiesischen Gesellschaft auch in der eigenen Familie bewußt zu werden. Ihr langes Gespräch mit Riva in diesem Werk dauert ein ganzes Wochenende und ist die eigentliche Erzählung. Sie klagt über die Heuchelei, die die menschlichen Beziehungen sowohl in der Familie als auch in der Gesellschaft in Wirklichkeit bestimmt. Ihre kritische Analyse macht ihr bewußt, daß sie niemals eine Frau wie ihre Mutter werden wird. Sara lehnt es ab, eine Familie zu gründen wie die, in der sie lebt und in der die Eltern einander wie auch ihren Kindern fremd sind und aus Feigheit vor der Wahrheit ihres Lebens den Schein einer guten Ehe wahren. Sara weist familiäre oder soziale Beziehungen zurück, die sich nur auf Verpflichtungen gründen. Sie kann sich aber auch nicht mit Mädchen ihres Alters identifizieren, die noch immer ihre Mütter nachahmen, und wehrt sich gegen Beziehungen zu Jungen, bei denen der pseudoprogressive Lack kaum den traditionellen Machismo überdeckt. Für Sara soll ein Mann sich nicht schämen, seine Gefühle auszudrücken, soll Zärtlichkeit nicht mit Sex verwechseln, in ihr eine Partnerin und kein Objekt der persönlichen Bestätigung sehen. Die Beziehung zwischen Mann und Frau soll sich auf Dialog gründen. Dieser Mann ist Diogo, den sie kurz in *Mandei-lhe ...* kennenlernt. In ihrer typisch jugendlichen Unsicherheit zwischen dem, von dem sie weiß, daß sie es nicht will, und der Furcht, ihren Weg alleine anzutreten, trifft Sara Diogo und verliert ihn ein wenig später wieder aus den Augen. Sein Bild aber bleibt in ihrem Leben ein Bezugspunkt.

Acht Jahre später, in *Sara,* hat sie sich in eine erwachsene junge Frau verwandelt. Zu Beginn der Erzählung ist sie damit beschäftigt, ihr Tagebuch für eine Veröffentlichung zu überarbeiten. Kritisch und selektiv setzt sich die Autorin Sara dabei mit den Erfahrungen und Erlebnissen der Person Sara auseinander. Der Leser hat somit Gelegenheit, ihren Reifeprozeß zu begleiten. Auf diesem Weg erreicht sie drei grundlegende Ziele, die aus ihr die Personifizierung der portugiesischen Frau der Gegenwart machen.

Ohne ihre Familie zu verlassen, gelingt es Sara, sich einen Raum zu verschaffen, in dem ihre Individualität respektiert wird, in dem sie nicht mit den anderen Familienmitgliedern zusammenstößt. Als die

Erzählung beginnt, beendet Sara gerade ein Studium der Philosophie. Sie hat dieses Fach ganz allein zu ihrer intellektuellen Verwirklichung gewählt. Sie weiß, daß dieses Studium wirtschaftlich nicht lukrativ sein wird. Trotzdem begibt sie sich auf die Suche nach beruflichem Erfolg. In diesem Augenblick trifft Sara die Entscheidung, genau so wie Riva allein in das Abenteuer eines Lebens als emanzipierte Frau aufzubrechen. Nach Jahren einer Liebesbeziehung mit Guilherme wird sie sich darüber klar, daß die einzige Gemeinsamkeit zwischen ihnen die physische Anziehung ist. Darauf beendet sie diese Beziehung. Erst nach diesem Akt der Befreiung tritt Diogo wieder in ihr Leben. Sara gewinnt ihr Gleichgewicht als emanzipierte Frau nicht im feministischen oder militanten Kampf gegen den Mann, sondern in Begleitung des neuen portugiesischen Mannes. Die vollkommene Emanzipation der Frau erfordert bei Olga Gonçalves auch unbedingt die des Mannes und umfaßt letztendlich ein neues Verständnis von Familie und Gesellschaft.

Schlußbemerkungen

In der portugiesischen Erzählliteratur der Gegenwart nimmt Olga Gonçalves einen herausragenden Platz ein: Als sozial engagierte Bürgerin war es für sie selbstverständlich, sich mit der nationalen Realität auseinanderzusetzen, mit ihrem Wandel in den letzten Jahrzehnten und den verschiedenartigen Phänomenen, die ihn bewirkt haben. So enstanden Werke wie *A floresta em Bremerhaven* und *Este verão o emigrante là-bas, Ora esguardae* und *Armandina e Luciano.* Als Angolanerin war es für sie natürlich, denen eine Stimme zu verleihen, die die Folgen der tragischen und unmenschlichen Entkolonisierung erfahren haben und noch erleiden. So schrieb sie *Rudolfo.* Als Frau, die selbst den Emanzipationsprozeß der portugiesischen Frau durchlebt hat (die Figur Riva hat zum großen Teil autobiographische Züge), befaßte sie sich mit dem Kampf ihrer Mitbürgerinnen um ihre eigene Identität. Dieses Thema behandelt sie jedoch nicht aus der Perspektive rein feministischer Militanz. Olga Gonçalves erfaßt seine gesamte Komplexität, und es gelingt ihr, sowohl das Bild des machistischen portugiesischen Mannes als auch das der patriarchalischen Familie und Gesellschaft zu demontieren, die jahrhundertelang auf der Unterwerfung der Frau beruhten. Das ist der Ursprung von *Mandei-lhe uma boca* und *Sara.*

Die erwähnte thematische Palette bezieht sich zweifellos vorwiegend auf das *Hier* und *Jetzt* Portugals. Sie geht aber auch darüber hinaus. Die dort behandelten Ereignisse und Phänomene sind Facetten des großen zentralen Themas im Werk von Olga Gonçalves: der Kampf des Menschen um seine Würde und seine Selbstverwirklichung – ein universelles Thema jenseits der Begrenzungen von Raum und Zeit.

Die besondere Stellung Olga Gonçalves' in der portugiesischen Erzählliteratur der Gegenwart beruht auch auf ihrem definitiven Bruch mit der Tradition des Romans. Zwei grundlegende Charakteristika kennzeichnen ihre Prosa: auf der Ebene der Erzähltechnik das enge Zusammenwirken zwischen dem Akt des Schreibens und des Lesens; stilistisch die literarische Nutzung der Oralität. Die Autorin ruft den Leser auf, am Akt der Schaffung ihres Werkes mitzuwirken. Sie konfrontiert ihn mit einer Erzählstruktur, die chronologisch und logisch offen ist, in der es weder eine Fabel noch einen Erzähler gibt. Die Erzählung setzt sich zusammen aus der Montage unzähliger Fragmente der objektiven Realität, die beispielhaft eine möglichst große Zahl von Aspekten des behandelten Themas verdeutlichen. Die Zeitebenen durchdringen einander ständig. Es ist die Aufgabe des Lesers, diese Fragmente logisch und chronologisch zu 'ordnen', die als Ich-Erzählung von dem einen oder anderen Protagonisten präsentiert werden, und zwar in Form eines impliziten Dialogs mit dem Leser oder gelegentlich in Form eines Dialogs zwischen den Protagonisten. Olga Gonçalves macht den Leser somit zum Gesprächspartner ihrer Figuren und stellt ihn dafür in die erzählte Wirklichkeit. Dadurch übernimmt er auch Mitverantwortung für ihre Wahrhaftigkeit. Besonders unterstrichen wird diese noch dadurch, daß der literarische Text als Stilmittel die gesprochene Sprache nutzt.

Die Autorin Olga Gonçalves stört zweifellos die Passivität des Lesers. Er wird jedoch entschädigt durch die Qualität ihres Werkes, das einen der kohärentesten Beiträge zur Schaffung des neuen dynamischen portugiesischen Romans geleistet hat.

Anmerkungen:

1) *A floresta em Bremerhaven,* Lissabon 1975; *Mandei-lhe uma boca,* Lissabon 1977; *Este verão o emigrante là-bas,* Lissabon 1978; *Ora esguardae,* Lissabon 1982; *Rudolfo,* Lissabon 1985; *Sara,* Lissabon 1986; *Armandina e Luciano, o traficante de canários,* Lissabon 1988.

2) Hervorhebungen von F. S.-B.

3) CDS: Centro Democrático-Social, die christlich-demokratische Partei Portugals.

4) Tarrafal: das schlimmste unter den von der Diktatur eingerichteten politischen Gefängnissen; es lag auf der Insel Santiago in der heutigen Republik Kap Verde.

OLGA GONÇALVES ist in Luanda (Angola) geboren. Die Schule und die Universität hat sie in Portugal und vor allem in England besucht. Ihre literarische Tätigkeit begann sie 1972 mit dem Gedichtband *Movimento.* Drei Jahre später erschien ihr erster Roman, *A floresta em Bremerhaven,* der 1976 den Ricardo-Malheiros-Preis der Akademie der

Wissenschaften (Lissabon) erhielt. Im Studienjahr 1980/81 bekam Olga Gonçalves ein Stipendium der Tinker-Stiftung (USA), um ein Jahr beim National Humanities Center (North Carolina) zu arbeiten. Das Ergebnis dieses Aufenthaltes in den Vereinigten Staaten war *Ora esguardae* (1982), ausgezeichnet mit dem Preis der portugiesischen Zeitschrift *Mulheres.* Einige ihrer Werke sind bereits Gegenstand wissenschaftlicher Abhandlungen in den Vereinigten Staaten und in der Bundesrepublik Deutschland gewesen. Olga Gonçalves lebt in Lissabon und hat bis vor kurzem als Englischlehrerin gearbeitet. Inzwischen hat sie diese berufliche Beschäftigung aufgegeben und sich voll auf ihre Tätigkeit als Schriftstellerin konzentriert.

Bibliographie:

Erzählwerk: *A floresta em Bremerhaven,* Lissabon 1975; *Mandei-lhe uma boca,* Lissabon 1977; *Este verão o emigrante là-bas,* Lissabon 1978; *Ora esguardae,* Lissabon 1982; *Rudolfo,* Lissabon 1985; *Sara,* Lissabon 1986; *Armandina e Luciano, o traficante de canários* (Lissabon 1988); *Contar de subversão,* Lissabon 1990.

Gedichtwerk: *Movimento,* Lissabon 1972; *25 composições e 11 provas de artista,* Lissabon 1973; *Só de amor,* Lissabon 1975; *Três poetas,* Lissabon 1981; *Caixa inglesa,* Lissabon 1983; *O livro de Olotolilisobi,* Porto 1983.

Übersetzung ins Deutsche: »Konditorei Gôndola«, übers. von Curt Meyer-Clason, in: *Portugiesische Erzählungen des zwanzigsten Jahrhunderts,* hrsg. von Curt Meyer-Clason u. Dieter Offenhäußer, Freiburg 1988.

Lídia Jorge:

Der weibliche Blick auf die Geschichte

Von Renate Heß

Gleich mit ihrem ersten Roman *O dia dos prodígios* (1980/dt. *Der Tag der Wunder,* 1989) hat Lídia Jorge die Aufmerksamkeit der Literaturkritik auf sich gezogen. Der bewußte Bruch mit traditionellen Erzählkonventionen wurde als »frischer Wind in der portugiesischen Literatur«[1] gefeiert, und ihr Schriftstellerkollege Vergílio Ferreira prophezeite, daß sie sich mit ihrem Werk durchsetzen werde.[2] Innerhalb kurzer Zeit folgten zwei weitere Romane *O cais das merendas* (1982/Der Ausflugskai) und *Notícia da cidade silvestre* (1984/dt. *Nachrichten von der anderen Seite der Straße,* 1990); mit dem letzteren ist Lídia Jorge sozusagen der Durchbruch auf dem literarischen Markt gelungen. Er erzielte ein vielfältiges Echo und erhielt nicht nur in Portugal, sondern auch in Frankreich und Deutschland überschwengliche Kritiken.[3] 1988 erschien *A costa dos murmúrios* (dt. *Die Küste des Raunens,* 1993) und im Oktober 1992 der Roman *A última Dona* (Die letzte Herrin) sowie die Erzählung *A instrumentalina* (Das Instrumentalin). Ablesen läßt sich der Erfolg von Lídia Jorge auch an der Tatsache, daß ihre Romane relativ schnell auch ins Deutsche übersetzt wurden. Ich werde mich in meinem Beitrag vor allem mit dem Roman *Die Küste des Raunens* beschäftigen.[4]

Es ist nicht einfach, den Inhalt der Romane kurz anzugeben: die Figuren tauchen darin nicht als Handelnde auf, sondern als Redende, Berichterstattende, Sich-Erinnernde, dirigiert durch die Autorin (wie in den vielstimmigen Erzählungen von *Der Tag der Wunder* und *O cais das merendas*) oder im fiktiven Dialog mit der Autorin/dem Erzähler (wie in *Nachrichten von der andern Seite der Straße* und *Die Küste des Raunens*). Dementsprechend ist die Handlung nicht geschlossen und geradlinig, sondern fragmentiert und vielfältig verschränkt. Lenkt diese Art des Erzählens den Blick auf das Innere der Personen (und Lídia Jorge charakterisiert ihre letzten Romane auch als »intime persönliche Erzählungen«[5]), so ist die Verbindung zur politischen und sozialen Realität Portugals doch immer gegeben. So beschreibt *Der Tag der Wunder* anhand des Lebens in einem Dorf im Algarve die Ungleichzeitigkeiten innerhalb der portugiesischen Gesellschaft zur Zeit des Umbruchs durch die 'Nelkenrevolution', das Nebeneinander der in der Tradition verhafteten dörflichen Gesellschaft und der revolutionären Veränderung in der Stadt. *O cais das merendas* zeigt – am Beispiel der Bewohner eines Dorfes im Algarve, die in den großen Hotelburgen Arbeit finden – den Prozeß der kulturellen Entfremdung durch Massentourismus und Emigration, der sich ausdrückt im Verlust der eigenen Sprache und des Erinnerungsvermögens. Das Bewußtsein der eigenen Tradition ist verdrängt durch die 'Erinnerung' an (amerikanische oder englische) Filme, die neue Identifikationsmuster und Wertorientierungen bieten. *Nachrichten von der anderen Seite der Straße* stellt die Frage, wie Frauen in einer Männergesellschaft überleben können, ohne den Männerweg zu gehen; Schauplatz ist Lissabon in den späten siebziger, frühen achtziger Jahren: eine Gesellschaft in einer nachrevolutionären Phase, in der die »Demokratie ihre Wurzelverästelungen im Wasser (verankert)« (*Nachrichten ...*, S. 10). Und *Die Küste des Raunens* ist ein Buch über den portugiesischen Kolonialkrieg, der dem Vergessen anheimfällt, da – ähnlich dem kollektiven Verdrängungsprozeß im Wirtschaftswunderdeutschland – in Portugal eine öffentliche Aufarbeitung des Kriegs nicht stattfindet.

Immer wiederkehrendes Thema ist in Lídia Jorges Romanen das Verhältnis zwischen objektiv Geschehenem und individuell Erlebtem, das die Frage provoziert: Was ist Geschichte? Und gleichzeitig wird damit auch das Geschichtenerzählen thematisiert, der Erzählvorgang selbst zum Gegenstand des Erzählens gemacht. »Fiktion ist der Versuch, etwas zu rekonstruieren (...) Das ist ein vielfältiges Spiel von Reinterpretationen.«[6] Das Schreiben in dem Sinn versteht sich als Forschungsarbeit.

Stellt sich die Frage nach der Geschichte in den ersten beiden Romanen vor allem durch die Erzählstruktur, so wird sie in den beiden folgenden explizit als Thema formuliert. In *Die Küste des Raunens* erreicht dieses Thema einen Höhepunkt im tiefen Mißtrauen von Eva Lopo, der Hauptfigur, gegenüber der Geschichte und Geschichtsschreibung. »Aber in diesem Fall, warum bestehen Sie auf Geschichte und Erinnerung und solchen Ideen, die so sehr beunruhigen?« läßt Lídia Jorge Eva Lopo den Erzähler des Romans fragen, der andererseits mit seiner dem Roman vorangestellten Erzählung »Die Heuschrekken« ihren Erinnerungsprozeß gerade in Gang gesetzt hat. Sie bestätigt ihm, einen »reizenden Bericht « geschrieben zu haben, der in ästhetischer Hinsicht durchaus wahr ist, »Geruch und Klang« stimmen (S. 39), aber die Wahrheit der Geschichte – und dieser Begriff ist hier durchaus in seiner doppelten Bedeutung zu verstehen – entspricht nicht der Realität, da sie den Anspruch hat, ganz und einheitlich zu sein, während die Realität Widersprüche und Brüche aufweist.

In einer meisterhaften Komposition hat Lídia Jorge in diesem Roman eines ihrer Grundmotive zum zentralen Thema gemacht: das Sich-Erinnern. Eva leistet, ausgelöst durch die Erzählung »Die Heuschrekken«, Erinnerungsarbeit. Sie erinnert sich an eine Zeit, die zwanzig Jahre zurückliegt, in der sie als junge Frau nach Mosambik ging, um ihren Verlobten, der dort als Soldat im Kolonialkrieg war, zu heiraten. »Die Heuschrecken« schildert das zwei Tage dauernde Hochzeitsfest der jungen Evita, an dessen Ende sie zur Witwe wird, worauf sie nach Portugal zurückkehrt.

Komprimiert enthält die Erzählung bereits alle Elemente, die auch in den folgenden Erinnerungen Evas eine Rolle spielen: den Kolonialkrieg, der – obwohl im Hintergrund – alles überlagert, und die zynische Rechtfertigung des Kriegs durch die Offiziere; das massenhafte Sterben der Schwarzen, vergiftet durch Methylalkohol – ein trauriges Schauspiel, an dem sich die Offiziere und ihre Frauen ergötzen und das sie zu den wildesten Interpretationen hinreißt, vom heldenhaften Selbstmord eines zum Untergang bestimmten Volkes bis zum Destabilisierungsversuch der weißen Herrschaft; die Heuschreckenplage, die bedrohlich am Ende der Erzählung auftaucht; den toten Weißen – ebenfalls dem Gift zum Opfer gefallen –, der das Auftauchen eines Journalisten nach sich zieht, und den Selbstmord des Bräutigams. Geschildert wird dies aus der Perspektive Evitas, die als Neuankömmling in Afrika sozusagen als Außenstehende das Geschehen betrachtet. Wir finden die Hochzeitsgesellschaft im Stella Maris, einem Hotel, das als Offiziersmesse dient, in dem die Offiziere mit ihren Familien sich häuslich eingerichtet haben. Als dominante Figuren sehen wir den Hauptmann Forza Leal[7], der wegen seiner schillernden Narbe quer über den Rippen nur transparente Hemden aus ägyptischer Baumwolle trägt, mit seiner rothaarigen Frau, genannt Helena von Troja, die alle Blicke auf sich zieht und die er dafür schlägt. Wir sehen den Bräutigam Luís Alex, den ehemaligen Studenten der Mathematik, der nun seine Erfüllung im Soldatenleben gefunden hat und seinem heldischen

Vorbild nachzueifern versucht. Wir sehen den »Major mit den gelben Zähnen«, »Afrikakenner«, der die Heuschreckenplage vorhersagt und angesichts der vom Meer angespülten Toten als erster entdeckt, in welchem Abstand der Müllwagen die Leichen abtransportiert.

Der gekonnt 'naive' Blick, der es z.B. für »natürlich« hält, daß eifersüchtige Männer ihre Frauen schlagen und der mit großer Liebe zum Detail die gebügelten Haare der Frauen, den Gänseflaum an ihren Pantöffelchen oder den Seidenmorgenrock des Majors wahrnimmt und mit der gleichen Ernsthaftigkeit beschreibt wie den Tod der Schwarzen, läßt die Erzählung zur Groteske werden. Er legt zugleich die alltägliche Gewalt dieser Männergesellschaft bloß. »Aber natürlich mußte Helena von Troja den Blick auf sich ziehen. Natürlich bemerkte der Hauptmann die Blicke, die wie Pfeile auf sie prasselten. Natürlich ohrfeigte der Hauptmann seine Frau. Und noch natürlicher war – denn das hatte mit Dynamik und Kinetik zu tun –, daß die Frau an der Eisenbrüstung der Terrasse zu stehen kam, die das *Stella* vom Indischen Ozean trennte. Mit der geohrfeigten Wange wurde sie natürlich noch schöner. (...) Natürlich ging ihr Mann zu ihr und zog sie dicht an sich, und sie hielt das Gesicht, die Träne und das Haar hin, lehnte alles zusammen an seine Schulter, ganz natürlich.« (S. 28 f.)

Eva Lopo beginnt nun sich zu erinnern, bzw. sich mit der Erzählung auseinanderzusetzen. Sie bestätigt dem Erzähler die Relevanz seiner Erzählung für ihren Erinnerungsprozeß: »Dieser Bericht ist reizend. Ich habe ihn aufmerksam gelesen und bin zu dem Schluß gekommen, daß alles richtig und wahr ist, vor allem hinsichtlich Geruch und Klang, (...) Was mich betrifft, ist Ihr Bericht wie ein Spirituslämpchen, das an diesem Nachmittag einen Ort erhellt hat, der von Woche zu Woche, von Tag zu Tag mit der Geschwindigkeit von Jahren immer dunkler wird.« (S. 39)

Gleichzeitig spricht sie aber der Erzählung die Übereinstimmung mit der historischen Wahrheit ab und gibt dem Erzähler den Rat, sich nicht weiter um die Wahrheit zu kümmern, die sich nicht rekonstruieren lasse, noch um die Wahrscheinlichkeit, die eine »Sinnestäuschung« sei, sondern lediglich um die »Entsprechung« (S. 40). Er solle erzählen um des Erzählens willen, ohne weitere Absicht. Daß damit auch der Anspruch der Geschichtsschreibung auf objektive Wahrheit verneint wird, wird weiter unten noch zu zeigen sein. Der raffiniert durchkomponierten Erzählung setzt Eva ihre fragmentarischen, »unvollkommenen Erinnerungen« (S. 127) entgegen und erklärt zum Schluß die Erzählung für »null und nichtig« (S. 272). Dies kann in zweierlei Hinsicht verstanden werden. Erstens verweist Eva auf den Auflösungsprozeß oder Prozeß des Vergessens: »Nach und nach isolieren sich die Wörter von den Dingen, die sie bezeichnen, nach den Wörtern lösen sich erst Töne und von den Tönen bleibt nur das Raunen, das letzte Stadium vor dem Verlöschen.« (S. 272) (Allerdings ist das Buch selbst, in sich, ein Beitrag dazu, die Ereignisse des Kriegs nicht dem Vergessen preiszugeben.)

Die zweite Bedeutung liegt darin, daß Eva, indem sie die Erzählung verwirft, die Legende des Kolonialkriegs zerstört. Zwar zeigt die Erzählung »Die Heuschrecken« in der kontrapunktisch zur Beschreibung der Liebesnacht des jungen Paares verlaufenden Beschreibung des Sterbens der Schwarzen sowie in der wie eine biblische Strafe anmutenden Heuschreckenplage Einbrüche in die heile Welt der portugiesischen (Hochzeits-)Gesellschaft, doch bleibt alles scheinbar harmonisch. Man bewegt sich (fast) nicht außerhalb des als Offiziersmesse fungierenden Stella Maris, man schaut von der Dachterrasse des Hotels aus »wie eine(r) Jagdszene« (S. 24) zu, wie das Meer die Leichen anschwemmt, und stellt Berechnungen über die Regelmäßigkeit an, mit der die Müllwagen die Leichen abtransportieren. Für den Bräutigam ist der Tod der Schwarzen eine Vorankündigung des Siegs, die sich in seiner Hochzeitsnacht zeigt, und die »ihn zur Liebe (trieb), wie es den Samen zur Erde treibt« (S. 20); der Krieg ist fern und ist außerdem kein Krieg, sondern »nur eine Rebellion der Wilden« (S. 13). Und selbst der etwas ungeklärte Selbstmord des jungen Ehemannes bei der Erfüllung der vaterländischen Mission, der »Information« in Gestalt des »aufrührerischen Reporters« der Zeitung *Correio do Hinterland* das Fotografieren der vorbeifahrenden Leichen zu verwehren, scheint nur die Harmonie zu bestätigen. »Alle, auch Evita, sahen ein, daß ein Übermaß an Harmonie, Glück und Schönheit eher als jeder andere Zustand zum Selbstmord führt. Unseligerweise, äußerst unseligerweise waren Kriege notwendig als Ausgleich für das Übermaß an Energie, das aus der Seele überbordete.« (S. 38).

Erst die Erinnerungen Evas lassen den wahren Charakter und die wahre Dimension des Geschehens deutlich werden. In dem Maße wie Eva in die Tiefe ihres Gedächtnisses vordringt, stellt sie die Harmlosigkeit der Erzählung »Die Heuschrecken« bloß, stellt die Ereignisse in andere Zusammenhänge. So zeigt sich die Vergiftung der Schwarzen durch Methylalkohol als Metapher für die Vernichtung der Schwarzen und ihrer Kultur durch die Kolonialherrschaft bzw. den -krieg. Der Krieg ist dabei nur die krudeste Form einer Bevölkerungspolitik, die sonst mit den Mitteln der Zwangssterilisation oder der »Sterilisation durch Überredung« arbeitet. Dies wird in mehreren Hinweisen angedeutet und in einer Szene des Romans ganz deutlich ausgesprochen. Nach dem Tod eines ihrer Hausangestellten, der ebenfalls dem giftigen

Alkohol zum Opfer gefallen ist, der in Flaschen mit falschen Etiketten in Umlauf gebracht wurde, zeigt Helena von Troja Eva die Fotos ihres Mannes, die die »Heldentaten«, d.h. die Greuel des Kriegs, dokumentieren: die Hinrichtung von schwarzen Männern und Frauen, Zivilbevölkerung, die im Verdacht steht, die Guerilla bzw. den Befreiungskampf zu unterstützen, oder Gefangene, die den Marsch der Soldaten nur aufhalten würden. Allen voran betätigt sich der Fähnrich Luís Alex, Evas Mann. Als Helena beim nächsten Besuch Evas diese fragt, ob sie die Fotos nicht noch einmal sehen wolle, lehnt diese ab mit der Begründung, daß die gleichen Szenen sich vor ihren Augen abspielen. Während in »Die Heuschrecken« der Tod der Schwarzen als deren eigene Dummheit erscheint, wird in Evas Erinnerungen die Ursache der Gewalt deutlich gemacht.

Die Auseinandersetzung mit der Kolonialgeschichte findet im Roman auf mehreren Ebenen statt. Sie äußert sich direkt in der Denunziation der Massaker und der Greueltaten des Kriegs, die die Männer nicht als Helden zeigt, sondern entmenschlicht. Das Töten ist zum Sport und zum Vergnügen geworden, und Luís Alex zeichnet sich vor allem dadurch aus, daß er den Hühnern des Gegners in den Hintern zielt. Wichtig ist hier für den Leser zu wissen, daß der Aufmarsch der Truppen in Mueda, den Lídia Jorge anspricht, zu einem der dunkelsten Kapitel des portugiesischen Kolonialkriegs gehört und die Massaker, die dort stattgefunden haben, mit denen der Amerikaner in Vietnam zu vergleichen sind, was Lídia Jorge auch tut. Es handelt sich also hier nicht um eine geistreiche Erfindung, sondern um die Auseinandersetzung mit dem realen Krieg und seinen Verbrechen.

Sie stellt auf subtile Art das Bewußtsein der Kolonialherren bloß, die ihren Hausangestellten Weinnamen wie »Mateus Rosé« oder »Adão Terras Altas« und ihren schwarzen Soldaten Namen von Nähmaschinenmarken geben oder die – wie Helena von Troja – glauben, daß *auch Schwarze* eine Seele haben.

Sie äußert sich in der Desavouierung der Helden, deren Männlichkeitswahn mit beißender Ironie der Lächerlichkeit preisgegeben wird.

Sie äußert sich auch in einer Sprachkritik: Lídia Jorge beschreibt den inflationären Gebrauch des Begriffs »Krieg«, der dadurch seine reale Bedeutung verliert. Jede Beschäftigung wird zum »Krieg«, die Frauen führen »ihren eigenen Krieg, nämlich die Schwangerschaft, das Stillen oder eine kleine Zeitarbeit in den kühlen Stunden«; man fragt den Ladenbesitzer an der Ecke »Wie läuft Ihr Krieg?« und selbst die Klofrau hat ihren »Krieg« zu bestehen (S. 75).[8] »Die Abwertung des Wortes spiegelte eine ungemein weise und auf äußerste Verstellung bedachte Geisteshaltung«, sagt Eva, denn der tatsächliche Krieg existiert als solcher nicht. »Was im Norden geschah, war eine Rebellion und die Antwort darauf eine Konterrebellion. Oder nicht einmal das – was da geschah, war Banditentum, und die Unterdrückung des Banditentums hieß Kontersubversion. Aber nicht Krieg.« (S. 74)

Die Auseinandersetzung mit der Kolonialgeschichte äußert sich aber auch ganz direkt als eine Auseinandersetzung mit der Geschichtsschreibung. Zwar räumt Eva der Geschichte ein, daß sie »ein sehr viel nützlicheres und komplexeres Spiel als das Kartenspiel« sei (S. 42), aber sie bestreitet radikal deren Erklärungsmuster und entwickelt ein bewußt subjektives Geschichtsbild, wenn sie den »unsichtbaren Muskeln« eine besondere Rolle in der »Verknüpfung der historischen Fakten« einräumt (S. 195). Eva schildert, wie die Frau des Leutnants Zurique aufgrund einer mangelnden Kaution für die Aufnahme ins Krankenhaus ihr Kind tot gebiert und wie ihr dabei der Schließmuskel reißt. Die ganze Gesellschaft des Stella Maris hat daraufhin kein anderes Gesprächsthema, so daß sie den Tod des Pianisten einer Hotelbar – ebenfalls dem Methylalkohol zum Opfer gefallen – nicht beachtet. Ebenfalls wird die sich daran entzündende feindliche Stimmung gegen die Militärs, die nicht schnell genug mit den Schwarzen Schluß machen, nicht wahrgenommen; es kommt zu einem Aufstand der Ultrakonservativen und dabei zu einem Angriff auf das Offizierskasino. Eva entwickelt nun eine ganze Kausalkette, die den radikalen Ton des Generals bei der Pressekonferenz nach der Rückkehr von der erfolglosen Militäroperation im Norden Mosambiks auf diesen zerrissenen Schließmuskel zurückführt. »Denn wäre nicht das Unglück mit dem Körper von Zuriques Frau geschehen, dann hätte das *Stella* den Tod des Pianisten nicht übergangen, der Korso wäre nicht so unerwartet gekommen und die Türen wären nicht eingerammt worden. Und selbstverständlich wäre der General nach seiner Rückkehr nicht so radikal gewesen bei der Pressekonferenz, die er im Foyer gab (...)« (S. 203)

Evas Geschichtskonzept räumt dem Zufall ebenso große Bedeutung ein wie andere der »ordnenden Hand Gottes«, und es steht der Vorstellung eines sinnhaft geordneten Universums gegenüber. Daß damit die Auseinandersetzung mit einer herrschaftsstabilisierenden Geschichtswissenschaft intendiert ist, machen zwei weitere Episoden klar: Die erste zeigt die düstere Vorlesung in zeitgenössischer Geschichte des Professors Milreu, »Priester ohne Soutane« (S. 202), in der Eva aufgrund ihrer Auffassung der Relativität der Zeit mit dem Professor aneinandergerät, der einen absoluten Zeitbegriff vertritt und Gott als Ursprung und Ende der Zeit verkündet und dessentwegen Eva ihr Geschichtsstudium abbricht. Die zweite Episode schildert den Vortrag eines durch den Krieg erblindeten (!) Offiziers, der den ewigen Bestand der Kolonialherrschaft nachzuweisen versucht – in der Verknüpfung der Themen und Motive sicherlich eine der Schlüsselszenen und in der bissigen Ironie der Schilderung ohne Zweifel einer der Höhepunkte des Romans. Seit er nichts mehr sieht, widmet sich der ehemalige Kavallerieleutnant der Geschichte und bereist nun die überseeischen Provinzen Portugals, um über das Thema »Das Kontinentale und Überseeische Portugal währt ewig« zu sprechen. Dies veranlaßt Eva zu dem Kommentar: »In allen Städten ist er [der Vortrag] angebracht gewesen, aber nirgendwo so sehr wie hier, wo die Verständnislosigkeit der Ultras zur Organisation von Korsos gegen die Staatsmacht geführt hat, und das nur wegen eines toten alten Pianisten! Doch noch ist nicht alles gesagt worden (...). Abgesehen von den Augen war der Blinde auch am Kopf verletzt worden, allerdings hat er noch große Büschel jungen, glänzenden Haares behalten. Daß jemand von der Ewigkeit eines Imperiums spricht, ohne sehen zu können und dazu noch mit kahlen Flecken im Haar, läßt im Raum die gleiche Furcht aufkommen, die immer aufkommt, wenn jemand die Zeitlichkeit in die Nähe des Absoluten rückt.« (S. 219)

Der Redner spricht gleich davon, daß die Menschheitsgeschichte eine Geschichte von Kriegen ist und er braucht nicht lange, um zu sagen, daß die iberischen Völker sich schon immer kriegerisch und streitlustig zeigten. Während des Vortrags im Festsaal des Hotels Stella Maris beginnt draußen das Licht sich zu verfinstern, grün zu werden, und während der Redner sich in einem grandiosen Zirkelschluß dem Ende seiner Beweisführung nähert, ergießt sich ein regelrechter Heuschrekkenregen über die Küste.

»War im übrigen nicht alles, was draußen und drinnen geschah, ein und dasselbe? Der Redner, der nicht wußte, daß ein Heuschreckenregen über der Küste niederging, hatte den Höhepunkt der Unvergänglichkeit in seiner Rede erreicht. 'Der Planet ist ewig, Portugal ist Teil des Planeten, das Überseeische Portugal ist genauso Portugal wie der vaterländische Boden des Kontinentalen, wir setzen hier unsere Füße auf überseeischen Boden, also auf das ewige Portugal!' (...) Plötzlich wirkte alles reglos und gläsern, ohne Anfang und Ende, einzig durch den Willen des Oberleutnants-Hauptmanns gelenkt.« (S. 221 f.)

Den Gipfel der Ironie erreicht die Beschreibung, als der blinde Redner gerufen wird, damit er sich das Schauspiel des Heuschreckenregens ansehe, und er in Bewunderung ausbricht. »'Wunderschön, wunderschön, wie grün alles ist!' sagte der junge, völlig blinde Kavallerist, der sich jetzt mit Hilfe einer Reitgerte bewegte. Er schlug mit der Spitze auf den Boden und sagte immer wieder: 'Wie wunderschön!'« (S. 222

Meisterhaft verknüpft findet sich in dieser Episode das Thema Geschichte mit dem Motiv des Blindseins, Nicht-Sehen-Könnens, wobei dies wiederum mit der Farbe Grün verbunden wird, hervorgerufen durch die Heuschrecken. Die Episode verweist somit direkt auf die Eingangserzählung des Romans. So wie die Heuschreckenplage die Sonne verfinstert und damit das Licht zum Sehen wegnimmt, »den Blick verletzend« (S. 32), wird die Darstellung der geschichtlichen Entwicklung durch den Redner buchstäblich zur blinden Apologetik des Kolonialsystems, die alles finster werden und erstarren läßt. Die Erzählung »Die Heuschrecken« zeigt sich als Parabel der Staatsphilosophie, der offiziellen Version des Kriegs, die blind macht.

So wie hierbei das Motiv des Blindseins der Geschichte als Herrschaftswissen und patriarchalischen Denkstrukturen zugeordnet ist, wird der radikal weiblichen Perspektive Evas, die vor allem auch in ihrem subjektiven Geschichtsbild sichtbar wird, das Auge zugeordnet, »durchdringend, beobachtend« (S. 41)

Obwohl das Vorkommen der Farbe Grün in seiner schillernden Vielfältigkeit als Motiv nicht eindeutig zu entschlüsseln ist (Natur/Vergänglichkeit; grüne Soldaten, die Staatsmacht, evtl auch Todesboten), legt der Endabschnitt der Erzählung »Die Heuschrecken« und die eben beschriebene Episode nahe, »grün« als Hinweis auf eine trügerische Harmonie zu verstehen: »Und alles hätte, obwohl es jenes Gerücht von einem vergifteten Weißen gab, weiter so bleiben können, so ruhig, so grün, so voller innerer Musik (...)« (S. 33) Der Reporter, der die »vergnügte und friedliche Hochzeitsgesellschaft« aufschreckt, »(schaute) forschend in das dunkle Grün« (S. 34). Die falsche Harmonie trübt den Blick, sie webt einen Schleier des Schweigens und verhindert die Auseinandersetzung mit der Realität des Krieges.

Der Krieg zerstört aber nicht nur das Sehvermögen, er zerstört auch die menschlichen Beziehungen, insbesondere die zwischen Mann und Frau. Eva erkennt sehr bald, daß ihr Mann sich verändert hat. Was sie trennt, ist die Narbe des Hauptmanns Forza Leal, für Luís Alex Symbol des Heldentums und höchster Tapferkeit, das ihn stimuliert bis zur sexuellen Erregung, für Eva Relikt einer vergangenen Epoche, aus der Mode gekommen, »so wie Hüte, Hosenträger, Strumpfbandgürtel aus der Mode gekommen sind« (S. 63). Hier treffen zwei unterschiedliche Sichtweisen aufeinander, die sich als so grundlegend verschieden erweisen, daß für Eva ein Zusammenleben nicht mehr möglich ist. »Das Problem ist, daß ich mich seinerzeit in einen ruhelosen jungen Mann verliebt habe, der auf der Suche nach einer mathematischen Harmonie war, und daß ich heute auf einen Mann warte, der Menschen den Kopf abschlägt und ihn auf einen Stock spießt.« (S. 172) Luís Alex, ehemals auf der Suche nach einer allgemeingültigen Lösung für komplizierte algebraische Gleichungen, hat nun im Kriegshandwerk seine Selbstverwirklichung gefunden und sieht im Krieg das »Grundbedürfnis der Wissenschaft, der Kunst und selbst der Mathematik« (S. 58), Krieg also als Antriebskraft der menschlichen Entwicklung und damit der Geschichte.

Erschreckend ist für Eva der Gedächtnisverlust, der damit einhergeht und der in letzter Konsequenz den Verlust unserer Identität bedeutet. Hatte Luís Alex als Student den Mathematiker Evariste Galois verehrt und ihn sogar zu übertreffen versucht, so daß er selbst diesen Namen als Spitznamen erhalten hatte, so will er davon nichts mehr wissen, geschweige denn daran erinnert werden, was für Eva die Dinge »ziemlich kompliziert« machte. »Denn, wenn wir nach und nach vergessen, was wir herausfinden wollten, und anschließend, wie wir geheißen haben, und dann, aus welchem Land wir kommen, wie können wir dann noch entscheiden, um wieviel Uhr wir ausgehen, wann wir Einkäufe machen wollen? Oder Papiere und Verträge unterschreiben (...) Natürlich wurde das alles nur von einem dünnen Faden zusammengehalten, der plötzlich reißen konnte, doch obwohl dieser Faden so dünn war, verhinderte er nicht, daß die kleinen Entsprechungen erhalten blieben, die dafür sorgen, daß wir nicht wie Schlamm über die Erdoberfläche treiben, bis wir eines Tages tatsächlich wie Schlamm dahintreiben.« (S. 46)

Betrachtet man die Nennung Evariste Galois' ebenfalls als ein Bild, so sind zwei Dinge bedeutsam: zum einen taucht hier wieder das Motiv des Sehens auf in der Scharfsichtigkeit Galois', für die Luís Alex einst sein ganzes Leben geben wollte (S. 45); sein Verzicht auf die Hellsicht beinhaltet die Bereitschaft zum Erblinden. Zum andern will Luís die Erkenntnis Galois', daß es für Gleichungen höheren Grades als vier – also für komplizierte, komplexe Gleichungen – keine allgemeingültigen Lösungen gibt, widerlegen bzw. eine allgemeingültige Lösung finden. Sein Streben nach Harmonie erweist sich als gleichbedeutend mit der Suche nach der geschlossenen Wahrheit und findet eine Parallele im absoluten Zeitbegriff des Geschichtsprofessors Milreu und im Ewigkeitsgedanken des blinden Offiziers. Sein männlicher Blick auf die Geschichte gipfelt in der Überzeugung: »Das Schießen ist die Synthese der Geschichte . Und die Atomwaffe ist der Tod der Geschichte.« (S. 81) Die Atombombe braucht keine 'Helden' mehr.

Die Interpretation des Romans ist aber so geradlinig gar nicht möglich und wäre eine Reduzierung seiner Komplexität. Diese basiert u.a. auf einem vielfältigen Spiel der Bestätigung und Verneinung der Erzählung »Die Heuschrecken« sowie in Verbesserungsvorschlägen und einem Weiterspinnen durch Evas Erinnerungen. Manchmal ist der Übergang zwischen Eva und Evita fließend. Vieles bleibt so in der Schwebe. Die Struktur der Erzählung selbst unterstreicht somit die Ansicht Evas, daß es beim Verknüpfen von (historischen) Tatsachen diese Geradlinigkeit nicht gibt. Gleichzeitigkeiten und Relativität sind entscheidend.

Wie sehr Lídia Jorge mit der *Küste des Raunens* die portugiesische Wirklichkeit trifft und wie wichtig der Roman als Beitrag zu einer neuen Geschichtsschreibung ist, zeigt der Blick in das populäre Werk eines anerkannten portugiesischen Geschichtswissenschaftlers, in dem auch heute (zumindest in der Ausgabe von 1986) noch vom Kolonialkrieg in Anführungszeichen gesprochen wird. Bezogen auf die gleichen Ereignisse, die auch den Hintergrund für den Roman bilden, schreibt er vom »sogenannten 'Massaker von Mueda'«, das, »wie »*schwer nachzuprüfende Quellen behaupten*, zu Hunderten von Toten unter den protestierenden Arbeitern *geführt haben (soll)*« (Hervorhebungen R.H.). Unter dem Stichpunkt »Kriegsergebnisse« spricht man von den Toten als »relativ geringen *Ausfällen* [!]« – das gleiche Wort, das Lídia Jorge auch Helena von Troja benutzen läßt – und kommt insgesamt zu dem Schluß: »Jedoch kann man verallgemeinernd sagen, daß der Eindruck des Krieges als blutiges Gespenst in den beiden großen Kolonien und im Mutterland nur gering war, außer als Mittel zur politischen Agitation. Im Gegenteil, der Krieg brachte Tausenden von Soldaten Wohlstand und einen höheren Lebensstandard, da sie besser bezahlt wurden als in der Heimat. Diese Tatsache und die intensive nationalistische Propaganda seitens der Regierung sowie die geistige Vorbereitung in den Kasernen machten den Krieg wenn nicht populär, so doch nicht gänzlich verhaßt.«[9]

Lídia Jorge legt in ihren Romanen den Finger auf die gesellschaftlichen Wunden, sie stellt bloß, klagt an, aber sie ist nie missionarisch. Sie schreibt mit subtiler Ironie und mit Sarkasmus, so daß ihre Bücher immer auch ein großes Lesevergnügen bereiten. Ihre Sprache fasziniert durch unverhoffte Wendungen und überraschende poetische Bilder; versteckte Motive und Andeutungen lassen ihre Erzählungen wie eine phantasievolle Stickarbeit erscheinen, bei der viele kleine mit Sorgfalt ausgeführte Stiche ein buntes, plastisches Bild ergeben.

Anmerkungen:

1) *Diário de Lisboa*, 26.2.1980

2) ebd.

3) Als nur ein Beispiel sei hier die Besprechung von Wolfram Schütte in der *Frankfurter Rundschau* vom 7.4.1990 genannt.

4) Soweit nicht anders angegeben, sind die folgenden Zitate diesem Buch entnommen, das mir in der Übersetzung von Karin von Schweder-Schreiner bereits vor der Veröffentlichung vorlag. Dafür möchte ich Frau von Schweder-Schreiner hier ganz herzlich danken.

5) Gespräch der Verfasserin mit Lídia Jorge, April 1992

6) ebd.

7) Der Name ist ein Wortspiel: Forza = força = Kraft; also: Forza Leal = loyale Kraft; vgl. Maria Irene Ramalho de Sousa Santos, »Bondoso Caos: 'A costa dos murmúrios' de Lídia Jorge«, in: *Colóquio/Letras* Nr. 107 (Jan. 1989), S. 66.

8) Lídia Jorge greift hier eine Redewendung auf, die in der portugiesischen Alltagssprache Eingang gefunden hat, und führt sie auf ihre ursprüngliche Bedeutung zurück. In der Generation der Kriegsteilnehmer spricht man z.B. von seinem Arbeitsplatz als seinem »Krieg«, und die Frage »Wie läuft Ihr Krieg?« wird im allgemeinen durchaus als Frage nach dem (beruflichen) Ergehen verstanden.

9) A.H. de Oliveira Marques, *História de Portugal,* Bd. III, Lissabon, ^{3}1986, S. 550 f.

LÍDIA JORGE (eigentlich: Lídia Guerreiro Jorge) wurde 1946 in Boliqueime im Algarve (Südportugal) geboren. Nach dem Schulbesuch in Faro studierte sie ab 1964 als Stipendiatin der Gulbenkian-Stiftung in Lissabon Romanistik. Während des Kolonialkriegs hielt sie sich mit ihrem Mann, einem Offizier, einige Jahre in Angola und Mosambik auf, wo sie als Lehrerin arbeitete. Nach ihrer Rückkehr nach Portugal unterrichtete sie zunächst an einem Gymnasium in Lissabon, arbeitete in einer Arbeitsgruppe des Erziehungsministeriums für den Portugiesischunterricht im Ausland und unterrichtete dann an der Universität Lissabon Literaturwissenschaft. Sie lebt heute als Schriftstellerin in Lissabon. 1982 und 1984 wurde sie für ihre Romane *O cais das merendas* und *Notícia da cidade silvestre* mit dem Literaturpreis der Stadt Lissabon ausgezeichnet.

Bibliographie:

O dia dos prodígios, Mem Martins 1980; *O cais das merendas,* Mem Martins 1982; »Testemunha« (Erzählung), in: *Coloquio/Letras* Nr. 73/Mai 1983, S. 35-39; *Notícia da cidade silvestre,* Mem Martins 1984; *A costa dos murmúrios,* Lissabon 1988; *A última Dona,* Lissabon 1992; *A instrumentalina,* Lissabon 1992.

Übersetzungen ins Deutsche: *Der Tag der Wunder,* übers. von Maralde Meyer-Minnemann, Freiburg 1989; *Nachrichten von der anderen Seite der Straße,* übers. von Karin von Schweder-Schreiner, Frankfurt a.M. 1990; *Die Küste des Raunens,* übers. von Karin von Schweder-Schreiner, Frankfurt a.M. 1993; »Zeugin« (Erzählung), übers. von Curt Meyer-Clason, in: *Portugiesische Erzählungen des zwanzigsten Jahrhunderts,* hrsg. von Curt Meyer-Clason u. Dieter Offenhäußer, Freiburg 1988, S. 404-409.

Maria Gabriela Llansol:

Das Leuchten der Wörter

Von Silvina Rodrigues Lopes

Maria Gabriela Llansol wurde 1931 geboren. In den sechziger Jahren lebte sie in Belgien, wo sie sich unter anderem dem Unterricht behinderter Kinder widmete. Zur Zeit lebt sie in der Umgebung von Sintra. Über das Leben dieser Schriftstellerin ist sehr wenig bekannt, was auf ihre entschlossene Haltung gegenüber dem Verhältnis von Privatsphäre und Weltoffenheit hinweist, wie es gewöhnlich für die Verfolgung einer Schriftstellerkarriere nötig ist. Selten gibt sie Interviews. Selten läßt sie sich fotografieren. Die wenigen von ihr veröffentlichten Fotografien zeigen sie immer von hinten oder in Haltungen, die das Gesicht verbergen; in einigen Fällen beschränken sie sich auf kleine Körperausschnitte, die keinerlei Identifizierung zulassen.

Anfang der sechziger Jahre kam ihr erstes Buch heraus, *Os pregos na erva* (1962/Die Nägel im Gras), ein Erzählband, in dem sich bereits der Bruch mit der Schilderung andeutete, der die Grundlage ihres zukünftigen Stils bilden sollte. Seit damals hat sie ein umfangreiches Werk veröffentlicht, das sich zwischen Roman und Tagebuchaufzeichnungen bewegt, dabei aber eine Art einziges Buch ohne Anfang oder Ende bildet, in dem die Gestalten (nicht aber die Figuren) der verschiedenen Texte immer wieder von neuem aufgenommen und in immer unterschiedlichen Beziehungen eingesetzt werden.

Ihr Schreiben entwirft einen Raum der Gastfreundschaft, der als zwischen dem Bestimmten und der Unbestimmtheit liegend charakterisiert werden kann. Auf der einen Seite die Eigennamen oder die erkennbaren Texte, auf der anderen die Einbettung der Gestalten in ein bestimmendes Fluidum, die Stimme oder die Stimmen. Die Stimmen verkörpern eine Anwesenheit der menschlichen Spezies, die in ihrem

Ausdruck verstreut ist, aber kommunizierend durch ihre Zugehörigkeit zum Sinnlichen, das sie eben gerade unbestimmt macht:

»Das Geschriebene
war die Stimmen
im Chor
der dreißigtausend Bauern,
die, nachdem sie die Richter abgeschafft haben,
dem Massaker von Frankenhausen entgegengehen,
und deren Spuren sich in der Wüste verloren«[1]
(*O livro das comunidades* [Das Buch der Gemeinschaften], S. 48)

»(...) es gab viele Stimmen, die aus den verschiedenen Ecken alle zu ihrem Körper zu kommen schienen und die nicht verstummten, wenn sie sprach« (*O livro das comunidades,* S. 12).

Die im Geschriebenen verstreuten Stimmen besitzen nichts von einer Macht der Anwesenheit. Sie sind Teil des Anonymen par excellence, die Anwesenheit, die sich im Namen verliert: der Körper. Die Stimme verkörpert im Text die Anwesenheit eines anderen Sinnes: Vom Schrei bis zum Gesang ist jede Stimme eine Modulation der Form, die beinahe die Behauptung zuläßt: »Der ganze Raum ist Musik.« Aus diesem Grund entfernt sich das Schreiben nie vom Sagen, von einer Lektüre, die das »Sprechen des gierigen Punktes« ist, die Wunde, die die »blendende und und ziellose Kommunikation« öffnet.

Wenn in *A restante vida* (Das übrige Leben) gesagt wird: »Ich schreibe im Vollbesitz meines Lesevermögens«, so zeigt sich die Niederlage eines absoluten Ichs, und für den Akt des Schreibens wird ein Übergangs-Ich zwischen dem Ich und dem Anderen gefordert. Das Wichtigste an dieser Replik auf »Ich schreibe im Vollbesitz meiner geistigen Kräfte« (einem Satz aus dem juristischen Sprachgebrauch) ist, daß der Synthese die Auflösung entgegengesetzt wird. Das Recht, sich zu verlieren. Sich verlieren bedeutet Anonym-Werden. Sich verlieren aus dem Wissen, den Konventionen. In die Gemeinschaft der Texte eintreten, indem man sich verläuft:

»(...) aber danach, als die Epo-
che des Vergessens kam, übte sich ihre Erin-
nerung pausenlos darin, Bruchstücke zu murmeln, bis der
Moment
kam, da sie, nachdem sich
die ungeheure Explosion ereignet hatte, selbst

Teil des Teppichs an
irgendeinem verborgenen Punkt war«
(*A restante vida*, S. 26)

»Sich verlieren« ist ein Topos der mystischen Literatur des 16. und 17. Jahrhunderts: In dieser Bewegung lebt die mystische Erfahrung fort, die Bücher sind voller Wendepunkte, Signale und Ratschläge, die den Weg zur Extase, zu ihrer Umgebung bedeuten: das Eröffnen von Wegen, das Aufzählen der Wege, die in die Irre leiten. Gehen, um sich aus der Orthodoxie zu verlieren – das ist der Antrieb, der aus dem Fehlen eines Orts entsteht; er erscheint im mystischen Text als Verklärung des sozialen mittelalterlichen Textes: die großen Pilgerfahrten, die Scharen von Armen oder, allgemeiner gesagt, von Ausgestoßenen, denn auch die Wahnsinnigen, die Leprakranken und die Juden sind betroffen.

Die Menge der Menschen, die im Mittelalter keinen Platz in der Gesellschaft haben, schafft einen pulsierenden, heftig bewegten Raum, in dem sich Bilder von Haß und Macht vervielfältigen, die sich zu der Vorstellung des Ausgeschlossenseins verdichten, von dem das Menschengeschlecht bedroht scheint. Verkörperung dieser Bedrohung ist die Schreckensvision vom Ende der Welt. In dieser Menge jedoch zeichnet sich die Gestalt des Armen ab, eine Gestalt der Sehnsucht und nicht der Macht. Eine Universalgestalt, die nicht positiv oder negativ definiert ist, sondern in der eine Kraft zur Metamorphose steckt. Diese rührt aus der Konstellation von Ideen her, auf die die Gestalt sich stützt: Verfügbarkeit, Erwartung, Annäherung. Der Arme ist eine umherirrende Gestalt: er verläßt das Ganze, ist auf der Flucht vor jeglicher Klassifizierung:

»sie hatten diese Anonymität nötig,
in der das Geschriebene entsteht, oder, besser gesagt, seine
Bindungen an alle Dinge, seine
Zerstörung und Wiedergeburt; sie schrie-
ben ohne Ort, sahen sich unter dem Weg
der Ufer wie auf dem Weg
ihrer Schritte. Sie betrachteten die
ganze Welt und niemanden. Sie kann-
ten die ganze Welt, und niemanden.«
(*A restante vida*, S. 55)

Das Umherirren der Texte drückt sich in ihrer Streukraft aus, durch die sie geprägt sein können. Das verleitet zu der Frage: Ist die Lektüre, die aus einem Buch Wörter oder Ausdrücke herausnimmt, um sie in andere Zusammenhänge einzusetzen, um sie an anderen Welten teilhaben zu lassen, die Lektüre, die das Teilstück zitiert, ohne ein Ganzes klar im Auge zu haben, eine entstellende Vergewaltigung? Aus der Sichtweise einer allgemeinen Vorstellung neigt das Buch dazu, eine Einheit zu bilden, die ein eigenes Ziel verfolgt. Das Buch muß aus einer Distanz gelesen werden, die man nicht kennt; hieraus resultiert das Nichtwissen um die Distanz, die Unwissenheit, die die Möglichkeit zuläßt, sich vor einem Text zu befinden. Aber es gibt den Text, der, wie Nietzsche sagt, dazu da ist, auswendig (»par coeur«) rezitiert zu werden. Es ist der Text, der reist – »der Text reiste mit wollüstigem Namen« (*A restante vida*, S. 25). Dem Verlauf des Verlangens entsprechend existiert kein Text-Organismus, der funktionell organisiert ist, sondern ein Körper – Oberfläche-Tiefe –, der sich in jeder Bewegung der Annäherung erneuert. So verläuft die Lektüre nicht als Umschreibung einer Absicht (ein unverletzbares Gesicht) oder in ihrer Übertragung auf einen anderen Text, sondern schafft Querverbindungen, entwickelt Vorlieben, macht die allmählich sich entspinnenden Verwicklungen zwingend, aktiv, ohne den Geist eines Ursprungs, einer Totalität, eines Gottes, irgendeiner Absicht oder eines Endes. Namen und Systeme vergessend, tritt der Text in das Umfeld des Anonymen ein und bietet sich in einer Geste dar, die nicht aufopfernd, sondern fruchtbar ist.

In den Büchern von Maria Gabriela Llansol gehorcht das Zitat der Logik vom Umherirren der Texte. Es gibt nichts, um sie zu kennzeichnen, ihre Urheberschaft zu respektieren oder ein System auf sie zu projizieren. Zitiert wird »mit der schweren Zerbrechlichkeit dessen, der liest« (*Causa amante* [Die Causa der Liebe], S.88). Den Umherirrenden wird Gastfreundschaft gewährt. Das Anonym-Werden geschieht durch einen Prozeß der Streuung, ein Mittel, das sich in der Anziehungskraft des Geheimnisses bewegt. Man beachte zum Beispiel ein Zitat aus *Las moradas* (Die Wohnungen) von Teresa de Avila. In ihm wird eine Textmontage erstellt, indem die Vielfalt der Impulse und der Wege direkt mit dem Seltenerwerden der Bilder im Zentrum der Erfahrung verknüpft wird: »Schloß ganz aus Diamant oder sehr hellem Kristall, in dem es unzählige Zimmer gibt, so wie der Himmel Wohnstätten hat: einige oben; andere unten, wieder andere an den Seiten; und in der Mitte und im Zentrum von allem liegt die Hauptwohnung, diejenige, in der die geheimsten Dinge geschehen.« (*O livro das comunidades,* S. 18)

Die Gabe der Gastfreundschaft, die durch die Fähigkeit gekennzeichnet ist, die Stimmen zu hören, hängt von einer schwankenden Aufmerksamkeit ab, einer zerstreuten Aufmerksamkeit, die die Stimme des anderen nicht übertönt, sondern erlaubt, sie da zu hören, wo sie ist, und die eine Ebene untergeordneter Bedeutung ist. Um diese Ebene zu erfassen, bedarf es einer Technik. Die Fiktion, die über sich selbst theoretisiert, zielt auf die gleiche Technik ab, eine Art, die Gefühle wachzurufen und eine Vorkehrung zum Schreiben zu schaffen. Nur: Von dem Augenblick an, in dem sich die grundlegenden Regeln einer Gestaltung stabilisieren, tendiert der epistemologische Bereich, zu dem sie gehört, zu einer Konzentration-Definition und verläßt das ursprüngliche Moment der Streuung. Das Aufkommen einer mystischen Literatur im 16. Jahrhundert, mit der Definition ihrer Vorgänger und ihrer Tradition, ist ein geschichtlicher Arbeitsvorgang, der in Gruppen und Bewegungen sowohl die Orthodoxie eines gegebenen Moments beschreibt wie auch die Momente des Widerstands. Damals wie heute steht das Schreiben außerhalb der Geschichte, in dem, was es zurückgibt, in dieser Streubewegung, die die gesamte Gemeinschaft unvollendet läßt. In der Gemeinschaft der Texte erwarten wir ebenso die Rückkehr von Juan de la Cruz oder Nietzsche wie die von Hadewijch, Pessoa, Kopernikus oder Camões. Die »Gemeinschaft des Unklassifizierbaren« (*A restante vida*, S. 44) ist eben genau die des Zerstreuten, dessen, das sich nicht abgelagert hat und das zu einem Entwicklungszustand gehört, dem einzigen Zustand des Unterschieds.

In *Um falcão no punho* (Ein Falke in der Faust) heißt es: »Es gibt keine Literatur. Wenn man schreibt, muß man nur wissen, in welche Wirklichkeit man eintritt, und ob es eine angemessene Technik gibt, den Weg zu anderen zu öffnen.« (S. 57) Das Verhältnis zwischen der ersten und der zweiten hier aufgeführten Behauptung führt zu einer Untersuchung der Beziehung zwischen Technik und Virtuosität. Wenn es keine Literatur gibt, bedeutet das, daß es kein definitives Schaffenkönnen gibt, sondern nur ein Schaffenkönnen im Lernen, das hier durch das Infragestellen der ständig variablen Grenzen von Sprache definiert wird. Andererseits setzt jede Literatur ein Schaffenkönnen voraus, das eine eingestandene oder durch die Intervention des Unbewußten uneingestandene Virtuosität ist. Das Problem der Virtuosität hängt eng mit dem Problem der Literatur zusammen. Entsteht erstere aus dem Eingeständnis, daß eine endgültige Verifizierbarkeit des Diskurses unmöglich ist, trägt letztere zu einer Systematisierung bei, die ihr den autonomen Diskurs garantiert. Letztlich handelt es sich darum, daß die Literatur immer in der Dichotomie nützlich/belanglos, Scherz/Ernsthaftigkeit, Methode/Wahrheit etc. gefangen war. Im Gegensatz dazu war das Schreiben (das der mystischen Autoren selbstverständlich eingeschlossen) immer mit der Leidenschaft der Erkenntnis verbunden. Ockham erschloß die Unbegrenztheit der Bedeutung, indem er den mittelalterlichen Realismus überwand, der das Verhältnis zwischen Denken und Realität im Modell des Bildes und der Widerspiegelung sah. Wenn die Grenzen der Welt zu denen unserer Sprache werden, erweist sich die Arbeit in der Sprache als außerordentlich wichtig, was keineswegs bedeutet, daß alle ihre Verwendungen gleichwertig seien. Man kann sagen, daß diese Art von Verhältnis zu den Wörtern sie von ihrer Nachahmungsfunktion löst und »die Bedeutungszusammenhänge zerstört, um jeder semantischen Einheit die gewundenen und 'unvernünftigen' Manöver der Beziehungen des Subjekts zu den anderen und zu sich selbst zu unterlegen: Die Autorin zwingt die Wörter, sagen zu lassen, was sie wörtlich nicht sagen, so daß sie in gewisser Weise zum Ausdruck der Taktiken werden, deren Werkzeuge sie sind. Ein Ausdruck, der selbst zweideutig ist, könnte diese Prozesse definieren, die die Sprache ihrer natürlichen Funktion entfremden, um sie den Leidenschaften der aussagenden Subjekte anzupassen: der Adressat.«[2]

Zweifellos nimmt Maria Gabriela Llansol in bezug auf die »batalha de escrita« (Schlacht des Schreibens) eine Haltung ein, die mit der oben erwähnten identisch ist. In den Beziehungen der Wörter zueinander fallen häufig Klangassoziationen auf, die manchmal ein produktives Aufeinandertreffen von Bedeutungen sind. Das Entscheidende ist jedoch die Abschaffung der Grenzen in den Beziehungen der Wörter untereinander, was Bedeutungsgegensätze wie z.B.: konkret/abstrakt, belebt/unbelebt, menschlich/nichtmenschlich, vergangen/gegenwärtig usw. betrifft.

In Hinblick auf die Bedeutung der Bestimmungsprozesse der Diskurse soll hier auf die Wichtigkeit des Briefes verwiesen werden. In beinahe allen Büchern der Autorin findet sich diese Art der Interrelation. Man betrachte z.B. die *Contos do mal errante* (Erzählungen vom umherirrenden Bösen). Hier begegnet man einigen Elementen, die die Notwendigkeit eines Adressaten über alle anderen Anforderungen des Schreibaktes stellen. In der Richtung des Schreibens auf einen 'Empfänger' hin wird die intensivste Beziehung gelebt, das Geben, das nichts zurückerwarten kann, »reine Liebe«, völlig ohne Wechselseitigkeit, so als ob der andere nur im Strudel des Augenblicks existierte, wo einzig die rufende, unsichere und hartnäckige Stimme durchdringen kann: »Da ich Deine Reaktion auf das, was ich Dir schreibe, nicht kenne, weiß ich weder, wie Du es empfängst, noch, was es bewirkt; aber ich muß Dir sagen, daß alle meine Briefe einzig das Resultat des Begehrens sind, das ich mir als Konsequenz der reinen Liebe wünsche; aber wenn ich schreibe und weiterschreibe, bis man mir sagt, daß ich aufhören solle, dann ist das nur möglich, weil ich an jemanden schreibe, als ob ich ihn nie wiedersehen würde.« (*Contos do mal errante*, S. 162)

Ein mit dem Spiel der Bestimmungen verwandter Topos ist der der Präsenz des Schreibenden, der in seinem Schreiben fortdauert: »Ihr werdet immer wissen, wo Ihr mich finden könnt, weil mein Wort bei Euch bleiben wird.« (*Contos do mal errante,* S. 232)

Eine weitere Verbindung zwischen der »mystischen Literatur« und dem Schreiben Maria Gabriela Llansols ist die Beziehung zum Geheimnis. Allein die Tatsache, daß ihre Bücher von Gestalten der Mystik belebt sind, läßt schon einen Kontakt mit dem Geheimnis vermuten, das diese kultivierten. Das Geheimnisvoll-Werden erscheint jedoch hier wie dort als eine Art des Zugangs zur Einzigartigkeit des Realen, diejenige, die das universale Zeichen nicht integriert außer dadurch, daß es sich in ein Wort einer unteilbaren Sprache verwandelt. Ein einzigartiges Wort, weil es in sich alles Reale beinhaltet (das nicht gesagt wird) und in seinem Nichtgesagten das Sagen der Nähe ist. Die Kraft, die aus einer Realität der reinen Nachahmung ausbricht, ist nur als Manifestation im undurchsichtig gemachten Wort erfaßbar, Objekt eines Besonders-Machens – zurechtschneiden, zusammenfügen, modellieren, durchtränken. Die Wörter werden gehandhabt wie die Farben in der Malerei, wie die Steine beim Bau eines Hauses, wie Nahrung, die verteilt wird, wie ein Material, das verbraucht und verändert wird. Indem sie sich von den ursprünglich ihnen anhaftenden Bedeutungen lösen, bereiten sie sich auf eine andere Realität vor: »Eine große Dämmerung überflutete das Schreiben, und alle Tatsachen und Kenntnisse schrieben sich in einen Kontext größter Originalität ein.« (*A restante vida,* S. 44)

In *Um falcão no punho* heißt es, die Wörter seien »impulsive Formen« und »die Wörter hätten die Form eines Schwammes«. Diese Form erlaubt ihnen, Treuhänder des Körpers zu sein, und sie erlaubt ihnen auch die Epiphanien, die eine Manifestation des Virtuellen sind, das Vergessene der Darstellung: »Ich räumte das Zentrum der Küche leer, setzte mich zum Schreiben in dieses Zentrum; mein Antrieb ist es, auszudrücken, daß es ein Leben gibt, von dem man nicht spricht und das man nicht vorausahnt und das dennoch, auf versteckte Weise real, den Schoß des ersten Lebens erfüllt.« (*Na casa de Julho e Agosto* [Im Juli- und Augusthaus], S. 68)

Die Epiphanie ist ein Beweis für die Kraft der Wörter und nicht für die der Tatsachen oder des Wissens, denn diese bilden eine eindeutige Realität, die Stabilität besitzt. Deshalb ist eine »Methode« mit ihnen verknüpft: verdunkeln, um klar zu sehen, das Licht der Darstellung entfernen. Und hier ist die »Methode« das Wichtigste, da sie vollständig das Verlassen des Bereichs der Darstellung beinhaltet; die »Methode« ist nicht länger Anwendung, sie vermengt sich mit der eigentlichen Wahrheit, die sie sucht. Deshalb gibt es keine Realität, auf die die Methode bevorzugt einwirken würde: das Lächerliche und das Alltägliche in ihrem bedeutungsvollen Verlöschen sind ihr Ausgangspunkt, das, was dem Nullpunkt der Realität am nächsten kommt.

In den Büchern Llansols findet sich Material, das Rückschlüsse auf die Biographie zuläßt. Ist nicht die Biographie eine »Methode« des Schreibens? Im *Diário* (Tagebuch) liest man: »Schreiben ist die Verdopplung des Lebens; ich könnte als Erklärung angeben, daß es von der gleichen Art ist, wie eine Tür zur Straße zu öffnen, die Tiere zu füttern oder jemandem zu begegnen, der in meinem Schicksal die Rolle des Antriebs spielt.« (*Um falcão no punho,* S. 79)

Leben ist offensichtlich nichts Außergewöhnliches, sondern eher die Wiederholung verblichener Gesten. Da sollte wenigstens das Lächerliche dieser Gesten die Macht haben, uns für das wachzurütteln, was in ihrer Bedeutung verlorengeht: eine unsichtbare Qualität, die dafür sorgt, daß sich schließlich niemals das gleiche wiederholt – das Leben. Begegnung, Atem, die Leichtigkeit eines Brandes, das Leben verträgt sich nicht mit den Bedeutungen. Das Geheimnis ist der Überschuß, der über den Rand des Lebens tritt. Die Biographie oder die Autobiographie können nichts sein als der Übergang von den Fakten zum Geheimnis des Lebens: Dies ist die »Schreibmethode«, die »Methode«, das Schreiben: das, was zu denken gibt.

Die Ungleichheit der unterschiedlichen Verwendungsarten von Sprache gründet sich auf die Trennung zwischen »den Zeichen, die zu denken geben«, und denen, die bloß der Konsum toter Realitäten sind. »Schreiben heißt Stück für Stück erweitern.« (*Um falcão no punho,* S. 37) Oder: »Wer denkt, bereitet sich auf eine Unendlichkeit von Realitäten jenseits seiner selbst vor.« (*Um falcão no punho,* S. 156) Das Experimentieren in der Sprache ist kein zufälliges Spiel von Kombinationen oder eine fortlaufende Folgerung, die von einer ursprünglich wahren Behauptung ausgeht: Es ist die Suche nach der Wahrheit, nicht in ihren Grundsätzen, sondern in ihrer lebendigen Aktualität (nicht: »Wer bin ich?«, sondern: »Wer ruft mich?«).

Wenn man davon ausgeht, daß die Gemeinschaft, die in Maria Gabriela Llansols Texten skizziert wird, keine geographischen, kulturellen, ethnischen, sprachlichen etc. Grenzen kennt, sollte man darüber nachdenken, wieviel dieser Universalismus mit der Erfahrung der Autorin zu tun hat, die durch das Exil zu einer Art von Transnationalität gelangt, die eine Ansicht des anderen durch das andere ist. An erster Stelle steht da die Zweisprachigkeit, die die Kenntnis einer Sprache anhand einer anderen und darüber hinaus den Verlust der Identität bedeutet, die wechselseitige Transformation, die Instabilisierung des

Sprechens. Um zur Biographie der Autorin zurückzukehren: spanische Herkunft, die sich im Namen zeigt (Llansol); das belgische Exil, die Rückkehr.

Man bedenke die fast unmögliche Annäherung in portugiesischer Sprache an die Texte in »mystischer« Tradition, aber man bedenke auch die Spuren, die im restlichen Europa vergessene Möglichkeiten und verlorene Schlachten erkennen lassen, wo das Anders-Leben denjenigen, der sich darauf einläßt, auffordert, ohne Eile zu hören und zu sehen, weil die Zeit der Lektüre die der Reisen zu Fuß ist und nicht die der Zwischenlandungen in New York – Tokio – Paris; diese ist die der Information (dies sollte nicht als Kritik an den Annehmlichkeiten, die Flugreisen zu bieten haben, verstanden werden, sondern vielmehr als Lob der Langsamkeit, die das Umherschweifen bestimmt, das heute notwendigerweise anders aussieht als vor sechs- oder siebenhundert Jahren.). Beim Lesen einer Biographie Meister Eckharts fallen zwei Aspekte auf: die Übersetzung oder Zweisprachigkeit und die Reise. Hinsichtlich letzterer sei bemerkt, daß zum Beispiel 1307 Eckhart die religiöse Führung eines Gebiets übernimmt, das sich von den Niederlanden über Norddeutschland und von da bis nach Prag erstreckt, ein Gebiet, das er zu Fuß meditierend und lehrend in alle Richtungen durchquert. Eckhart denkt in Latein, der Sprache seiner Traktate, aber er lernt von den Laienschwestern die »vulgären« Sprachen, die es ihm ermöglichen, ihr Gesprächspartner und Lehrmeister zu sein. Es ist nicht nur der Unterschied zwischen zwei Redeweisen (von denen die eine der natürliche Raum für die Offenbarung des Geistes wäre), der unauflösbar wird. Die Verbreitung der »vulgären« Sprachen in Dialekten macht die Intensität und Färbung sichtbar, die auf verschiedene Weise die Sprachen durchziehen. Der Topos der Zweisprachigkeit oder des Umherirrens/Exils, der gegen Ende des Mittelalters entsteht, findet sich in jedem Schriftsteller wieder. Einige portugiesische Namen in diesem Zusammenhang sind in den Texten Maria Gabriela Llansols präsent: Camões, Fernando Pessoa, Jorge de Sena.

Weder die Tatsache, daß sie sich zur Gesprächspartnerin der mystischen Experimentalwissenschaft macht, noch diejenige, daß sie versucht, ihre Stimme und ihre Visionen sichtbar zu machen, verpflichten das Schreiben Llansols dazu, innerhalb der Grenzen vorhergehender Texte zu bleiben. Die Wiederaufnahme der Texte beginnt damit, daß sich in ihnen ein Unbegrenztes auf der Suche nach anderen Texten erahnen läßt. Es ist daher eine ständig wechselnde Bewegung, eine Verwandlung der Welt in ihrer Erinnerung und ihrer Zukunft. Die Art, in der Maria Gabriela Llansols Text sich in den Raum der Texte einordnet, indem er auf den direkten Appell einiger von ihnen antwortet, besteht darin, die »mystische Methode« so weit wie möglich zu führen – dorthin, wo er sich selbst verliert und die daraus resultierende Zersplitterung praktisch nicht wiederzuerkennen ist – als Technik der Darstellung außergewöhnlicher Realitäten. In dieser exzessiven Bewegung ergreift ein Gedanke Raum, der die Worte abwägt und sich in einer Theorie der Produktion des Schreibens und seiner möglichen Irrtümer entfaltet. Da die Trennung von der Literatur, einem begrenzten Korpus aus Zeichen, eine Konstante ist, geht das Schreiben in Richtung auf eine Durchquerung der Heterogenität der Sprachen, die aus der Erzeugung von Metasprachen, Gedanken und Techniken besteht.

Die Aufhebung der Grenzen oder der Übergang, aus dem das Umherirren besteht, verlangsamt sich in einem Umherirren der Sprachen, das in der Übersetzung und im Umgang mit dem anderen verschiedene Sichtweisen einführt, und mit diesen die Hypothese von einer unbegrenzten Zahl von Gesichtspunkten. Nun ist das gesamte Differenzierungspotential, das die Bewegung des Umherirrens in Gang setzt, das Duplikat der Nichtunterscheidung: Der Übergang findet statt, wenn es Berührungspunkte gibt, und in diesen Breschen, die die Verknüpfung der Strömungen zulassen, kann der Gesichtspunkt als solcher nicht länger aufrechterhalten werden. Diese Unmöglichkeit zeigt sich im Text vor allem durch seine Zersplitterung: Ohne eindeutigen Gesichtspunkt und ohne die Unterscheidung verschiedener Gesichtspunkte gibt es keinen eindeutigen oder mehrdeutigen Text, es gibt einen Text, der seine Grenzen in dem verliert, was davor und danach ist, in dem, was sich ihm in die Quere stellt in seinen eigenen inneren Unstimmigkeiten.

Der Verlust einer eigenen Perspektive ist Teil der Mechanismen zur Enteignung des Schreibens: Das Subjekt verliert sich selbst an den anderen, hört auf, eine Identität, eine Erinnerung zu sein, um die Erinnerungen des anderen anzunehmen, es wird sich selbst definitiv fremd: »Hadewijch hatte geschrieben: Ich habe die Erinnerung verloren; du bist meine Erinnerung und erleuchtest mich.« (*A restante vida*, S. 37) Es gibt ein aktives Vergessen, einen Nietzscheschen Sinn, der das Schreiben dazu bewegt, die Worte des Autors zu verlassen. Ein Verschleiß der Bedeutungen, der zur ursprünglichen Wahrheit führt: Schrei, Blutstropfen, der Wahrheitsgehalt eines Textes hängt von einer die Bedeutung auslöschenden Genauigkeit ab, mit der das Vergessen auf den vitalen Erlebniskern trifft:

»durch Schreiben vergessend,
schrieben sie noch immer,
weil ein Tropfen Blut

> sich auf dem Blatt ausbreitete und die Worte
> einschloß und die Gefahr von Franken-
> hausen, die sich ankündigte«
> (*A restante vida,* S. 53)

Die Auflösung eines starren Gesichtspunkts bedeutet, durch das Vergessen zum unbestimmbaren Gesichtspunkt zu gelangen, der, wie der Tod, einen Übergang ohne Subjekt bedeutet, das ihn erduldet. »Die Kenntnisse, die sie mühsam in der Jugend und in der Kindheit erworben hatte, verließen sie unauffällig, ohne eine Spur zu hinterlassen. Es tat ihr nicht leid, sie brauchte sie nicht. Sie bemerkte damals, daß sie das schreiben mußte, was sie dachte, eine Technik, an die sie sich noch erinnerte. Dieselbe oder eine andere. Sie starb, aber sie verwandelte sich, sie nahm eine absurde Übergangsform an, geflickt mit der neuen Erinnerung.« (*O livro das comunidades,* S. 84)

Es gibt also keine Verbindung zwischen einem instabilen und instabilisierenden Gesichtspunkt und der narratologischen Kategorie, die als »Gesichtspunkt«, »Erzählperspektive« oder »Fokalisierung« bezeichnet wird, die sich in der Begriffswelt Genettes als »Stimme« in der Bestimmung des Erzählmodus artikuliert. Mit dem Gesichtspunkt des Schreibens gelangt man zur vollkommenen Übereinstimmung von Sehen und Sagen, wenn Sehen und Sagen aufhören, mit sich selbst als eigenständige Handlungen übereinzustimmen, und zwar als verschiedene Möglichkeiten, sich auf dieselbe Realität zu beziehen. Erstens, weil die Realität selbst verschwindet: Die neue Realität entsteht in der Überschneidung von Sehen und Sagen, in der Distanz der Sprache, die der Aufmerksamkeit eines Blickes Platz macht, einem Schreiben, das in der Verbindung des Sehens entdeckt wird, was zum Beispiel »escrevira« [Neuschöpfung aus »escrever« = »schreiben« und »vira« = »sie hatte gesehen«, Anm. d. Übers.] ergibt (*Um falcão no punho,* S. 97). Zweitens, weil der im Schreiben durch die Äußerung definierte bildliche Raum im Bereich des Sagens, des Bildes und des Diskurses sowohl vom Blick gebildet wird, der eine bildliche Materie auffängt, die selbst Blick in der Umkehrbarkeit der Blicke ist – zwischen Sehen und Gesehenwerden –, als auch von der Stimme, die die Verbindung zwischen dem Wort und der Darstellung zerstört. Im Schreiben ist der Blick so anonym wie die Stimme: Ein Positionswechsel bedeutet die Verschiebung des Sprechens, des Appells und der Bestimmung, von der die Erkenntnis und der Zugang zur unendlichen Veränderlichkeit abhängen. Wenn der Perspektivwechsel nicht durch die Frage »Wer sieht?«, sondern durch »Woher wird gesehen?« bestimmt wird, wird er notwendigerweise mit einer Veränderung der Stimme artikuliert, die nicht dem bezeichenbaren Wechsel des Sprechers im Diskurs (»Wer spricht?«) entspricht. Solch eine Situation, in der »die alte Form des Lesens und Schreibens verlassen wird« (*Na casa de Julho e Agosto,* S. 14), ist eine Methode, die Erzählung als erzwungene Einheit eines Erzählstoffes zu dekonstruieren.

Genau dies geschieht in den Büchern von Maria Gabriela Llansol. Wenn es eine Gestalt gibt, die scheinbar den Platz des Erzählers einnimmt, wird sie der Strategie unterworfen, die Abwesenheit des Erzählerstandpunkts aufzuzeigen, die letztlich die Nichtexistenz der Erzählung als Akt im Präsens ist. Sollte es eine Stimme geben, die »ich« oder »er«,»sie« sagt, stellt diese Stimme die Forderung nach Subjektivität als Forderung des Erzählens, aber durch die Allgegenwart, die sich auf die Verbindung von »Sehen« und »Sagen« stützt, entspricht die bewegliche Stimme einer Entsubjektivierung des Diskurses. Die Allgegenwart richtet sich im Schreiben auf eine so subtile Weise ein, die Stimmen verbreiten sich in einem so großen Schweigen subjektiver Elemente, daß die Fragen »Wer sieht?« oder »Wer spricht?« sinnlos werden. Die Stimme, die sich in ihrer scheinbaren Monotonie ausbreitet, die die Übergänge vom »ich« zum »er« überlagert oder, besser gesagt, die aus diesen Übergängen Zufälle macht, die nur die Beteiligung einer Vielzahl von Stimmen bedeuten, die nicht von einer Totalität umfaßt werden können, entspricht dem, was Blanchot als narrative Stimme bezeichnet: »Die narrative Stimme, die nur als äußere Stimme, auf Distanz, innerlich ist, kann nicht verkörpert werden: sie kann sich die Stimme einer klug gewählten Figur leihen oder sogar die hybride Funktion des Vermittlers schaffen (sie, die die gesamte Vermittlung zerstört), sie unterscheidet sich immer von dem, der sie hervorbringt, sie ist die indifferente Differenz, die die persönliche Stimme verändert. Man kann sie (phantasievoll) geisterhaft nennen, phantastisch. Nicht, weil sie von jenseits des Grabes kommt oder weil sie ein für allemal irgendeine wichtige Abwesenheit vertritt, sondern weil sie immer dazu tendiert, aus dem, was sie vermittelt, abwesend zu sein und es selbst als Zentrum auszulöschen; sie ist insofern neutral, als sie nicht zentral sein kann, kein Zentrum erschafft, nicht von einem Zentrum aus spricht; sondern im Gegenteil, an der Grenze, nicht zuläßt, daß das Werk eines hat.«[3]

Im Schreiben von Maria Gabriela Llansol und in dem Maße, in dem alle Probleme der Darstellung und der Wahrscheinlichkeit Stück für Stück entfernt werden, ist die Erzählstimme sie selbst, dargestellt in einem Übergangsprozeß, der, wenn er nicht als solcher verstanden wird (d.h. als Prozeß, der einem Bedürfnis nach Subjektivierung und gleichzeitig einem Persönlichkeitsverlust inhärent ist), im Glauben an die Seelenwanderung Widerhall finden würde.

Selbst wenn man versuchen wollte, den bildlichen Raum in den Raum der Darstellung zu verwandeln, muß man zugestehen, daß für sie unterschiedliche Gestaltungsregeln gelten: Der erste kennt entscheidende Elemente der Gestaltung des zweiten nicht: den Tod, die Verneinung, die Geschichte. Er verfügt hingegen über ein immenses Potential zur Metamorphose, das seinen prinzipiellen Mechanismen innewohnt – Gestaltungsfähigkeit, Verdichtung, Verrückung; es sind die Mechanismen unbewußter Prozesse (wie z.B. der Traum), die teilhaben an der Zwiespältigkeit der Aussage im Schreiben, in einem Raum, der auch der der Kritik ist, d.h. des Wissens und seiner Voraussetzungen.

Zuerst gilt es zu begreifen, daß es in Maria Gabriela Llansols Büchern keine Figuren gibt. Das zweite ist vielleicht, daß, obwohl in ihren Büchern Gestalten geschaffen werden, denen Eigennamen verliehen werden, die sich auf ein bestimmtes Universum im historischen Zusammenhang beziehen, nicht etwa ein Identifizierungsprozeß dieser Gestalten stattfindet, sondern vielmehr ein Prozeß der Desidentifizierung der Eigennamen, die, von ihrem Status als persönliche Masken befreit, in die unzähligen Unterschiede eindringen können, die sie bestimmen. Man könnte zahllose Passagen zitieren, in denen der Unterschied deutlich wird, der die Gestalt ausmacht, im Gegensatz zum historischen Gehalt der Darstellung oder der Plausibilität der menschlichen Gestalt. Hier seien einige genannt:

»Der Geist von Ana de Peñalosa, geschult im Zustand der Allgegenwart, und in anderen, bisher noch nicht üblichen Begabungen, ist nun einmal immer mit uns.« (*Na casa de Julho e Agosto,* S. 72)

»Während dieser Zeit waren die Tage für Hadewijch, die durch die Kraft großer Liebe zu Ana de Peñalosa geworden war, hart wie Steine.« (*A restante vida,* S. 38)

»Ich / Ana de Peñalosa, / Bündel von Wesen« (*Causa amante,* S. 37).

Aber wenn das so ist, daß es weder Figuren noch Erzählung gibt, dann gibt es auch, wie bereits gesagt, kein Ganzes, kein Buch, das die Kohärenz eines geschlossenen Systems besäße: Es gibt Bilder, die das »entstehende Unbekannte« erfassen, es gibt Bilder im Überfluß, es gibt »mehr Kohärenz«, weil der Sinn nicht länger einem Prinzip der hinlänglichen Begründung gehorcht, um sich stattdessen einem Wahrheitsprinzip zuzuwenden. Im Schreiben von Maria Gabriela Llansol ist die Begründung, die Notwendigkeit der Begründung als Mittel, eine größere Schönheit, Vollkommenheit und Freude zu erlangen, außerordentlich wichtig. Die Überordnung der Erklärungen über die Leidenschaften läuft jedoch nie auf eine hinlängliche Begründung hinaus, eine Erklärung, die die Widersprüche nicht akzeptieren würde, eine grundlegende Erklärung. Auf diese Weise entfernt sich der Text von einer Gewalttätigkeit der Darstellung, und der »Schlacht des Schreibens« gelingt es, sich den Humanismus, ihren ärgsten Feind, vom Leib zu halten. Die Tradition des »restante vida«, des übrigen Lebens, wird jedoch von der Gewalttätigkeit des Seins durchkreuzt – das Sein, ein Grund, der gründet. Die Bewegung des »Verharrens im Sein« (Spinoza) oder des »Willens zur Macht« (Nietzsche) sind Kräfte, die den Geist des »übrigen Lebens« gestalten. Deshalb wird aus der »Schlacht des Schreibens« kein Zusammenstoß mit dem Gesetz. Im Schreiben von Maria Gabriela Llansol gibt es keine Überschreitung. Es gibt die Behauptung, eine Bewegung, die die – manchmal paradoxen – Urteile unterstützt und, immer am Rande des Wesentlichen, Epiphanien hervorbringt. Vielleicht verbraucht sie dieses Wesentliche durch den Weg, wo das Wiederholte nicht mehr identisch mit sich ist, da ein anderer Raum und eine andere Intensität es durchdringen. Immer andere Bilder, von einer Verletzlichkeit, die in den Wesensmerkmalen und Archetypen angedeutet wird, und die als Fiktionen entlarvt werden, in denen die Übereinstimmung maximal ist und in denen sich die Kraft konzentriert.

Ein Blick auf die Bücher, die nach *O livro das comunidades* veröffentlicht wurden, zeigt, daß sie in Trilogien angeordnet sind, in deren Titeln sich als durchgängiges Element Räume oder Wege finden: *Geografia de rebeldes* (Geographie der Rebellen), *O litoral do mundo* (Der Rand der Welt), *Da sebe ao ser* (Von der Hecke zum Sein). Es sind Titel, die in der Folge immer abstrakter werden, immer weniger Bezüge enthalten, aber auch Titel, denen die Notwendigkeit gemeinsam ist, den Raum des Schreibens anzuzeigen. In anderen Worten, und einem Hinweis aus dem Tagebuch folgend – »Vielleicht ist das, was ich bisher geschrieben habe, eine vorläufige Behauptung« (*Um falcão no punho*, S. 146) – (obwohl er in einem anderen Sinn zu verstehen ist), künden die Titel der Trilogien von einem Schreiben, das am Rand seiner selbst geschieht und das sich in seinem Wesen vorläufig und unvollkommen, d.h. ohne die Möglichkeit einer Entwicklung in einem eigenen Raum des Überflusses vollzieht. Man könnte sagen, daß der Rand, von dem es ausgeht, diesem Schreiben einen Rhythmus verleiht, der für das Umherschweifen der Gestalten von einem Buch zum anderen oder sogar zwischen den Trilogien verantwortlich ist: Es ist ein Rhythmus, in dem alles sich entfernt, um von neuem zurückzukehren, eine Blendung, die verödet, eine Trennung, die nicht ein Schnitt ist, sondern die Leere als Intensität.

Das Umherschweifen der Gestalten markiert einen Raum der Rückkehr, der eine starke Kontinuität zwischen den Büchern schafft. Man betrachte Hadewijch, die in den verschiedenen Büchern von *O livro das comunidades* bis *Contos do mal errante* auftaucht. Aber es sind nicht nur die Gestalten, die vorübergehen und zurückkehren, das Schreiben selbst wiederholt sich und verstärkt so einen Rhythmus der Behauptung. So findet sich z.B. in *A restante vida* (und wird in *A casa de Julho e Agosto* wiederholt): »Verschiedene unabhängige Intelligenzen zeichneten ihr Schicksal in den Büchern auf, die sie schrieb und die zweitrangig waren, die Hauptsache war das Aufzeichnen einer denkenden Schwingung, die sich in einem völlig unbekannten Ort und in einem völlig unbekannten Material widerspiegelte.«

Oder in *O livro das comunidades,* wiederholt in *Joshua, companheiros e amantes*: »Giordano Bruno mit seinem erstaunlichen Gedächtnis sah, wie sich seine Stirn im Kamin spiegelte, und erinnerte sich an alle Augenblicke, an alle Minuten, an alle Stunden seines Lebens; intensiver noch an alle Texte, die er gelesen hatte und an alle Autoren, die ihm dieses Vergnügen verschafft hatten; dann ahnte er voraus, daß eine aufsteigende Flamme ihm die Stirn in zwei Teile zerteilen würde und erinnerte sich, daß das Universum unendlich war, bevölkert von Tausenden von Systemen mit ihren Planeten und Sonnen.«

Vom Rand erwartet man nicht, daß er sich im Gebiet ausbreitet, sondern nur, daß der Verlust uns Gefangene der Äußerung sein läßt, daß das, was sich zurückzieht, sich in einem ewigen Entfalten zwischen Allem und Nichts fortsetzt. Ein Schreiben, das der Rand seiner selbst ist, dehnt sich aus, um sich von neuem in sich einzurollen. Es breitet sich aus, fängt die Leere ein und erhebt sich in einer Woge von majestätischer Größe. Bis es von neuem die Leere zurückläßt. In einem Aussetzen der Intensitäten. Bilder einer Vertraulichkeit, die nicht zu (einer) Geschichte (gemacht) wird: »Denn das Feuer, Elo, ist keine Geschichte, die wir erzählen könnten.« (*Na casa de Julho e Agosto,* S. 9).

Alles, was am Schreiben Leuchten und Glut ist, ist ein von Vision und reinem Verlust überfluteter Raum, den das Schreiben trotz allem als Rand seiner selbst gewinnt, trotz seiner Strategie, der unabänderlichen Hinwendung zur Ankunft des Subjekts und zum Ursprung der Erzählung. Indem es die Intensität einem Verfahren, einer Form unterwirft, riskiert das Schreiben sich selbst bis zur Grenze des Risikos, überhaupt auszusetzen. Meiner Meinung nach ist es möglich, im Titel der *Contos do mal errante* die Verbindung des Herdentriebs, des Vertrauens, das an ein Schema geknüpft ist – die Erzählweise –, mit einem Prinzip der Dekonstruktion eben dieser Mechanismen der Vereinigung zu entdecken. Bestätigung einer Bewegung in entgegengesetzte

Richtungen: Erwerb von Bildern, die Aufteilung der Kräfte, die die Veränderung erzwingen: »Ich habe die *Contos do mal errante* beinahe abgeschlossen. Ich habe sie Erzählungen genannt, nicht weil es sich um ein Buch mit Erzählungen handelt, sondern weil in jedem seiner ihm eigenen Teile eine vertrauliche Mitteilung steckt.« (*Um falcão no punho*, S. 99)

Welche ist die Zeit der Bücher Maria Gabriela Llansols? »Wir glauben alle zu wissen, was die *Zeit* ist, aber wir vermuten zu Recht, daß nur die *Macht* weiß, was die *Zeit* ist: die *Tradition* infolge des *Geflechts* der Existenz. Dieses Buch ist die Geschichte der *Tradition* nach dem Geist von *A restante vida*.« (*O livro das comunidades*, S. 10) »Als Zivilperson kenne ich die Gegenwart, die Vergangenheit, die Zukunft. Aber als Schriftstellerin habe ich einen Blick, der vor allem den Raum erfaßt, frei von der Zeit. In ihm gibt es keine Macht, die immer die Macht der Wahl und der Annäherung an den Tod ist.« (*Um falcão no punho*, S. 142)

So wie hier, scheint sich auch in verschiedenen anderen Passagen eine Opposition zwischen Raum und Zeit abzuzeichnen, die den ersteren mit dem Schreiben verbindet und die letztere mit der Geschichte und der Macht. Diese Opposition kann jedoch nur ein Ausgangspunkt sein, wenn man sowohl die Komplexität der Überlegungen über die Zeit in den verschiedenen Büchern der Autorin im Auge behält als auch die Art, wie die Zeit im Schreiben dargestellt wird.

In »Das Werden als Gleichzeitigkeit« (*Um falcão no punho*, S. 142) hat die Beziehung zwischen der Zeit und dem Schreiben einen für das Verständnis dieser Frage entscheidenden Gedanken zur Folge: »Die Wörter sind, wie alles, impulsive Formen, von einer Strömung erfüllt. Sie bewahren die Auszüge aus der Zeit und den Geschehnissen in einem völlig chaotischen Zettelkasten.« Nach dem Verlassen der Geschichte und der Chronologie bleibt also die Zeit übrig, oder die Zeiten, wenn man darunter die Dauer versteht, die nicht den Rang einer phänomenologischen Realität hat und als solche nicht quantifizierbar ist. Die Verteilung eines Seins als Dauer in einer Pluralität von Dauern bedeutet nicht etwa eine ewige Synchronie, die tatsächliche Auflösung der Zeit, sondern vielmehr eine ewige Rückkehr mit all der Ambiguität, die dieser Ausdruck beinhaltet.

»Das Werden als Gleichzeitigkeit« ist eine offenkundig widersprüchliche Behauptung: es sagt uns, daß die Veränderung, die Transformation, in einem Zusammenfluß der Zeiten geschieht. Der Widerspruch entsteht, wenn der Zusammenfluß der Zeiten als zeitliche Gleichmachung verstanden wird, als eine Art ewiger Gegenwart, ewiger Wiederholung des Identischen. Nun kann die Gleichzeitigkeit aber in diesem Ausdruck eben gerade im Sinne einer maximalen Differenzierung verstanden werden, d.h. als die Überstürzung vieler verschiedener Zeiten. Und es ist diese unendliche Vervielfachung der Zeiten, die den Raum des Schreibens als intensiven Raum bestimmt, als Möglichkeit der Ausstrahlungen und des Aufleuchtens von Sinn, die ein Feld ebenfalls unbegrenzter Möglichkeiten schaffen. Aus diesem Grund kann man sagen, daß das »Werden als Gleichzeitigkeit« einem Raum von großer Komplexität jenseits der Geschichte entspricht, der das »Reale« und das »Irreale« als ununterscheidbar versteht, wie in dem Entwurf Bergsons. Das heißt, er enthält zugleich die Kette von Verbindungen zwischen wirklichen Fakten und ihre Unterbrechung, die aus der Aktualisierung des Virtuellen entsteht. In seiner Komplexität ist das Werden das Äußere der Geschichte als vereinfachende und darum auf das Reale begrenzte Auswahl oder, was das gleiche ist, Begrenzerin des Realen.

Indem es das »Werden als Gleichzeitigkeit« erreicht, wird das Schreiben zur Öffnung von Möglichem, Flucht vor der phänomenologischen Legalität des Bewußtseins, Verkündung des Unterbrochenen und Unerwarteten: Der Raum des Schreibens wird als Raum der Wörter vorgestellt, die Zeugen und Ermöglichung des Neuen sind. Zeuge jenseits der Geschichte, wo die Zeiten sich vermischen oder sich berühren und somit die unerwartetsten Kombinationen ermöglichen. In ihrer Materialität sind die Wörter Ausdruck eines Willens zur Macht im Sinne der Bestätigung einer Perspektivenvielfalt und ihrer Synthese in der Bewegung der Rückkehr, die sie entfesselt. Sie sind es, die lebendig bleiben, weil sie im Werden sind; das Ende und der Anfang des Menschlichen ohne Anfang oder Ende. Ihr Aufleuchten ist Unterbrechung; das immerwährende Sterben, die Verwandlung von Werten, »die genetische und zerstörerische Potenz bestimmter Wörter.«

Übersetzung: Kirsten Brandt

Anmerkungen:

1) Thomas Münzer (1489-1525), religiöser Reformator mit dem Ziel eines demokratisch-kommunistischen Gottesstaats, tritt 1525 mit den aufständischen thüringischen Bauern in Verbindung und wird nach der Niederlage der Bauern bei Frankenhausen (1525) in Mühlhausen hingerichtet.

2) Michel de Certeau, *La fable mystique, I,* Gallimard Paris, 1982, S. 47

3) Maurice Blanchot, *L'entretien infini,* Gallimard, Paris 1969, S. 566

MARIA GABRIELA LLANSOL (Maria Gabriela Llansol Nunes da Cunha Rodrigues), geboren 1931 in Lissabon. Studium der Rechtswissenschaften und der Pädagogik. Emigriert 1965 nach Belgien, wo sie in Louvain mit einer Gruppe Gleichgesinnter eine pädagogisch innovatorische Schule für Kinder verschiedener Nationalitäten gründet. 1972 entwickelt sich diese Schule zu einer Produktions- und Erziehungskooperative. Seit einigen Jahren lebt Maria Gabriela Llansol wieder in Portugal, in Colares. Für ihr Buch *Um beijo dado mais tarde* (1991) erhielt sie den Großen Preis des Portugiesischen Schriftstellerverbandes.

Die wichtigsten Werke von Maria Gabriela Llansol:
O livro das comunidades, Porto 1977; *A restante vida,* Porto 1982; *Na casa de Julho e Agosto,* Porto, 1984; *Causa amante,* Lissabon 1984; *Um falcão no punho, diário I,* Lissabon 1985; *Contos do mal errante,* Lissabon 1986; *Finita, diário II,* Lissabon 1988; *Um beijo dado mais tarde,* Lissabon 1990; *Hölder, de Hölderlin,* Colares 1993.

Übersetzung: »Die umzingelten Körper« (aus: *Os pregos na erva*), übers. von Curt Meyer-Clason, in: *Portugiesische Erzählungen des zwanzigsten Jahrhunderts,* hrsg. von Curt Meyer-Clason und Dieter Offenhäußer, Freiburg 1988.

Ilse Losa:

Unter fremden Himmeln »... als zöge die Landschaft und wir ständen fest«

Von Dieter Offenhäußer

1991 erschien die deutsche Übersetzung des 1962 in Portugal veröffentlichten Romans *Sob céus estranhos* von Ilse Losa: *Unter fremden Himmeln.* Die seit 1934 in Porto lebende Autorin stellte ein Gedicht von Hilde Domin voran. Dessen erste Zeilen lauten:

Man muß weggehen können
und doch sein wie ein Baum:
als bliebe die Wurzel im Boden,
als zöge die Landschaft und wir ständen fest.[1]

Es handelt sich um die Grundmotive dieses Werkes. Sie sind existentiell: *»Weggehen« – »sein wie ein Baum« – »Wurzel« – »Landschaft«.*

»Weggehen«: nach einem Gestapoverhör 1934 mußte die deutsche Jüdin Ilse Lieblich Berlin und Deutschland verlassen, um den Nazischergen zu entkommen. Ein Exil von einem halben Jahrhundert begann. Unter dem fremden Himmel Portugals wurde aus Ilse Lieblich Ilse Losa. Später wird die Portugiesin mit dem skeptischen Blick einer Fremden die Bundesrepublik betrachten, wo sie »ihr« Deutschland sucht – und fürchtet.

»Sein wie ein Baum«: beharrlich wachsend, beständig und unbeirrbar. Acht Jahrzehnte unseres Jahrhunderts hat Ilse Losa durchlebt. Sie wurde Schriftstellerin in Porto und kann auf ein umfangreiches Werk zurückblicken. In einem Jahrhundert der Barbarei, der Diktaturen, menschlicher und ökologischer Katastrophen blieb sie unbeirrbar und

sich treu. Wurde eine Fremde inmitten von Selbstverständlichkeiten, zwischen zwei Ländern, zwischen Vergangenheit und Gegenwart. Wirkte im Stillen, nicht verbittert, selten anklagend, manchmal traurig, meist in warmherzig abgeklärter Ironie, immer skeptisch.

»Wurzeln«: Ilse Losas Wurzeln reichen in unterschiedliche Räume, geographische, zeitliche, geistige. Ein vergangenes Deutschland der Kindheit auf dem Lande: ein Haus, ein Baum, eine Turmruine und ein Storchennest. Jahreszeiten und Feste, jüdische wie christliche. Zwei Sprachen und eine Literatur. Ihr Herz, das kein Vaterland und keinen Reisepaß kennt. Wurzeln in ihr selbst: die schreibend zu bewahren suchte, was ihr die Zeit entrissen und die politischen Verhältnisse, die je fremde Umgebung vorenthielten.

»Landschaft«: In Landschaften spiegeln sich Seelenzustände, getränkt in Vergangenem, Verlorenem. Sie rufen Freundschaften, Familienbande, Kindheitsbilder wach, stehen für Einsamkeit und Dazugehörigkeit. Dörflich-idyllische Landschaften der Kindheit; die provinzielle Stadtlandschaft Portos: Ilse Losa sah und beschreibt beides, zumeist aus dem Winkel des anderen, gebrochen und zuweilen in der Erinnerung verklärt. Amérys Erkenntnis schwingt mit: »Man muß eine Heimat haben, um sie nicht zu brauchen.«

»... als zöge die Landschaft und wir ständen fest«

Sob céus estranhos ist ein Buch über Emigranten im Portugal der dreißiger und vierziger Jahre dieses Jahrhunderts. Obwohl das Land im letzten halben Jahrhundert einen radikalen Wandel erfahren hat, hält Ilse Losas Blick vieles fest, was heute noch Gültigkeit besitzt. Auf der Umschlagrückseite der Neuauflage von 1987 gesteht der Schriftstellerkollege Alexandre Pinheiro Torres, daß das Werk das vollkommenste Gemälde Portos in den vierziger Jahren sei und daß dies wohl auch für die achtziger Jahre noch gelte.

Bei Erscheinen des Buches 1962 aber reagierten die portugiesischen Leser empfindlich: Man warf ihr, der Ausländerin, vor, überheblich zu sein, ungerecht und einseitig. Nur wenige entdeckten die verborgenen Liebeserklärungen. Sie sind zahlreich. *Unter fremden Himmeln* (1991 von Ilse Losa überarbeitet und ins Deutsche übersetzt) ist konsequent aus der Ich-Perspektive geschrieben. Wir sehen Portugal und Porto mit den Augen und aus der Stimmung des Emigranten Josef Berger. Darin verschränken sich Erfahrungen und Sichtweisen der Autorin.

Der Roman beginnt und endet in einer Geburtsklinik. Josefs Frau erwartet ein Kind. In dieser Nacht des Wartens durchlebt er noch einmal sein Leben in Portugal, eine »Behelfsexistenz« auf Widerruf im Wartesaal der Geschichte, unter Emigranten und einem fremden Himmel mit anderen kulturellen und zeitlichen Horizonten. Josefs innere Zeit steht still und läßt dem Strom seiner Erinnerungen freien Lauf.

Er ist hier als Flüchtling angekommen, hat eine Portugiesin geheiratet und verdient seinen Lebensunterhalt mit Übersetzungen, sporadischem Deutschunterricht und Gelegenheitsarbeiten. Portugal ist ihm Sinnbild des eigenen Lebens, eines »Absterben(s), das nicht zum Tode führt« (S. 12), eines endlosen Aufschubs. Während die Jahreszeiten in Deutschland den Kampf von Leben und Tod, Absterben und Wiedergeburt, deutlich markieren, zerfließen hier unter einer großzügigen Sonne und in wohlwollenden Wintern die Gegensätze ohne Umrisse ineinander. Die Stadt, in der es meist nieselt – »Es regnet nicht, doch man wird naß«, so der Volksmund –, bietet sich ihm schon bei Tage bleifarben und eintönig dar. Jetzt in der Nacht ist sie trostlos und öde wie die Cafés, die Wartesälen auf Bahnhöfen gleichen.

Am Tag seiner Ankunft im Douro-Hafen waren die ersten Eindrücke eine barfüßige Frau, die sich eine schwere Bücherkiste auf den Kopf hievte, dann die Elendsviertel mit bunten Lumpenfetzen an den Fenstern, halbnackte Kinder, die ihm ihre schmutzigen kleinen Hände nach einem Almosen hinstreckten. Josef fühlt sich beengt wie ein Vogel im Käfig. In diesem kleinen Land ist ihm alles klein, auch die Initiativen und die Möglichkeiten.

Portugal erscheint als ein Land des Elends und der Enge, der Vorurteile und rechtlosen Frauen. »Hier kann ein Mädchen nach dem Abendessen nicht allein auf die Straße gehen, wenn es nicht für eine Hure gehalten werden will. In den scheußlichen Cafés sitzen nur Männer, und im Lyzeum muß man alles auswendig herunterleiern und immerzu Prüfungen machen« (S. 56), klagt die Tochter der Familie Lindomonte, die auf der Flucht vor den Nazis in das Land ihrer Vorfahren zurückgekehrt ist. Die Lindomontes haben die Nase voll von soviel Rückständigkeit, von dem »entsetzlichen Fraß«, der »Suppe mit Öl drin« (S. 56) und von der »unmöglichen Sprache«, »dieser Marter« (S. 57). Vorurteile überdecken ihre Wahrnehmung der Wirklichkeit. Sie sind inmitten ihrer Einrichtung aus massigen Eichenmöbeln, Ledersesseln mit Sofakissen, Perserteppichen und Seidenkreppvorhängen eine Karikatur der privilegierten Emigranten. In ihrer Villa »ganz im altdeutschen Stil« nähren sie mit deutscher Überheblichkeit ihre Vorurteile an den Landeszuständen.

Als Josef die Formalitäten für seine Weiterreise regeln will, wird sein Portugal-Bild erneut bestätigt, doch ein weiterer – der für Ilse Losas Werk wesentliche – Aspekt kommt hinzu: Skepsis in der Maske der Naivität, eine zynischer Barbarei wesensfremde Menschlichkeit, Melancholie als Ausdruck abgeklärter Nachsicht.

Der portugiesische Beamte im Vorzimmer des amerikanischen Konsulats, ein alter, spuckender Mann mit dichtgekraustem Haar, wulstigen Lippen und ziemlich dunkler Haut, will Josefs »Rasse« wissen:
»'Ich bin Fünfzigprozentiger, eine Art weißer Mulatte.'
'Fünfzigprozentiger? Was soll das? Jeder gehört irgendeiner Rasse an.'
'Welcher gehören Sie denn an?'
'Der portugiesischen', sagte er stolz.
'Also Entdeckerrasse.' Da lachte er.«

Soviel Naivität könnte schockieren. Doch sie wirkt entwaffnend. Josef kann nicht umhin, mit dem alten Sekretär zu sympathisieren. Die Naivität und Harmlosigkeit auf dem Hintergrund des sich gleichzeitig in Europa abspielenden Völkermordes im Namen einer Rassentheorie wirft ein Schlaglicht auf Mentalität und Atmosphäre in Portugal.

Unmittelbar nach der Revolution von 1974 besuchte Curt Meyer-Clason ein Gefängnis der gefürchteten Geheimpolizei PIDE und kam zu folgender Betrachtung: »Die Menschen der Latinität sind unmittelbar, reizbar, aufbrausend, grausam, auch rachsüchtig, aber eines kennen sie nicht: das absolute, das kalte, endgültige Wort, das unwiderrufliche Urteil jenseits von Revision und Berufung. Sie mögen persönlich noch so determiniert sein und sich auch so fühlen, aber ihr Sinnen und Trachten, ihr Empfinden vor allem anderen, ist indeterminiert. Sie wollen die Welt erhalten, nicht endgültig vernichten.«[2] Die Haltung des Konsulatsbeamten in Ilse Losas Roman hat etwas Unverfängliches und Versöhnliches trotz der Ungeheuerlichkeit seiner Aufgabe. Sie hält die Balance des Menschlichen auf dem schmalen Grat zwischen todbringendem Abgrund und anachronistischer Naivität.

»Wir sind nun einmal ein anachronistisches Volk« (S. 209), sagt Gil Roseira, Josefs Freund. »Es ist eine Sage überliefert, die von unserer Zähigkeit und unserem zerstörten Mut erzählt, weil wir einst, in alten Zeiten, Seewege und das große Brasilien entdeckten. Aber wahr ist, daß wir eine genauso lächerliche Hammelherde sind wie ihr aufgeblasenen Boches. Der Unterschied zwischen uns und euch ist nur der, daß ihr raubgierig und mit roher Gewalt auf immer neue Siege und immer neuen Ruhm aus seid, während wir uns geduldig mit den steinalten Eroberungen und dem längst verdunsteten Ruhm zufriedengeben ... Unsere Impulse haben nur einen kurzen Atem. Wir überleben uns deshalb selbst und verbringen unsere Zeit damit, sehnsuchtsvoll im Album der Vergangenheit zu blättern.« (S. 158 f.)

Senhor Sousa, Josefs erster Hauswirt und in seiner Erinnerung der Prototyp des Portugiesen, lebt geduldig in der Vergangenheit: Er ist klein, hat krauses Haar und ein halb trauriges, halb unsicheres Lächeln im Gesicht. Die Wohnung teilt er mit vier Frauen – Schwiegermutter,

Ehefrau, Tochter und Schwägerin, seiner heimlichen Geliebten –, denen er nur selten einen Kino- und Theaterbesuch erlaubt. Er selber schmatzt, spuckt, stochert in den Zähnen und hat an allem etwas auszusetzen, ein Ekel des gemeinsamen Abendtisches. Das Wichtigste sind ihm die Kaffeehausfreunde, Akademiker mit Doktortiteln, die ihn einen »guten Jungen« nennen und seine Hilfsbereitschaft ausnutzen.

Doch Josefs erste Deutschschüler, vier Herren, die ihm Senhor Sousa zugeführt hatte, verschaffen ihm ein erstes Einkommen und beeindrucken ihn durch ihre menschliche Wärme und natürliche Umgangsart. Sie zahlen ihm, obwohl sie nur selten dem Unterricht beiwohnen, die Gesamtsumme für alle vereinbarten Stunden, »das Scherflein von vier leidenschaftlichen Gegnern totalitärer Regime für ein Opfer der deutschen Tyrannei« (S. 73). Und dies in einem Land, dessen Regierung die Nationalfahne anläßlich Hitlers Tod auf halbmast setzen ließ.

Die zahlreichen Emigranten werden von den Einheimischen mit Skepsis betrachtet, sie gelten als vaterlandslose Tagediebe. Eifersüchtig mißtrauen die Portugiesinnen ihren Ehemännern, begaffen die ausländischen Frauen, die es wagen, ohne Strümpfe die Straße zu betreten. Frisuren »à la réfugié« kommen in Mode, aber vom wirklichen Leben der Flüchtlinge weiß man in der portugiesischen Bevölkerung wenig, nichts vom Elend der Beschaffung von Pässen, Transits, Visa und Fahrkarten, nichts von den Zwangszuweisungen in die Provinz, wo sie wie in Caldas da Rainha nach Kriegsausbruch konzentriert werden. (In Ilse Losas Buch durfte diese Maßnahme der Diktatur nicht erwähnt werden. Hier – wie auch an anderen Stellen mit politischen Anspielungen – unterscheidet sich die deutsche Überarbeitung vom portugiesischen Original.)

Die Ignoranz und Gleichgültigkeit der Einheimischen erklärt sich einer der Emigranten, der Schriftsteller Egon Frank: »Wenn aber einer aus seinem Land flüchten muß und jemanden am Wege trifft, dem er seinen Kummer klagt, so hat dieser Jemand nichts Identisches, Trostspendendes vorzuweisen. Verdutzt und beunruhigt beschließt er deshalb, den ihm vorgetragenen Fall als einen zeitgebundenen und demnach uninteressanten Ausnahmefall abzutun ... Denn was er am meisten befürchtet, ist, eines Tages von seiner Scholle vertrieben zu werden. Darum will er absolut keinen Zusammenhang zwischen sich und dem Flüchtenden sehen, in dessen Schicksal er sein eigenes mögliches Schicksal ahnt. (...) Vielleicht werden die Menschen und Zeiten durch nichts so sehr voneinander geschieden als durch den verschiedenen Grad von Kenntnis der Not, den sie haben: Not der Seele wie des Leibes.« (S. 84 ff.) Dona Branca, Josefs Schwiegermutter, fürchtet: »Ein

Fremder ist nun mal ein Fremder, fühlt und denkt anders als wir. Und man kann nie wissen, ob es ihm nicht einfällt, alles hinter sich zu lassen und fortzugehen.« (S. 212)

An manchen Tagen beneidet Josef die Menschen, die hier auf die Welt gekommen und nicht zugewandert sind, die ihre Muttersprache sprechen, wie er die seine spricht, »unbewußt und natürlich, wie es unserem tiefsten Innern entspricht. Ich beneide sie um ihr Verwachsensein mit den Vorzügen und Schwächen ihres Landes, das sie mit Fug und Recht lieben und hassen dürfen und in welchem sie mit alldem, was mir fremdartig anmutet, genauso eng verbunden sind, wie ich es mit meinem einstigen Lebenskreis gewesen war.« (S. 221) Als Emigrant muß Josef Portugal als *ziehende Landschaft* sehen, seine Wurzeln sind woanders.

»... als bliebe die Wurzel im Boden«

Vor der Auswanderunsbehörde versucht Josef seine Identität zu bestimmen. Deutscher ist er nicht mehr: »Ich bin ein Fünfzigprozentiger. Das heißt, ich bin Halbjude, Halbchrist, Halbisraelit, Halbprotestant, Halbsemit, Halbarier ...« (S. 61) Was die Bürokratie nicht festzulegen weiß, ist ein vielfach verschränktes und widersprüchliches Geflecht von Erinnerungen, Selbstwahrnehmungen, Empfindungen, menschlichen Beziehungen und Sehnsüchten.

Als Josef auf seinem nächtlichen Irrgang in Erwartung der bevorstehenden Geburt durch die Straßen Portos streift und die Häuser betrachtet, stellt er fest, daß sie bei ihm nicht die Vergangenheit, nicht die »Nostalgie der im Lande Geborenen« (S. 20) heraufbeschwören. Er hatte an der Vergangenheit dieses Landes und seiner Menschen nicht teilgenommen. Sein Heimatgefühl, seine Ehrfurcht vor historischen Ereignissen, Sitten und Gebräuchen waren ihm – wie jedem – in der Kindheit eingepflanzt worden. Als Fremder kann er allenfalls bewundern, Gefallen finden oder staunen, aber nicht ergriffen werden. Was sich dem Touristen noch als interessant und andersartig darbietet, erhebt sich ihm, der dem Alltag in der Fremde ausgesetzt ist, jetzt »wie eine dichte Mauer zwischen ihm und dem, was ein Leben ausmacht« (S. 20). Er fühlt sich wie ein »Komparse, der die Bühne nicht betreten, sondern nur in den Kulissen sterben darf« (S. 21). Hinter den Gardinen beneidet er ruhige, glückliche Menschen, die nichts wissen von Unrast und Flucht.

Erinnerungen an Ostern und Weihnachten im Kreis der Familie werden wach: Tannenbaum, Glaskugeln, Marzipanfiguren und ein versilberter Engel, Lieder, die von Christi Geburt erzählten, ihm, dem

Halbjuden. Ebenso der Kinderumzug am Laubhüttenfest und die Mazzenschachteln am Passahfest, ihm, dem Halbchristen.

Im Anblick eines Kindes, der Kindheit, werden vielfältige Empfindungen geweckt: »Sehnsucht, Heimweh, Gedanken an versäumte Gelegenheiten, an alles, was hätte sein können und was vielleicht, vielleicht noch sein kann; an die andere Möglichkeit.« (S. 23)

Auch Hunde verkörpern ihm ewige Kindlichkeit. Sie sind auf allen Breitengraden heimisch, man kann sie überall verstehen. »In Gegenwart eines Hundes empfinden wir dasselbe warme Heimkehrgefühl wie in Gegenwart eines Kindes, einer Ähre, eines vertrauten Geruches oder einer bestimmten Musik.« (S. 27)

Josef weiß, daß er anders wäre, ohne Qual, ohne Vereinsamung, ohne Haß, wäre er nicht damals in die Hände der Nazi-Fanatiker geraten. Ohne Nazis, aber auch ohne seine Freunde in Portugal wäre er ein anderer. Dieses Aufeinanderbezogensein der Menschen begründet Verwurzelung, Gefühle von Einsamkeit oder Dazugehörigkeit: Nachdem der Maler Gil ihm seine Bilder von Porto gezeigt hat – »die elende, großartige, häßliche, anmutige Stadt« (S. 160) –, fühlte Josef sich zugehörig zu dieser Stadt, hatte er das Gefühl, daß sie doch noch seine Stadt werden könnte. Auch Teresa, seine Frau, hatte ihm die Stadt mit neuem Leben beseelt: »Eine Stadt, dachte er jetzt, hat für uns verschiedene Gesichter, sie ist uns sympathisch oder unsympathisch, je nach unserer Stimmung, die sie wie die Sonne vergoldet und wie der Regen verdüstert.« (S. 24)

Mißtrauen und nie heilende Wunden rühren ebenso von Menschen, die die Vergangenheit bevölkern: Liesel, die Verlobte, die ihn verließ und sich mit den Nazis abgab; Deutsche, die gemütliche Lokale und gemütliche Wärme schätzten, die Kindern zulächelten und Kinder planmäßig und methodisch niedermetzelten, sich behaglich auf weichen Polstern räkelten und organisierte Metzeleien ausbrüteten. Welche Enttäuschung mußte »Good old man«, der Vater, erlebt haben, der Dürer glühend verehrte, an die Vernunftbegabung des Menschen und an einen all- und weltumfassenden, gewaltigen und parteilosen Gott glaubte – und der schließlich in einem verplombten Zug sein Land verlassen mußte, »ein verwundeter Vogel, der niemals wieder seine Flügel schwingen sollte« (S. 38)?

In einem Interview vom Januar 1989 gesteht Ilse Losa: »Heimweh habe ich einzig und allein nach Landschaften. Und dann neuerdings nach Menschen, die ich in den letzten Jahren kennengelernt habe in Berlin. Das sind Leute im Alter zwischen dreißig und vierzig ... Bei den anderen weiß man nie, wie es vorher war, was sie sich damals gedacht haben.«[3]

In der erinnerten Vergangenheit leben Örtlichkeiten wie Sehnsüchte aus Kinderbüchern auf: die Wasserburg mit dem Burggraben, einer großen Pappel und einem Storchennest auf der moosbedeckten Bergturmspitze; ein altes Giebelhaus, eine Kirche, ein Wäldchen um das Fennegut; Apfel- und Kirschbaumkronen; Bauernhäuser und Telegraphendrähte; der Duft von Heu; Spätsommersonne.

In erinnerten Gegenständen lebt »der Wunsch nach Unbestimmtem und gleichzeitig Greifbarem (auf), nach etwas, was mir gehörte, innerlich mein Eigen war« (S. 217): der Brillantring der Mutter, den Josef versetzen mußte, das Mahagoni-Eßzimmer und das rote Plüschsofa der Großeltern.

Josef ahnt, daß dies uneinlösbar Gewünschte im Greifbaren verlöscht wie das Licht, schnell und unerbittlich, auch das Land, das sich ihm versagte. Was bleibt, ist die Verbundenheit mit Menschen, die wir lieben. Und die Muttersprache, die ihm durch Unterricht spärliche Zinsen einträgt. Aber war sie Heimat? »Man sagt, die Muttersprache sei unsere wahre Heimat.« (S. 94) In dem schon erwähnten Interview äußerte sich Ilse Losa über ihr Verhältnis zur deutschen Sprache: »Wenn ich nicht verheiratet gewesen wäre und keine Kinder gehabt hätte, wäre ich nach 1947 wieder nach Deutschland zurückgegangen, nur wegen der Sprache. Denn Sprache ist ja Heimat, dieses furchtbare Wort.« Sie schrieb zuerst deutsch, wurde dann aber überredet, ihr erstes Buch, *O mundo em que vivi,* auf portugiesisch zu verfassen. Bis heute weiß sie nicht, ob dies ein Fehler war.

Als Josef nach dem Zweiten Weltkrieg nach Deutschland zurückkehrt, ist es ein anderes, ein fremdes Land. Die ersten Eindrücke sind widersprüchlich: Steif aufrecht stehende Zollbeamte in geschniegelter Uniform, die dennoch freundlich sind. Er stellt sich viele skeptische Fragen: »Die einen waren nicht die anderen. Oder doch? Wie sollte man das wissen? Es roch nach frischem Anstrich. Nach einer Sintflut streicht man die übriggebliebenen Häuser an.« (S. 227) »Wo waren die, die mich auf der Landstraße überfallen hatten? ... Keiner hier schien gemordet zu haben. Keiner von all den beflissenen Leuten sah aus wie ein Kindermörder ... Sie hatten alle nichts davon gewußt.« (S. 231) Josef fühlt sich in zwei Teile gerissen: »Gar nichts war wie vordem, weder die Welt noch ich selbst. ... wo der Tod umgegangen und das Verbrechen legitim gewesen waren, sind die Geräusche dumpf, die Gerüche brandig und die Gesichter unerreichbar geworden.« (S. 228 f.)

Das Storchennest war verschwunden. Es gab keine Heimkehr, kein Ankommen, kaum Wiedersehensfreude. Er macht eine ernüchternde Erfahrung – auch sie gehört zur Entwurzelung: »Die Wirklichkeit ist das Überraschendste im Leben und entspricht niemals unserer Vorstellung.« (S. 228)

Entwurzelt sind auch die anderen Emigranten, die die Portuenser Cafés bevölkern. Sie alle klammern sich an ihre Erinnerungen, an illusionäres Bildungsgut, an Vergangenes oder Versagtes: Der alte Samuel Sperber mit langem weißen Vollbart, der von sich sagt, daß er als Leiche an die lusitanische Küste geschwemmt worden sei. Er habe es nicht überleben können, sein geliebtes Berlin zu verlassen. Egon Frank, der Schriftsteller, der an die Unzerstörbarkeit der geistigen Güter glaubt; die alte Österreicherin, die noch in der Wiener Gesellschaft ihrer Zeit lebt; die Bankierswitwe Teich, die auf Schritt und Tritt mit ihren verlorenen Gütern protzt: Alle sehnen sich nach Beständigkeit, Geborgenheit, Stabilität.

Doch »wer einmal dazu verdammt wurde zu fliehen, kann nichts anderes mehr sein als ein Fliehender, ob er vor sich selbst fliehen muß oder verstoßen wurde. Mag er von Land zu Land, von Illusion zu Illusion ziehen, ankommen wird er nirgendwo.« (S. 31 f.) Dem Zugvogel, Abenteurer und Vagabund Nils, der sich immer auf der Flucht vor sich selbst befindet, ist dieses Dasein zur zweiten Natur geworden. Nils ist allein, »immer allein. Und bin niemals und zu keiner Stunde irgendwo angekommen. Just wie der fliegende Holländer bin ich auf der Suche nach einer unmöglichen Liebe, damit ich endlich in Frieden einschlafen kann.« (S. 142) Die Heimat wird zur Fremde und die Fremde nicht zur Heimat.

In Josef aber behält der Wunsch nach Seßhaftigkeit und Stetigkeit die Oberhand. Er findet schließlich jemanden, zu dem er sagen kann: »Ich bleibe.«

»... und doch sein wie ein Baum«

In dem ausgezehrten Gesicht von Gil stand das Lächeln »so schön, so üppig wie ein blühender Baum in der Steppe« (S. 208).

Gil Roseira, ein rastlos schaffender Kunstmaler, hilft Josef, in Porto Fuß zu fassen. Er ist ihm seelenverwandt. »Ich weiß nicht, ob es sich lohnt, sich für irgend etwas oder irgend jemand aufzureiben. Ich weiß nur, daß ich den Unglücksraben malen möchte, der eben aus der Taverne getorkelt kommt, wo er sein Elend zu ertränken suchte; meine Stadt, die vielleicht keine schöne Stadt ist, aber zu mir gehört, wie wenn sie Fleisch von meinem Fleische wäre.« (S. 208)

Gil hatte stets Angst, sterben zu müssen, bevor er das Bild beenden konnte, an dem er gerade malte. Er verlangte nichts vom Leben, sondern ließ sich ganz von seiner eigenen Schöpferkraft, mit der er das Leben nachbildete und deutete, begeistern und verzehren. Er war verankert in seiner eigenen Kraft, in seiner Kunst. Er begnügte sich mit sich selbst und zehrte sich auf, wie das Licht der Kerze die Kerze selbst aufzehrt. Gil verkörpert Heimat als Selbstverwirklichung in der Kunst. Er ist in allen Gedanken Josefs am meisten gegenwärtig – ein existentieller Bezugspunkt Ilse Losas.

Auch in der Liebe kann Heimat aufleuchten. Josef fühlt sich bei Teresa, seiner Frau, wie einer, »der zurückkehrt von einer mühevollen einsamen Wanderung und sich wieder angenommen und beschirmt weiß« (S. 219). Sie schmieden Pläne für einen Buchladen, aus dem später ein Verlag werden soll. José will Prosa und viel Poesie verlegen. Poesie enthüllt ihm am ehesten das melancholische und skeptische Gemüt des portugiesischen Volkes. Dagegen sei die Prosa wirklichkeitsnah mit knappem Raum für Träume, wie es diesem Land des Trübsinns, des harten Lebens, aber auch der beinahe kindlichen Nachsicht entspreche.

»Mann und Frau ohne Kind ist eine verlorene Schlacht.« (S. 13) Josef/José hat Wurzeln geschlagen, er gründet eine Familie. Die Jahre des Provisoriums, der Konsulatsgänge, die Atmosphäre der Unstetigkeit, der Unsicherheit und eines sonderbaren Angstgefühls, dieser Schwebezustand, dieses Leben auf Widerruf, der Gespräche mit Gil und Nils, todgeweihter Grenzgänger der eine, Berufsheimatloser der andere, sind vorüber.

Als er nach seinem Streifzug in die Realität des Kreißsaales zurückkehrt, ist er Vater. Trotz aller Skepsis weiß er: »Man gehört so ganz dazu, nimmt an allem teil ... Ein Kind ist Fortsetzung. Oder Ankunft? Aber was ist das, anzukommen? Die Liebe zu anderen Menschen, die Fortdauer in anderen Menschen, die Illusion der Stabilität? Oder nur eine Zwischenstation auf der ewigen Flucht des Menschen? Ich weiß es nicht, ich weiß es nicht ...« (S. 244)

»Man muß weggehen können«

Bis 1938 ließ das Salazar-Regime Flüchtlinge aus Deutschland noch freizügig einreisen. Nach dem Münchner Abkommen wurde die Situation äußerst schwierig: Offiziell versiegte der Strom von politischen Flüchtlingen und Juden, in Wirklichkeit nahm er zu. Zur Aufbesserung der Staatskasse wurden sogar Staatsbürgerschaften an Exilanten verkauft. Denen, die es schafften, wurde eine Aufenthaltsfrist von drei Monaten gewährt. Hatten sie nach der Frist kein Visum, kamen sie ins Gefängnis. Auf dem amerikanischen Konsulat drängten sich die Flüchtlinge nach Transits, nach Visa und Einreiseerlaubnissen. Jüdische und christliche Komitees unterstützten die rund 50.000 Emigranten. Der portugiesische Klerus verhalf vielen zur Überfahrt nach Brasilien, auch die PIDE konnte ihre Beziehungen zu Botschaften und Konsulaten spielen lassen. Agenturen kauften die Überfahrttickets auf und verkauften sie zu Schwarzmarktpreisen an die Emigranten in den Cafés.

»Ihnen allen haftete die unverkennbare Verbitterung derer an, die mit dem Schicksal hadern, weil sie sich bewußt sind, daß das Gespenst der teuflischen Niedertracht sich für immer mit seinem Hohnlachen zwischen sie und ihre Glücksmomente, wie bescheiden sie auch sein mochten, drängen würde, um sie zur Folter der Angst, der makabren Visionen und des Zweifels an Gott und den Menschen zu verdammen.« (S. 119)

Während des Zweiten Weltkrieges konzentrierte man die Emigranten in Provinzstädten wie Caldas da Rainha. Gegen Ende des Krieges wurde Portugal englandfreundlich und gesellte sich auf die Seite der Siegermächte. Die in die Provinz evakuierten Exilanten blieben dort bis zum Kriegsende, etwa 150 Juden verließen auch nach dem Kriege Portugal nicht. Nur wenige leben noch heute.

Ilse Losas Bücher gehören zu den wenigen Beiträgen der Literatur, die dieses Kapitel deutscher und europäischer Geschichte thematisieren. Von den portugiesischen Schriftstellern nahm nur Alves Redol in einem Roman davon Notiz. Und dies, obwohl auch Franz Werfel, Stefan Zweig, Heinrich Mann den Nazis via Portugal entkamen.

Ihr Leben bis zur überstürzten Flucht vor den Nazis hat Ilse Losa in ihrem ersten Roman, *O mundo em que vivi* (dt. *Die Welt in der ich lebte,* 1990), festgehalten. Das Buch erschien 1949 in Portugal und schildert exemplarisch die Kindheit und Jugend der Jüdin Rose Frankfurter. Die ersten Lebensjahre im typisch deutschen Hause der jüdischen Großeltern auf dem Lande, in der wärmenden Liebe des Großvaters (»good old man«), Sinnbild von Geborgenheit. Es ist ein Leben zwischen zwei Kulturen: sie erfährt, was es heißt, »jüdisch« zu sein, zwischen Kirche und Synagoge zu leben, am Passah-Fest ebenso teilzunehmen wie an der christlichen Weihnacht. Sie erlebt die Wärme der jüdischen Gemeinde mit ihrem ritualisierten Lebensablauf, dann aber auch – in der Schule und im Elternhaus – die zunehmende Ausgrenzung und Stigmatisierung der Juden, die Demütigungen, den Haß, schließlich die brutalen Gewalttätigkeiten. Was ein mühsamer Weg in einem komplexen Werte- und Bezugssystem war, wird erst allmählich zum Konflikt.

Ilse Losa: »War ich eigentlich mehr Jüdin oder Deutsche – wenn man das trennen will, denn die Juden waren ja Deutsche. Aber dann wurde es eben damals getrennt und es kam einem zu Bewußtsein, da gehöre ich nicht dazu. ... Und das spürt ein Kind sehr: irgendwie gehöre ich zu einer seltsamen Gesellschaft. Andererseits hatte es sehr viel Warmes an sich, das Gefühl, wir gehören zusammen ... Aus einer Rasse kann man nicht austreten.«[4]

Ilse Losa, geb. Lieblich, wurde 1913 in Buer geboren und wuchs in Melle bei Osnabrück auf. Ihr Vater war Pferdehändler, ein »einfacher, hilfsbereiter Mann«, ihre Mutter war dem Vater an Bildung weit überlegen, las viel, hörte viel Musik, ging in Opern. 1928 zog die Familie samt zwei Brüdern vom Dorf in die Stadt nach Hildesheim, wo die Mutter eine Pension eröffnete, die sie 1934 aber wieder schließen mußte. Ilse besuchte das Gymnasium, mußte aber wegen des Todes des Vaters abbrechen und ging mit 17 Jahren als Au-pair-Mädchen nach England. 1934 floh sie nach Porto, nachdem sie eine Stelle im Krankenhaus von Hannover verlassen mußte und in Berlin verschiedene Jobs übernommen hatte. Vor ihrer Flucht war sie drei Stunden lang von der Gestapo verhört worden. In einem Brief an eine bekannte Berliner Pazifistin hatte sie Hitler als Verbrecher bezeichnet. Der Gestapobeamte gab der Jüdin mit dem 'arischen Aussehen', den blonden Haaren und den blauen Augen, eine Frist von sechs Tagen, nach denen sie erfahren werde, ob es mit ihr »ins Grüne« gehen werde. Ilse Losa verstand den Wink. Sie floh nach Porto. Dort waren bereits ihr Bruder und ein Onkel.

1935 heiratete sie den jungen Architekten Arménio Losa und erhielt die portugiesische Staatsbürgerschaft. »Als ich hier 1934 ankam, hatte ich das Gefühl, in einer anderen Welt gelandet zu sein.«[5] Am schwierigsten wurde ihr, sich mit der Stellung der Frau abzufinden, vor allem aber fehlte die Beziehung zum Land und zum Landleben, die in ihrer Kindheit so wichtig gewesen war. »Darüber hätte ich schreiben können, wenn ich in Deutschland geblieben wäre. Hier habe ich immer das Gefühl, das ist nicht meins ... Das Landleben hier ist mir fremd.«

Sie leitete einen Kindergarten, versah für zwei Jahre den Lehrstuhl für Kinderliteratur an der Pädagogischen Hochschule, schrieb drei Romane (neben den schon erwähnten noch *Rio sem ponte,* 1952), unzählige Erzählungen, Kinderbücher. Sie war als Verlagslektorin tätig und übertrug Werke von Bertolt Brecht, Thomas Mann, Max Frisch, Anna Seghers, Erich Kästner, das *Tagebuch der Anne Frank* ins Portugiesische, portugiesische Autoren – Alves Redol, Manuel da Fonseca – ins Deutsche, gab Anthologien moderner portugiesischer Autoren heraus, schrieb und schreibt Chroniken und Artikel für verschiedene Zeitungen und Zeitschriften. 1967 erschien in der DDR ein Erzählungsband, *Das versunkene Schiff.* Ihre drei Romane wurden kürzlich neu aufgelegt: 1987 *O mundo em que vivi* und *Sob céus estranhos,* 1988 folgte *Rio sem ponte.* Ein Band mit Erzählungen, *Caminhos sem destino,* liegt seit 1991 vor. Für weitere Romane fehlt ihr nach eigenen Angaben die tiefere Einsicht in die portugiesischen Verhältnisse, Erfahrungen mit portugiesischen Familienverhältnissen, mit Kindheit in Portugal. Deutschland ist ihr nur noch eine Erinnerung, keine Erfahrung mehr. Deshalb wandte sie sich in ihren Erzählungen immer mehr dem portugiesischen Alltag zu. Ausschnitthaftes, Episodenhaftes wird bestimmend, die Themen auch hier: Fremdheit, Trennung, Sehnsüchte, Einsamkeit, Erinnerungen.

Ein knappes Dutzend Kinderbücher runden ihr Werk ab: 1982 bekam sie für das beste Kinderbuch den Gulbenkian-Preis, 1984 den Großen Gulbenkian-Preis für ihr Gesamtwerk. 1987 folgte der Preis der Internationalen Jugendbibliothek in München für ihr Jugendbuch *O quadro roubado* (Das gestohlene Bild).

1989 erschien *Die Welt in der ich lebte* auf deutsch, 1991 *Unter fremden Himmeln.* Im selben Jahr erhielt sie aus den Händen des deutschen Botschafters in Portugal das Bundesverdienstkreuz verliehen – »in Anerkennung der ihrem Land geleisteten Dienste«. »Ihrem Land« – welchem Land?

Sob céus estranhos ist ein Roman über die Zeit. Neben dem Kreißsaal tickt die Uhr. Josef lauert der Zeit auf. Vergangenheit, Gegenwart und Zukunft verschränken sich. Während er auf die Geburt wartet, verdichten sich in der Gegenwart seiner Gedanken Erinnerungen an ein früheres Warten als Emigrant in Porto, gegenwärtiges und vergangenes Empfinden der Fremdheit, Irrwege durch konkrete Räume und erinnerte Zeiten, Rückblenden, assoziative Reihungen von Gedanken und Bildern, Sehnsüchte. Dieser Wahrnehmungsmodus ist Josefs Weltanschauung. Die Zeit hat keine Kontinuität, sie ist kein Aufeinanderfolgen verschiedener Entwicklungsstadien, sondern ein Kontinuum aus Vergangenheit, Gegenwart und Zukunft. »Mumpitz: Vergangenheit, Gegenwart, Zukunft – alles nur Grammatik. Wir laufen stets denselben Kreis ab. Sind abwechselnd jung, alt, lebendig, tot; tot, lebendig, alt, jung. Weil wir alles sind, was wir schon waren und noch sein werden ...« (S. 10)

Die Exilsituation wirkt wie ein Brennglas. In ihr bündelt und verdichtet sich eine Grundsituation des 20. Jahrhunderts. Während sich infolge der technischen Entwicklung nicht nur die Entfernungen verkürzen, Moden und Lebensstile sich überschlagen, Weltanschauungen, Traditionen, Lebenserfahrungen in unaufhörlich beschleunigende Mühlräder geraten, verkürzt und beschleunigt sich auch unser subjektives Zeitempfinden. Auf der Strecke bleibt die Lebenszeit.

Während sich die Welt zunehmend vernetzt, wird die Entwurzelung global. Im Gefolge des Triumphes eines alles vereinnahmenden Wirtschaftssystems leben Nationalismen auf, reagieren ganze Völker auf den zugefügten Kulturschock mit rückwärtsgewandten Ideologien oder religiösem Fundamentalismus. Während Atavismen und Vorurteile fröhliche Urständ feiern, setzen globale Wanderbewegungen ein, wird die Flüchtlingsexistenz zur weltweiten Daseinsform.

Auf diesem Hintergrund ist Ilse Losas Werk erstaunlich aktuell. Es endet nicht in Hoffnungslosigkeit. Freunde, das eigene Ich, die eigene Schöpferkraft wie bei Gil, auch die Geburt neuen Lebens sind Zielpunkte von Heimkehr und Glück: »Unsere Heimkehr steckt in uns selbst, eine andere Heimkehr gibt es nicht.« (*Unter fremden Himmeln*, S. 31) »Der Reichtum in unserem Leben sind die Freunde und nicht die schönen Städte, der Freunde halber hält man es wo auch immer aus.« (S. 238) Doch Beziehungen können zerfallen und Lebenswelten fremd werden, und sei es für die Dauer eines Atemzuges. Hilde Domin:

Man muß den Atem anhalten,
bis der Wind nachläßt,
und die fremde Luft um uns zu kreisen beginnt,
bis das Spiel von Licht und Schatten,
von Grün und Blau,
die alten Muster zeigt
und wir zuhause sind,
wo es auch sei,
und niedersitzen können und uns anlehnen,
als sei es an das Grab
unserer Mutter.

Anmerkungen:

1) Hilde Domin, »Ziehende Landschaft«; das Gedicht eröffnet den Lyrikband von Hilde Domin: *Nur eine Rose als Stütze*, Frankfurt a.M. 1959

2) Curt Meyer-Clason, *Portugiesische Tagebücher 1969-1976*, Königstein/Ts. 1979, S.272

3) »Denn Sprache ist ja Heimat, dieses furchtbare Wort«, Gespräch mit Ilse Losa (Porto, Januar 1989) von Elfriede Engelmayer, in: *Tranvía* Nr. 12 (März 1989), S. 22 f.; siehe auch: Elfriede Engelmayer, »Von der Heimat, die man haben muß, um sie nicht zu brauchen. Über zwei Romane von Ilse Losa«, ebd., S. 20-22

4) Gespräch mit Ilse Losa, a.a.O.

5) ebd.

Zu Ilse Losa siehe auch: Claudia Schoppmann, *Im Fluchtgepäck die Sprache. Deutschsprachige Schriftstellerinnen im Exil*, Berlin 1991

ILSE LOSA, geboren 1913 als Ilse Lieblich in Buer bei Osnabrück. Kindheit auf dem Lande bei den jüdischen Großeltern. 1928 Umzug der Familie nach Hildesheim. Besuch des Gymnasiums, Abbruch wegen Tod des Vaters. Mit 17 Jahren Au-pair-Mädchen in England. Verschiedene Tätigkeiten in Hannover und Berlin, u.a. in einem Krankenhaus. 1934 Flucht vor den Nazis nach Porto. 1935 heiratet Ilse Losa den portugiesischen Architekten Arménio Losa (gestorben 1988) und erhält die portugiesische Staatsbürgerschaft. Sie leitet einen Kindergarten, lehrt Kinderliteratur an einer Pädagogischen Hochschule, arbeitet bei mehreren Zeitungen und Zeitschriften mit. Ilse Losa lebt heute in Porto im Kreis ihrer großen portugiesischen Familie. Als Verlagslektorin, Übersetzerin und Herausgeberin ist sie für mehrere portugiesische und deutsche Verlage tätig; drei Romane, zahlreiche Erzählungen und 17 Kinderbücher. Seit einigen Jahren erscheinen ihre Werke auch in deutscher Sprache.

Bibliographie:
Romane: *O mundo em que vivi,* Porto 1949 (Neuauflage 1987, ^{7}1991); *Rio sem ponte,* Porto 1952 (Neuauflage 1988); *Sob céus estranhos,* Porto 1962 (Neuauflage Porto 1987, ^{3}1990)

Erzählbände: *Histórias quase esquecidas,* Porto 1950; *Aqui havia uma casa,* Porto 1955; *Encontro no outono,* Porto 1965; *Caminhos sem destino,* Porto 1991.

Kinderbücher (Auswahl): *Viagem com Wish,* Porto 1983; *O quadro roubado,* Porto 1985; *A minha melhor história,* Porto 1985; *Um fidalgo de pernas curtas,* Porto 1986; *Ana-ana,* Porto 1986; *Faísca conta a sua história,* Porto 1988; *O rei Rique e outras histórias,* Porto 1989; *Silka,* Porto 1989; *A visita ao padrinho,* Porto 1989; *Um artista chamado Duque,* Porto 1990.

Gedichte in Prosa (»Grades brancas«), Essays, Reisebücher, *Nos e a criança* (Sachbuch).

Zahlreiche Übersetzungen ins Portugiesische, u.a.: *Das Tagebuch der Anne Frank, Andorra* von Max Frisch, Erzählungen von Anna Seghers, *Schwere Stunde* von Thomas Mann, Stücke von Bertolt Brecht.

In deutscher Sprache:
Romane: *Die Welt in der ich lebte,* übers. von Maralde Meyer-Minnemann, Freiburg 1990; *Unter fremden Himmeln,* übers. von Ilse Losa, Freiburg 1991

Erzählungen: *Das versunkene Schiff,* Berlin (DDR) 1967; *Tagträume und Erzählungen der Nacht,* übers. von Ilse Losa, Elfriede Engelmayer und Gesa Hasebrink, Freiburg 1992; »Sicherheitsnadeln« (übers. von Ilse Losa), »Nur eine einfache Reportage, mehr nicht« (übers. von Eugen Kretschmann), »Idalina« (übers. von Ilse Losa), in: *Tranvía* Nr. 10, 12 und 15; »Eine Geschichte ohne Überraschungen« (übers. von Ilse Losa), in: *Portugiesische Erzählungen des zwanzigsten Jahrhunderts,* hrsg. von Curt Meyer-Clason u. Dieter Offenhäußer, Freiburg 1988.

Als Übersetzerin und Mitherausgeberin (Auswahl):mehrere Übersetzungen vom Portugiesischen ins Deutsche, u.a. in: *Portugiesische Erzähler,* Berlin (DDR) 1962; *Ich kann die Liebe nicht vertagen. Moderne portugiesische Lyrik,* Berlin (DDR) 1969; *Erkundungen. 30 portugiesische Erzähler,* Berlin (DDR) 1973; *Liebesgeschichte mit Datum,* Berlin (DDR) 1976; *Saat des Windes* von Manuel da Fonseca, Freiburg 1990.

Teresa Salema:

Auf der Suche nach der Identität

Von Cristina Robalo Cordeiro Oliveira

Teresa Salema ist eine Schriftstellerin. Nicht weil sie Texte verfaßt, die die Leser als Fiktion anerkennen, sondern, weil sie die Kunst einer magischen Benennung besitzt. Durch sie entdeckt sich das Wort als Handlungsträger, statt die Welt in einem schweigenden Text in Schlaf zu versetzen, entdeckt sich als Lärm, der die Luft bewegt und in Aufruhr bringt. Und ihr Text überschreitet den Seitenrand, um in Enthüllung, Vergnügen und Lebenskraft überzugehen.

Teresa Salema schreibt mit der gefühlsmäßigen Intensität derjenigen, die in den Dingen ist ... mit dem Körper, möglicherweise, aber auch mit dem Verstand und mit dem Herz. Mit den Gefühlen und den Gedanken und mit den Worten, die Handlung bedeuten und zugleich Gefühl.

Deshalb sind ihre Texte ungleich, deshalb tragen sie die – notwendigerweise ungleichen – Zeichen jeweiliger Lebenserfahrung und Erlebnismomente, die dann durch den Kontext und durch ihre Leidenschaft einzigartig werden. Die Kraft ist die gleiche, der Enthusiasmus, die Hingabe – »Jedes Buch wird autobiographisch zum Zeitpunkt, in dem wir es schreiben«[1] –, obwohl sich in jedem Roman eine neue Sensibilität ausdrückt und eine unterschiedliche Beziehung zur Welt. Bei der Beschäftigung mit ihren fiktionalen Texten, von *Entre dois países* (1978/Zwischen zwei Ländern) bis *O lugar ausente* (1991/Der abwesende Ort) kann man also eine Entwicklung feststellen, die mit Sicherheit persönlicher Art ist, die aber auch das Engagement in einer Zeit und einer Gesellschaft im Werden ausdrückt, sowie einen Reifeprozeß des Schreibens, die gereifte Verinnerlichung einer Praxis, die das Erwachsenenalter erreicht. Unendlich ist daher das Spiel der Bezeichnungen, der Bilder, der Metaphern, der Kühnheiten und poetischen Freiheiten. Unendlich ist das Vergnügen an diesem Spiel, allein oder in Gemeinschaft. »Aber das literarische Zeichen bleibt unveränderlich«, stellt Barthes[2] fest, und mit ihm das Modell, das Wesen, die Existenz.

Existieren und Dasein. In den Büchern wie im Leben. Beides, Ort, Raum, (un)bestimmte Ausdehnung, Rahmen für ein Gesicht, eine Stimme, eine Geste. Teresa Salema ist in ihren Büchern, immer anders, immer die gleiche. Und vielleicht ist die Frage der Identität – deren Bühne, Gefäß, Anordnung sie sind – der Leitfaden einer Suche, das Zentrum einer Einheit.

Text und Struktur

Wenn wir uns mit den Romanen von Teresa Salema beschäftigen, fällt vor allem die Kompositionsstruktur auf, die ihnen zugrundeliegt. João Barrento spricht zu Recht von einer »triadischen Obsession«. *Entre dois países,* obwohl in fünf Kapitel mit ganz unterschiedlichen Überschriften unterteilt – »von diesem Fenster aus sahen wir«, »als ob das Fenster das Exil wäre«, »mehr als Gedichte«, »sahen wir so etwas wie das Volk«, »außerhalb der Jahreszeit« –, ist in einer speziellen räumlichen Dreiteilung angeordnet: Portugal / Deutschland / Portugal, die drei Momenten des historischen und existenziellen Erlebens der Hauptperson Sara entspricht. Durch seine Ausdehnung und thematische Geschlossenheit scheint der Mittelteil die grundlegende Spannung des Textes zu beinhalten. In *Educação e memoria de André Maria S.* (dt.: *Sich erinnern – André Maria S.*) ist der Zusammenklang in drei Zeiten noch offensichtlicher: der Roman mit dem Untertitel »Tryptichon« ist in drei Kapitel geteilt, Momente eines musikalischen Ablaufs, der sich direkt auf die Personen bezieht – »André oder die Zitadelle« (Andante), »Maria oder der Kontinent« (Scherzo und Fuge), »S. oder das Haus« (Adagio) –, Momente, die in ihrem Umfang und ihrer Thematik sehr unterschiedlich sind. Diese Anordnung des Textes verweist in klarer Weise auf die Problematik der Figur, die den Mittelpunkt einnimmt: Maria. *O lugar ausente* reiht sich ebenfalls in diese Kompositionsstruktur ein: drei Kapitel – »Der Ort ohne Namen«, »Der abwesende Ort«, »Der Ort mit Namen« –, die sich jeweils auf einer Achse der physischen Geographie (Straße, Büro, Sand), der A-topie (Nicht-Ort) und der kulturellen Geographie (Weimar, Berlin, Lissabon) zentrieren. Auch hier zieht der mittlere Ort die semantische und symbolische Fracht des Romans an sich. Die Texte sind also nicht linear fortschreitend verfaßt, ebensowenig wie sie auf einen bestimmten Zweck (oder einen bestimmten Schluß) hinsteuern. Man könnte sagen, daß die

Vorstellung der Synthese hier der partiellen Wahrheit vorausgeht, aus der sie zum Teil entspringen sollte. Oder daß die Synthese sich bei jedem Schritt herstellt, in einer Bewegung, die zugleich umfassend und vorläufig, menschlich, ist. Der Roman *Nós, outros* (1979/Wir, andere) scheint von dieser Obsession abzuweichen. Das Prinzip der Gegensätzlichkeit, das seinem schöpferischen Akt zugrunde liegt – zwei Autoren, zwei Stimmen, zwei Schreibweisen – legt nahe, daß der Text sich auf die Spannung zwischen zwei Polen zentriert – er, sie –, die der Dialog in sich birgt. Mehr noch, seine Struktur teilt sich ebenfalls in zwei unterschiedliche Ausdruckssituationen: die aufgezeichneten Dialoge und die von beiden Stimmen geschriebenen Texte lyrischen, berichtenden oder lyrisch erzählenden Tons. Indem er diesen dualen Rhythmus überwindet, pendelt der Text sich schließlich auf eine Bewegung ein, auf die von neuem die Vorstellung eines Dreiecks paßt – zwei dialogisierende Stimmen + Stimme/sie im Text + Stimme/er im Text; jedoch liegt der tatsächliche Sinn des Dialogs der zwei Romanfiguren nicht in der Idee einer Dialektik negativer Art, sondern in der Idee eines Fortschreitens und einer Eroberung im gegenseitigen Kennenlernen und im Verständnis für den Lebenslauf und die Lebenssituation des anderen, die – ohne eine der beteiligten Parteien auszulöschen – zu einer Einheit (der des Schreibens als Akt der reinen Liebe) tendieren. Tatsächlich erlaubt die Kunst, in drei Momenten zu komponieren, der Autorin, den Dualismus zweier entgegengesetzter Prinzipien zu umgehen, den reduzierenden und statischen Charakter der Gegensätze zu vermeiden, um sich einer breiteren Bewegung zuzuwenden, der Kunst, ein wirkliches Wissen zu schaffen. Im Bewußtsein von der Unmöglichkeit (und der Einfältigkeit), alles im gleichen (und ersten) Impuls zu verstehen, führt Teresa Salema in ihrem Erzählwerk die Leser auf den Weg des progressiven und dialektischen Wissens, das hier nicht nur eine Form des Begreifens ist, sondern auch eine Form des Seins. Es erstaunt also nicht, daß sie über einen persönlichen Rahmen hinausgeht – und mehr noch über eine weibliche (oder feministische) Perspektive, die die Weite des Erzählten beschränken würde – um in die Inspiration der gesamten menschlichen Realität einzutreten, und dies in einem Prozeß der gegenseitigen Bedingtheiten, in dem die Bewegung des Geistes durch die Geschichte ausgedrückt ist, diese selbst Spiegel des Geistes. Die Anwendung dieses kompositorischen Schemas verhindert jedoch nicht, daß die Texte, jeder auf seine Weise, plötzlich vom Prinzip der Streuung und der Vielfältigkeit überfallen werden und sich in den Gefallen am Unerwarteten und Überraschenden stürzen. Die davon betroffenen Bereiche sind zahlreich: der der Personen und der Handlung, der Bereich der Raum-und-Zeit-Achse und der Bereich der Ausweitung der semantischen Felder auf eine symbolische Ebene, die sich daraus ergibt, sowie der Bereich der eigentlichen textlichen Grundlage.

Personen und Handlungen

Es ist nicht viel, was in den Texten von Teresa Salema erzählt wird. Ihre Figuren leben nicht von Schicksalswendungen oder Zwischenfällen, noch besteht daraus ihre Welt. Es zählt vielmehr das, was gesagt wird, was man denkt, woran man sich erinnert oder was man sich vorstellt. Das, was man wachruft, und das, was man aufbaut. Die Schleier, die sich lüften in diesem Raum der Figuren und Ideen, gelten mehr als die realen Vorkommnisse. Infolgedessen kann man in keinem der fiktionalen Werke von Teresa Salema wirklich von Handlung als »Prozeß der Entwicklung von singulären Ereignissen, die zu einer unwiderruflichen Lösung führen können oder nicht«[3], sprechen, auch wenn man einem Aufeinandertreffen der Figur mit Ereignissen beiwohnt, die aus einer zeitlichen und/oder kausalen Logik herrühren und in ihr Zustandsveränderungen oder psychologische Veränderungen bewirken, oder wo sich die Skizze einer Intrige abzeichnet, wo auf seltsame Ereignisse hingedeutet wird, wie es in *O lugar ausente* mit einem Bildhauer aus Weimar geschieht, der an einem Strand südlich von Lissabon stirbt.

Die Handlung tritt zurück, die Autorin zieht dem Ereignis seinen Reflex im Bewußtsein vor und ersetzt das Beschreiben der Phänomene durch ihre innere Problematisierung. So rückt der Effekt, der durch die Dinge im Inneren der Person hervorgerufen wird, in den Vordergrund – feine Episoden, vage und punktuelle Ereignisse –, indem sie und alles, was helfen kann, sie zu definieren, vergrößert wird zum besseren Verständnis ihrer Herkunft und ihrer Situation in der Welt.

In den vier Romanen von Teresa Salema nehmen wir an einer fortschreitenden Erweiterung der Figuren teil, die im Brennpunkt stehen und die ihrerseits wieder Licht auf die Ereignisse werfen. Von einer einzigen, konzentrierten Perspektive wie in *Entre dois países* (wo die Aufmerksamkeit auf die Figur von Sara fällt, deren Stimme und Blick die Erzählung vorantreiben), kommt man zu einer doppelten simultanen oder ineinander verschobenen Perspektive in *Nós, outros*, zu einer dreifachen und aufeinanderfolgenden in *Sich erinnern – André Maria S.* (wo der Titel sich in drei autonome Wesen aufspaltet: André, Maria und S.) und schließlich zu einer vielfachen und unerwarteten Perspektive in *O lugar ausente* (wo wir in jedem Kapitel neue Protagonisten entdecken: Sara, Maria Magdalena, Carl, Andy, Eva, Istvan, Nael, bemerkenswerterweise fast alle mit jüdischen Namen, deren Wahrnehmung der Wirklichkeit nicht immer übereinstimmt, aber durch die sich das Geheimnis der Handlung enthüllt). Wenn es also richtig ist, daß das Prinzip der Ausweitung klar zu Tage tritt in den beiden zuletzt genannten Texten, ist es nicht weniger richtig, daß bereits in den vorhergehenden der fiktionale Raum sich für eine Vielfalt der Stimmen, Blicke, Erlebnisse öffnete, die, wenn auch nur oberflächlich und in indirekter Form, durch eine beträchtliche Anzahl anderer Figuren verkörpert werden, durch die vage Umrisse der Intrigen und Beziehungen skizziert werden. Es sind das parallele Geschichten, die manchmal illustrativ, manchmal beispielhaft, eine Linie punktieren ohne sie zu unterbrechen, die sie ausfüllen und ihr Farbe verleihen.

Beispiele dieses Wunsches, etwas über die Dauer und Struktur einer individuellen Erfahrung hinaus zu erfassen, sind die Romane *Entre dois países* und *Sich erinnern – André Maria S.*

Indem der Text auf die Hauptpersonen hin zuläuft und durch sie wie durch ein Prisma gestreut wird, nimmt er das Handeln von so vielen anderen Personen auf, die bloße Nebenfiguren sind oder nur vereinzelt auftreten, und erweitert sich durch die Einflechtung von neuen Lebensläufen, die die Erfahrungen der Hauptpersonen weiterführen, aufspalten und durch Unterschiedlichkeit und Gegensätzlichkeit relativieren. Zu erwähnen sind für den ersten Fall Ana, Karin, Günter, Jaime, entwurzelte Emigranten auf der Suche nach einer Identität in Deutschland, alle die, die sich in Portugal in der Nachfolge des 25. April politisch engagiert haben. Diese Figuren bevölkern den Alltag von Sara, ihre Stimmen klingen mit unterschiedlicher Intensität in ihrem Bewußtsein wieder; oder für den zweiten Fall, Dea, Anima, Margot, Sarah, Hal, David unter so vielen anderen, durch die sich der Umriß von Maria herausbildet. Hier entsteht durch die Streuung das Bild einer wachgerüttelten Generation, die das Leben befragt – vor allem aus der Perspektive einer Frau, die sich mit den Problemen der Mutterschaft, der gefühlsmäßigen Gebundenheit auseinandersetzt und die Unterwerfung ablehnt –, die enttäuscht von der gemeinschaftlichen Erfahrung danach sucht, dem individuellen Lebenslauf einen Sinn zu geben: Fragmente einer Realität, die offensichtlich unabhängig voneinander sind, gewebt aus Unterschiedlichkeiten und Unvereinbarkeiten, und die zusammengefügt sind durch den gemeinsamen Wunsch zu einem ganzheitlichen Leben.

Es scheint sich also eine Entwicklung zu vollziehen, die dem Individuellen mehr Raum gibt. Eine einzige, ausschließliche Perspektive wird ersetzt durch die Vergrößerung des anderen als autonomer und unterschiedlicher Körper und Gewissen. In dieser neuen erzählerischen Konstellation löst sich die Vorstellung einer einzigen Hauptperson, auf welche die Handlungsachse zuläuft, auf, um so das Gewicht einer individuellen Erfahrung zu Gunsten des Gewichts einer Vielfalt von Einzelerfahrungen zu relativieren.

Die Öffnung des Textes hat ein zweifaches Ziel:
– die Person in einen konkreten Kontext einzufügen und so die soziohistorische Realität in den Vordergrund zu stellen: damit wird die Dynamik des Kollektivs und der Geschichte hervorgehoben, ohne die die Person unvollständig ist;
– für jeden der Protagonisten eine mehrwertige und facettenreiche Sichtweise vorzustellen, je nachdem, wer ihn beobachtet, wer mit ihm spricht oder wer über ihn vergangene Situationen und Momente heraufbeschwört. Erscheint so die Person als Ergebnis der Übereinstimmungen (oder des Widerspruchs), der Standpunkte und Meinungen, unterstreicht das nur ihre Komplexität: indem sie einen Raum der Identität ausfüllen, der sehr oft ungewiß und widersprüchlich ist, sind diese Existenzen aus einer formbaren Materie gegossen. Sie befinden sich in vorläufigen Entwicklungsstufen, in denen das Bewußtsein sich zerstreut und konzentriert, sich bildet und auflöst. Die Faszination und die Kraft der Texte liegt übrigens zum großen Teil in dieser bemerkenswerten Fähigkeit, Ideen und Geisteshaltungen zu beschreiben, ohne in die Abstraktion zu verfallen, Figuren zu zeichnen, die trotz der undefinierten und vagen Züge während des Leseprozesses, der sie vollendet, Dichtheit, Körper und Gesicht gewinnen.

Raum und Zeit

Abgesehen davon, daß sie in den diversen Texten von Teresa Salema unterschiedliche Bedeutung erlangen können, wirken Raum und Zeit auf unterschiedlichen semantischen Ebenen, indem sie entweder lediglich der Information über die Handlung dienen oder als Träger einer symbolischen Vorstellungswelt oder gar als ursprüngliche Elemente, die auf einer mythischen Ebene losgelöst von jedem konkreten Handlungsbezug angesiedelt sind. Das geschieht in *Sich erinnern – André Maria S.*, wo am Anfang des Romans auf räumliche und zeitliche Zusammenhänge Bezug genommen wird, die vor der eigentlichen Ausbildung des Individuums existieren.Diese werden als Kategorien dargestellt, die dem ganzen Schaffensprozeß vorangehen (Bezug auf den Plan der Stadt, auf ihr tausendjähriges Alter, auf die Stunde Null). Sie geben somit dem Wunsch der Romanfigur Ausdruck, am Anfang zu beginnen, eine Totalität zu erfassen. Durch die symbolische Rückkehr zu den Ursprüngen wird die Gegenwart in einen Zusammenhang gestellt: wie ein Glied in einer Kette, das getrennte Einzelteile verbindet und ihnen einen neuen Zusammenhang gibt. Das Zusammenspiel dreier unterschiedlicher Ebenen – Vergangenheit, Gegenwart und Zukunft – gibt also im wesentlichen über die zeitliche Logik der Romane Auskunft.

Die Gegenwart wirft Probleme auf. Zu ihr hat man Zugang durch den Diskurs eines Erzählers, der die Übereinstimmung mit der Romanfigur herstellt, eine einzige, mit ihr gleichlautende Stimme sucht.

»Der Schlüssel dreht sich mit dem üblichen hellen und sicheren Ton, der Maria Magdalena aus der schläfrigen Abwesenheit der Reise aufweckt. Die Hände schleudern die Tasche aus grünem Tuch auf das Leopardenfell auf den roten Fliesen, und sie läßt sich in den Ledersessel fallen, hält mit der linken Hand die Post und streichelt mit den rauhen Sohlen das Fell. (...)

Bleib da! (...) Lehn den Kopf in den Halbschatten dieser Oberfläche, wo sich normalerweise niemand hinsetzt, um zu lachen oder zu trinken oder Asche abzustreifen in den kleinen leeren Kreisen, die die Höhlen der Katzenaugen waren.

Sie erhebt sich mit einer ungestümen Geste, zieht die Windjacke aus, die Mütze, hängt den Schlüssel ans Brett, das die Schlösser des Wohnheims und des Kollegs unterscheidet, aber sie fällt erneut in das abgeschabte Leder und fixiert zerstreut die Jagdszenen auf den Kacheln der Wand. Das gelbliche Weiß zwischen den Flanken der Pferde und dem Geweih der Hirsche reflektiert die letzten Strahlen des Nachmittags.

Langsam erkennt Maria Magdalena die Buchstaben und Ziffern, die ihr einen Sinn übermitteln, der schon von außen festgelegt wurde und an dem sie nichts ändern kann.« (*O lugar ausente*, S. 35 f.)

Hier gibt der Erzähler die Gedanken der handelnden Person in einer Sprache wieder, die zwischen der Unmittelbarkeit des Zitats und dem Umweg des Erzählens schwebt. Er gibt zwar preis, was sich in ihrem Geist abspielt, hält aber die Bewegungen ihres Bewußtsein im Halbdunkel , an den Grenzen der Verbalisierung.

An anderen Stellen zeigt sich die Gegenwart ohne vermittelnde Instanz, in Ausschnitten von Tagebüchern, die der Roman in seine Textsubstanz aufnimmt: die Hefte von Andy, die den zentralen Teil von *O lugar ausente* ausmachen; die Schriftstücke von Maria, die bekennt: »ich habe schon immer gern geschrieben, vor allem Tagebücher, Briefe« (in *Sich erinnern – André Maria S.*, S. 111); die zwei Tagebücher der beiden für den Text Verantwortlichen in *Nós, outros.* In allen Romanen und selbst, wenn die Hinweise auf eine chronologische Datierung sehr präzise sind, ähnelt die Gegenwart mehr einer undefinierten als einer realen Zeit, die nicht in einem Bericht erfaßt werden kann, angesiedelt zwischen dem, was ausgesprochen bereits Vergangenheit ist, und dem, was noch nicht gesagt, schon Zukunft ist. Die Gegenwart taucht so immer als ein unentwirrbares Netz von Bezügen auf, die nicht wirklich zu ihr gehören, aber ohne die sie ihre Dichte verliert.

Ihre wichtigste und substantiellste Grundlage ist die Vergangenheit als kollektives Gedächtnis oder individuelle und vereinzelnde Erinnerung, die sich auf zwanghafte Weise durchsetzt, eindringt in die aktuelle Erlebniswelt der Figur, die sich ihr in einer teils schmerzhaften, teils lustvollen Hingabe ausliefert. Wohl wissend um die Ambiguität, die sie birgt, aber überzeugt davon, daß hier die tiefsten Wurzeln ihrer Existenz verankert sind, findet die Romanfigur in ihr die Rechtfertigung für die Gegenwart, die Möglichkeit eines Ausgleichs, einer Relativierung, einer daher erhellenden Veränderung der Einstellung und der Analyse. Die Vergangenheit auszusprechen, ist auch wie eine Art Teufelsaustreibung, wie eine Form der Befreiung: wenn man sich ihr stellt, verliert die vergangene Zeit ihre Macht und ihre mysteriöse Kraft, durch die sie sich, wenn auch schlafend, auf der Lauer hielt. »Alte Sünden werfen lange Schatten«, sagt das Sprichwort. Oder, mit anderen Worten, wie z.B. denen des ersten Mottos des Romans *Entre dois países*: »Das Vergangene ist nicht tot; es ist noch nicht einmal vergangen« (Christa Wolf, *Kindheitsmuster*). Aber übertragen auf das weiße Blatt Papier, also in die bewußte Gegenwart gerufen, verliert es vielleicht seine dramatische Bürde, läßt sich bezähmen, wird fügsam und gewinnt an Nähe. Und in allen Romanen sind die Figuren selten, die ihrer Faszination entkommen, die sich diesen so oft sinnlichen Mäandern entziehen, wo die Erinnerung Sperren gegen das Vergessen errichtet.

»Im Bairro Alto:
aßen wir Meeresalgen, gebraten in Fisch, oder , wie mir schien, verdorrt und trocken.
Erinnerst du dich.
Und das, was wir Vor-Klassenbewußtsein nannten, erinnerst du dich, Sara? die Geschichte der Kinder, die wir zerlumpt auf der Straße trafen, auf dem Weg zum Gymnasium. Wir brachten ihnen Hefte (aus Glas, sage ich heute) und Bleistifte (aus Erde, immer noch heute), das machten unsere dreizehn Jahre, die allmählich die Formen von Brüsten annahmen, die uns das Recht gaben, die Socken weit von uns zu schmeißen und Nylonstrümpfe an den Beinen heraufzurollen; wir trafen viele Achtjährige, ohne inneren Raum für die ersten Schriftzüge, schon ohne Möglichkeit (aber das wußten wir nicht. Deswegen die Bleistifte und

Hefte. Auf dem Weg zum Gymnasium.) sogar für weitere Schriftzüge.«
(*Entre dois países,* S. 21 f.)

Jedoch ist die Gegenwart nicht nur durch die Vergangenheit beeinflußt. Als Raum für Erinnerung bietet der Text zugleich einem Denken in die Zukunft Raum und drückt den Wunsch aus, über die unmittelbare Gegenwart hinauszugehen.

»Es gibt im Gegenwärtigen, ja im Erinnerten selber einen Auftrieb und eine Abgebrochenheit, ein Brüten und eine Vorwegnahme von Noch-nicht-Gewordenem (...) Der echte utopische Wille ist durchaus kein unendliches Streben, vielmehr: er will das bloß Unmittelbare...«
(Ernst Bloch, *Das Prinzip Hoffnung*)

Die Wahl dieser Worte Blochs als Motto für den Roman *Sich erinnern – André Maria S.* ist bezeichnend. Der dynamische Charakter, der Anstoß durch die erlebte Gegenwart fließt über in eine Erwartung der Zukunft. Der utopische Wille prägt die Texte im Sinne eines unmittelbaren, baldigen und möglichen Handelns, das in dieser Wort-Handlung, eher als Gewißheit denn als Versprechen, bereits angelegt ist. Es gibt keine Gegenwart ohne Vergangenheit, die sie determiniert, genausowenig wie es sie ohne die Zukunft gibt, die in ihr schon latent enthalten ist.

Auf diese Möglichkeit, die Zukunft in der Gegenwart zu gestalten, das Rad einer dynamischen Zeit nicht anzuhalten, zielen die Hauptaussagen von drei der Romane, die künftiges Schaffen ankündigen: »Wartende Worte, was soll man mit ihnen machen?« (*Entre dois países,* S. 15), »Die Geschichte hört nicht auf« (*Sich erinnern – André Maria S.,* S. 217), »(...) wie jemand, der mit sicherer Hand die ersten Seiten eines schmalen Buches schreibt« (*O lugar ausente,* S. 158).

Die Einreihung dieser Texte aufgrund der dargestellten Zeitstruktur schließt natürlich nicht die Originalität und Besonderheit jedes einzelnen aus. Ich möchte *Nós, outros* hervorheben, wo das Spiel mit den Zeitebenen eine besondere Rolle einnimmt. Der Text beherbergt drei ineinander verflochtene Zeitebenen, die sich im Prozeß des ästhetischen und sexuellen Schaffens entfalten: die Gegenwart, ein vollkommen definiertes Hier und Jetzt – die aktuelle Situation einer Beziehung und gleichzeitig des Schreibprozesses –, in der die Romanfiguren (die Autoren?) eine totale Gleichzeitigkeit zwischen Sprechen und Handeln anstreben; eine zweite Ebene, auf der die Situation der jüngsten Vergangenheit, des Verlaufs der Beziehung, unter Berücksichtigung des tatsächlichen Zeitablaufs dargestellt wird, und die dritte, tiefere Ebene einer weiter zurückliegenden Vergangenheit, auf der die Situationen früherer Beziehungen in chaotischerer und unkontrollierterer Weise als starke und obsessive Bilder auftauchen. Die Zukunft verschmilzt hier mit der Gegenwart, indem die Wörter, die sie (Zukunft/Gegenwart) aussprechen, Kunst werden, also Dauerhaftigkeit, Kontinuität und Übertragung. Die Gegenwart zu erzählen, die aus einer aufgelösten und wiederhergestellten Vergangenheit gemacht ist, ist soviel wie eine Zunkunft zu beschreiben, die in diesem »acte d'amour«, einer schöpferischen und spontanen Hingabe, enthalten ist.

Untrennbar von der zeitlichen Verknüpfung ist der räumliche Bezug ein Antriebselement für die Erzählung.

Gehen wir aus von der Idee des zu Benennenden als Totalität der Wirklichkeit[4] – nicht bloß das äußere Objekt, das dem Akt des unmittelbaren Verstehens dargeboten wird, sondern eine Abstraktion, ein Begriff, eine Phantasie, ein Objekt der Gedanken, eine Empfindung, mit einem Wort, das Resultat aus allen Erfahrungen (realen, sprachlichen und kulturellen), auf die diese Realität einwirkt – das teilweise oder vollständig wirksam gemacht wird, je nach der Art des Diskurses, in dem es sich befindet. Ein solches Konzept erfaßt am besten den Vorgang der Schilderung der Welt, wie er in diesen fiktionalen Texten, die ebenso abhängig sind von Begriffen und Gedanken wie von den Symbolen und konkreten Dingen, vorgenommen wird. Indem das literarische Werk als erzählender Diskurs sich der Bezeichnungen, die der Alltagssprache entnommen zu sein scheinen, bedient (wenn auch nicht unter den Bedingungen einer transparenten Kommunikation), fördert es als poetischer Diskurs die Verwechslung des Benannten mit seiner gedanklichen Entsprechung, bei der das bezeichnete Objekt in abstrakter und genereller Form und nicht in der konkreten Situation aufgefaßt wird – mit anderen Worten, es wird zum totalen Bild, zur universellen Erfahrung.

Die Idee der Totalität paßt hier am besten. Mit ihr kann man sowohl der Mannigfaltigkeit dieses Universums Rechnung tragen, als auch seiner Dichte und seinem ursprünglichen Charakter. Der Raum ist hier zu jeder Zeit Handlungsfigur, Grundlage der Existenz, ausgestattet mit Körper und Seele. Deswegen besetzt er die strategischen Plätze des Textes – Titel: *Entre dois países* und *O lugar ausente*; Kapitelüberschriften: »Der namenlose Ort«, »Der abwesende Ort«, »Der Ort mit Namen« (*O lugar ausente*), »André oder die Zitadelle«, »Maria oder der Kontinent«, »S. oder das Haus« (*Sich erinnern – André Maria S.*); Untertitel von Kapiteln: »Straße«, »Büro«, »Sand«, »Weimar«, »Berlin«, »Lissabon« (*O lugar ausente*), »Plan der Stadt«, »Haus«, »Dorf«, »Insel« etc. (*Sich erinnern ...*) Deswegen auch wird er in seiner enormen semantischen und symbolischen Mehrwertigkeit gebraucht.

Wenn auch gefiltert durch einen Diskurs, der sie zur Fiktion werden läßt, gewinnen die Bezüge auf die empirische Welt im ersten Roman von 1978, in dem die Autorin sich durch den Enthusiasmus eines politischen und sozialen Kampfes in einem wichtigen Moment der portugiesischen Geschichte mitreißen läßt, besondere Bedeutung. Hier sieht die Fiktion ihre Verantwortung darin, zwar nicht gerade die Beschreibung aber doch die kritische Betrachtung einer sozialen Realität zu leisten, indem der narrative Diskurs dazu tendiert, gleichsam unbewußt das Scheitern des historischen Diskurses auszugleichen, der zu jenem Zeitpunkt zu einer klaren Bewertung der Fakten noch nicht in der Lage war. In diesem Zusammenhang sind die Bezüge auf die deutsche Wirklichkeit wichtig, sowohl jene der portugiesischen Emigranten als auch die der Intellektuellen, zu denen die Autorin gehört, ebenso wie die Betonung, die den 'Ausschnitten' aus der Aprilrevolution in ihren Mängeln und verschiedenen Stadien im historischen Prozeß zuteil wird: durch sie sucht die Autorin die Fiktion mit Fragmenten dokumentarischen Charakters zu durchsetzen.

Aber der Wunsch, präsent zu sein in einem realen und konkreten Zeit-Raum, Zeugin zu sein einer Epoche, die man am Leben erhalten möchte[5], äußert sich hier nicht durch das Auslöschen der Einbildungskraft, die lediglich ersetzt würde durch eine Information, eine theoretische Idee.

Ohne das Vorhaben der direkten Kommunikation aufzugeben, konstituiert sich in *Entre dois países* der Diskurs der Phantasie und der Freiheit, der nicht unbedingt der offiziellen Geschichtsschreibung verpflichtet ist: Die Autorin schafft einen Ausgleich zwischen der Schilderung und der Ideologie, zwischen dem Gesicherten und dem Symbolischen und bringt dadurch ihre politische Aktivität mit ihrem schöpferischen Bemühen in Einklang. Indem die Autorin einer Person Stimme verleiht, die den Text mit ihren Eindrücken und Erlebnissen füllt, verwirklicht sie außerdem in einem umfassenden Sinn die Verbindung zwischen der kollektiven geschichtlichen Erfahrung und der individuellen Verzweiflung, die der innerste Widerhall eines subjektiven Blicks ist, der diese Geschichte interpretiert und in ihr seinen Platz zu bestimmen versucht.

Aber die Streifzüge durch 'Orte mit Namen', Chroniken von europäischen Orten wie Weimar, Berlin, Lissabon, beladen mit Geschichte und Vergangenheit, kennzeichnen ebenfalls die anderen Romane von Teresa Salema und bevölkern sie mit lebendigen Verweisen auf Kultur und Kunst. Diese kulturelle Geographie, besonders lebendig in *O lugar ausente,* dringt wie eine zweite Natur in das Innere des eigentlichen Handlungsgewebes ein, vergegenwärtigt die erlebten und jetzt wieder aufgesuchten Orte und bestätigt die »unleugbare Berufung zur Kulturtouristin«, wie João Barrento im Hinblick auf die Figur Eva formuliert.

Im Inneren dieser Welt der Welten, die die Wirklichkeit bildet, gibt es aber noch einen anderen Bezugsbereich, der den zeit- und namenlosen Raum – oder die raum- und namenlose Zeit – aufwertet, wo es nur die Geschichte des Bewußtseins und des Körpers gibt. Das sind Saras Straße, Maria Magdalenas Büro, Silvanas Bett oder Strand. Aber auch Teile eines umfangreicheren Ganzen gehören dazu, vielfältige Bestandteile und Symbole aus dem Bereich der einfachen Elemente, die eine Übereinstimmung mit den Grundlagen des Lebens vermitteln und die sich entweder auf die Wahl des flüssigen Elements (Tropfen, Träne, See, Blut, Sumpf, Welle, Quelle, Meer) zentrieren oder auf Elemente, die auf die Härte und Kälte der Materie verweisen (der Stein der Grabmäler und die Skulpturen Carls) oder auch von Naturelementen, die auf phantasievolle Weise nachgebildet sind, Metaphern einer brennenden Leidenschaft, die verwandelt, verzehrt und neu erschafft.

Die Geographie ist jetzt persönlicher Art, sie entspringt dem Wunsch, Grenzen und Sprachen niederzureißen, und die Bezüge sind die von Einzelerfahrungen, -handlungen und -gefühlen. Diese zwei Welten, diese zwei Kategorien von Bezügen widersprechen einander nicht. In einem Interview mit Maria Teresa Horta drückt Teresa Salema aus, daß ihre Bücher eng mit ihr verbunden sind, verwurzelt in eigenem Erleben, und sie bestätigt anläßlich ihres letzten Romans *O lugar ausente:* »Die Szene auf dem Friedhof in der DDR habe ich erlebt, wenn auch nicht in der gleichen Art, so doch sehr ähnlich. Ich befand mich auf diesem gespenstischen, nebelverhangenen Friedhof , der voller historischer Referenzen ist. Ich befand mich auf dem Friedhof am Tag der Tragödie von Tschernobyl. Diese ganze Erfahrung war so stark, daß der Zwang, sie in Literatur umzusetzen, übermächtig wurde.«[6]

Hier zeigt sich der Zauber der Utopie, der Glauben an die Existenz bestimmter auserwählter Orte, die es ermöglichen, Gegensätze zu vereinen, Erfahrungen zu begreifen; Orte, an denen die Dinge durch das Erleben der Personen Dichte gewinnen; Orte einer Fiktion, die sich mit dem Leben vermischt.

Die Körperlichkeit der Schrift

Die Originalität und Komplexität dieser Texte ergibt sich nicht nur aus ihrer inneren Komposition und ihrer strukturellen, thematischen und symbolischen Anordnung. Die Schrift ist, genauso wie die Person(en), die Zeit und der Raum, ein wichtiger Faktor der Überraschung und in gewisser Weise auch der Streuung. In diesem Sinne sei hier vor allem das graphische Arrangement der Texte erwähnt, wo die Schrift als Zeichnung, als Spiel, als visuelle Konstruktion verstanden wird. Symbolisch gesehen ist die Schrift auch Körper und ihre Materialität ist ein Trumpf, der zu ihren Gunsten ausgespielt wird, indem sie die ihr eigenen unendlichen Möglichkeiten zu betonen hilft.

Ausgedehnt über das ganze Werk erlangt vor allem in *Nós, outros* die Ausnutzung der graphischen Möglichkeiten besondere Bedeutung. Texte mit klassischer Komposition wechseln mit anderen von sehr origineller drucktechnischer Anordnung ab. Als Beispiele seien hier Techniken wie Gliederung der Seiten in Spalten, Ideogrammversuche, bei denen die Verbmasse Zeichnungen von bizarrer Gestalt und unterschiedlicher Geometrie bildet (S. 44, 65, 123) , das Benutzen von Leerstellen im Inneren des Satzes (S. 67,119) und der ungewöhnliche Gebrauch von Akzenten (S. 73), von Parenthesen (S. 213) und ungleichen Abständen (S. 107 f.) genannt. Der ästhetische Effekt einiger Seiten, auf denen mit unterschiedlichen Zeichnungen und Anordnungen gespielt wird (S. 118 f., 123), gestaltet in einigen Fällen als wichtiger Faktor die Bedingungen des Lesens.

Über diese visuellen Effekte hinaus ist noch der Rekurs auf die verschiedensten literarischen Register – im klassischen Rahmen der Einteilung der Gattungen – zu erwähnen: der Roman in zwei Stimmen (*Nós, outros*) enthält Gedichte, Briefe (S. 227 f.), Tagebücher (S. 189-203), Szenen ausschließlich in Dialogform, erzählende Texte sowie erzählende Texte in lyrischem Ton.

Auffallend ist die Tendenz zur beinahe exzessiven Anwendung poetischer Freiheiten: es gibt sie sowohl im lexikalischen Bereich (Verknüpfung verschiedener Sprachregister, Wort(neu)schöpfungen, durch Prozesse des »Zusammenschweißens« (Agglutination) oder des Zusammenrückens von Wörtern (Juxtaposition), die einem ebenfalls neuen Ausdrucksbedürfnis entsprechen), wie auch im Bereich des Paradigmas (die Ersetzung eines oder mehrer Glieder einer syntagmatischen Kette durch einen Prozeß der lexikalischen Produktion oder die Schöpfung neuer Serien nach dem Prinzip des Litotes in verschiedenen semantischen Bereichen) sowie im Bereich des Satzbaus (wo die syntaktische Anordnung manchmal Inkohärenz und Diskontinuität berechtigt – vor allem in Dialogszenen –, der häufige Gebrauch von Strukturen der Unterbrechung, von Auslassungen [Pünktchen] und vielfältigen Mitteln, den Sinn offenzulassen).

Übrigens bestimmt dieser permanente Prozeß der Streuung, der vom Schreiben ausgeht, auch den Charakter der andern Romane. Durch ihn manifestiert sich der Wunsch, alle Wirkungsmöglichkeiten eines Diskurses auszuschöpfen, der sich vom Wörtlichnehmen bis zum Mehrdeutigen und Symbolischen erstreckt und der es wagt, die 'Rückkehr' zu einer reinen Sprache vorzuschlagen, wo die Worte ihren institutionellen und gesellschaftlichen Ballast verlieren, um die Kraft einer neuen und lebendigen Ausdrucksweise wiederzugewinnen.

Es handelt sich hier also nicht um die Unsicherheit, den Sinn festzulegen, sondern um eine Weigerung, ihn einzugrenzen oder auf einen einzigen semantischen Träger zu verengen oder dem Leser Vorschriften zu machen.

Weniger spektakulär im Sinne der graphischen Anordnung ist *O lugar ausente* das Werk, das am besten die Empfindung einer Zwitterartigkeit zum Ausdruck bringt: ein offener Text, der die Frage der Gattungen neu stellt und angesichts dessen der Leser überrascht wird von dem systematischen Ineinanderrücken der Zeichen und der Tonarten – lyrische Stimmung und Bericht, Essay und Fiktion, Sachlichkeit und Leidenschaft. Dieser Roman spiegelt Reife und Zurückhaltung wider, die perfekte Beherrschung des Erzählstoffes.

Die Besonderheit dieser Art von 'Obskurantismus' macht ein Universum sichtbar, das zum großen Teil in der Sprache begründet ist, aus der es vieles von seiner Kraft und seiner Faszination bezieht.

Die Reflexion über die eigene Schreibweise – und über die Instrumentalität der Sprache – wird also im fiktionalen und imaginären Universum von Teresa Salema zum Vergnügen und zum Bedürfnis. Die Bezüge auf den schöpferischen Akt, auf die dafür erforderlichen Energien, auf die durch ihn berührten intellektuellen und sinnlichen Mechanismen, auf die durch ihn hervorgerufenen Verwirrungen und die durch ihn herausgeforderten Fragestellungen finden sich häufig und in unterschiedlicher Art explizit oder verschleiert im Diskurs. Durch sie stellt sich die problematische Frage nach der Perspektivierung (und der eigentlichen Definition) der Wirklichkeit und in der Folge die ihrer Verwandlung in Fiktion.

»Die Maschen erdichten, die sich zwanzig Jahre lang zugezogen haben, als wir aufbrachen, die Welt kennenzulernen oder uns von ihr zu distanzieren, sie wiederzuöffnen in diesem August, während wir den Körper dem Wind überlassen.« (*Entre dois países,* S. 21)

»Erdichten«, »wiederöffnen«: eine Welt, die erlebt wurde und die schläft. »Malen«, »wiederbesichtigen«, Metaphern und Mosaikbilder benutzen, um die Wirklichkeit wieder aufzubauen, um sie zu verändern.

Aber vorher: »Wirklichkeit definieren: Krümmung des Spiegels immer angenagt durch irgendwelche Umstände« (*Entre dois países,*

S. 109), »Abstraktionen, unverständlich, nicht verwirklichbar« (ebd., S. 113). Die glänzende Oberfläche, die die Objekte, die sich vor ihr befinden, widerspiegelt und abbildet, gibt gewellte Bilder wieder: »Von den Personen dieses Romans sagen wir, daß sie Person(en)bilder (Trans-Figurationen) sind, eingefangen in einem gewellten Spiegel, jede Ähnlichkeit ... mit bekannten Personen ...« (*Nós, outros,* S. 9). Personenbilder, Figuren, gezeichnet in einem Bild aus visuellen und mentalen Eindrücken, vielleicht »(wieder)getroffene Freunde, (wieder)erschaffen in den Umrissen jeder Jahreszeit«, wie man in der Widmung ihres Erstlingsromans liest.

Wie jeder andere Schriftsteller, der gleichzeitig auch Kritiker ist, unterläßt Teresa Salema es nicht, sich klarsichtig zu zeigen in diesem Kapitel der abgebildeten Welt. »Ich weiß nicht (...), wo die Fiktion beginnt und die Realität aufhört« (*Nós, outros,* S. 120) – sagt das Teresa oder Silvana? Oder soll es nicht eher umgekehrt heißen: Wo die Realität der Fiktion beginnt und die Fiktion der Realität aufhört? Denn das Festhalten an der Utopie ist wirklich. Wie es auch das an der Ironie zu sein scheint. Mit beiden wird das Bezugssystem aufgebaut, in einem verwirrenden Wechsel zwischen dem Wörtlichnehmen und der Vermengung der Metaphern. Und der hermeneutische Wert der Bestimmung der Objekte (oder ihre eigentümliche und absolute Identifizierung) verliert hier den Sinn.

Und das Schreiben, Nachbildung der Welt oder ihre Metamorphose, in jedem Fall lebendiger Akt des (sexuellen und ästhetischen) Genießens und des Schaffens, ist Allegorie der beharrlichen Suche einer problematischen Identität. Das labyrinthische Wort sucht dem Sinn einer Einheit gerecht zu werden, indem es gegen das Romanhafte ankämpft, aber gleichzeitig in ihm wurzelt, indem es sich ständig an die Wirklichkeit annähert, aber paradoxerweise von den Umwegen des Symbols, den Metaphern, der ersinnenden und magischen Art lebt. Schreiben besteht also aus dem Zusammensuchen verstreuter Stücke der eigenen Person in anderen Personen, seien sie nun erfunden oder nicht, dem Zusammenfügen von Fetzen, die an Orten und Zeiten, in Geschichten und in der Geschichte zurückgelassen wurden.

Die Einheit, das Finden der eigenen Dimension, wird durch die zum Text wiedervereinten Worte bestätigt. Sie bilden den Umriß eines Hier und Jetzt, das das Bewußtsein aufhebt, nur eine Identität in Fragmenten der anderen Dinge zu haben: eine Identität, ein Gesicht, bewahrt hinter einem Pseudonym, das es nicht versteckt, es eher geheimnisvoller und komplexer werden läßt.

Die Geschichte hört nicht auf. Sie ist nur der Anfang einer anderen Geschichte, eines anderen Willens »wie jemand, der mit sicherer Hand die erste Seite eines schmalen Buches schreibt«. (*O lugar ausente,* S. 158)

Übersetzung: Renate Heß

Anmerkungen:

1) Teresa Salema in einem Interview mit Maria Teresa Horta, veröffentlicht in der Literaturbeilage des *Diário de Notícias,* 10.2.1991

2) Roland Barthes, *Essais critiques,* Seuil, Paris 1964, S. 266

3) Carlos Reis und Ana Cristina M. Lopez, *Dicionário de narratologia,* Coimbra 1987, S. 13

4) Diese Konzeption wurde ausgeführt von Maurice-Jean Lefebve in seinem Essay *Structure du Discours de la Poésie et du Récit,* Neuchâtel 1971.

5) Dieser Wunsch leitete die Autoren des portugiesischen Neorealismus, einer literarischen Bewegung, die sich in der ersten Hälfte des 20. Jahrhunderts in der Folge der realistischen Schule des 19. Jahrhunderts gebildet hat. Sie war ebenfalls dem sozialistischen Realismus verpflichtet, der nach André Malraux vom Künstler die wahrheitsgetreue und historisch konkrete Beschreibung der Wirklichkeit in ihrer revolutionären Entwicklung fordert.

6) *Diário de Notícias,* 10.2.1991

TERESA SALEMA (eigentlich: Teresa Maria Loureiro Rodrigues Cadete) wurde 1947 in Lissabon geboren. Ab 1965 lebte sie in der Bundesrepublik Deutschland und studierte in Berlin Germanistik, Politische Wissenschaften und Kommunikationswissenschaften. 1975, nach dem Abschluß ihres Studiums, kehrte sie nach Lissabon zurück und begann dort 1976 an der Philosophischen Fakultät zu unterrichten, zunächst als Lektorin für deutsche Sprache und ab 1980 als Assistentin für Geschichte der deutschen Kultur. Im Mai 1989 legte sie an der Philosophischen Fakultät in Lissabon ihre Promotion in Geschichte der deutschen Kultur ab. Thema der Dissertation war: »Der Bogen und die Schlange. Anthropologische Perspektive und zivilisatorische Analyse im theoretischen Werk Friedrich Schillers«. Teresa Salema wurde 1988 für drei Jahre in die Direktion des portugiesischen PEN gewählt.

Bibliographie:

Teresa Rodrigues Cadete, *Entre dois países. Estações para um romance,* Lissabon 1978; Casimiro de Brito, Teresa Salema, *Nós, outros,* Lissabon, 1979; Teresa Salema, *Educação e memória de André Maria S.,* Lissabon 1982; Teresa Salema, »Casa das Palmeiras« (Erzählung), in: *Ruínas,* Lissabon 1990, S. 154-164; Teresa Salema, *O lugar ausente,* Lissabon 1991; Teresa Salema, »Monólogo do barco ausente« (Erzählung), in: *Onde o mar acaba* (Antologia de poesia e prosa sobre as Descobertas organizada pelo PEN-Club Português), Lissabon 1991, S. 86-89.

Übersetzungen ins Deutsche: *Sich erinnern – André Maria S.* (Roman), übers. von Kristina Hering, Leipzig 1990; »Salzmond«, übers. von Andreas Klotsch, in: *Erkundungen. 27 Erzähler aus Portugal,* Berlin 1993.

Spuren der Weiblichkeit in der portugiesischen Erzählliteratur der letzten Jahrzehnte

Von Isabel Allegro de Magalhães

I

Sollte es tatsächlich gewichtige Gründe dafür geben, Werke, deren ursprüngliche Gemeinsamkeit allein darin besteht, daß sie von Frauen geschrieben wurden, als eine Menge – im mathematischen Sinne – zu betrachten? An diese Frage könnten sich andere anschließen: Ist es nicht eher so, da ja schließlich der platonische Gattungsbegriff 'Frau' nicht existiert, daß die schreibenden Frauen sich ebenso sehr voneinander unterscheiden wie die schreibenden Männer? Ist nicht in vielen Fällen die Ähnlichkeit zwischen einem Werk männlicher und einem anderen weiblicher Herkunft größer als zwischen den Texten von Männern bzw. den Texten von Frauen? Und sollten tatsächlich literarische Charakteristika existieren, die man als vorrangig weiblich bezeichnen könnte? Anhand welcher Kriterien ließe sich also eine Trennungslinie ziehen zwischen den beiden Gruppen: Werke männlichen Ursprungs und Werke weiblichen Ursprungs?

Dies sind berechtigte Fragen, die sich zugleich nur schwer zufriedenstellend beantworten lassen. Es gibt jedoch Gründe, sich näher mit einem auf diese Weise erstellten Korpus zu beschäftigen.

Es sind dies zum einen Gründe der neueren Geschichte, da in Portugal in der zweiten Hälfte des 20. Jahrhunderts etwas wie ein Aufbruch schreibender Frauen stattfindet, ein Aufbruch, der sich nicht nur durch seine Quantität, sondern auch besonders durch seine Qualität auszeichnet. Obwohl sich auf dem Gebiet der Erzählliteratur verschiedene Werke weiblicher Autoren finden (vor allem im 19., aber auch schon im 18. Jahrhundert), besteht kein Zweifel, daß erst in diesem

Jahrhundert, und vor allem seit den fünfziger Jahren mit der Veröffentlichung von *A sibila* (1954) von Agustina Bessa Luís (dt. *Die Sibylle*, 1987) die weibliche Erzählliteratur bei uns einen besonderen Stellenwert erhält. Tatsächlich gibt es in Portugal in keinem Jahrhundert eine Madame Lafayette, eine George Sand oder eine George Eliot, um nur einige zu nennen.

Andererseits könnte es zugleich einen weiteren Grund geben; er hängt mit der Feststellung literarischer Charakteristika zusammen, die diesen Werken weiblicher Provenienz eigen sind.

Es geht also darum, die Hypothese zu verifizieren, nach der das von Frauen 'produzierte' Schreiben eigene 'Qualitäten' (im neutralen Sinne) aufweist – so vielfältig selbstverständlich wie die, die sich in den Werken männlicher Schriftsteller finden –, die es aber dennoch ermöglichen, einige gemeinsame Züge, Auslöser von Ähnlichkeiten, zu entdecken oder einen 'gemeinsamen Nenner' jenseits der zahlreichen Unterschiede. Zur Rechtfertigung dieser Hypothese erinnere ich hier an einige Argumente, die heutzutage als allgemein anerkannt gelten und die die Existenz eigener Merkmale innerhalb der sozialen Gruppierung, die die Frauen darstellen, bestätigen.[1]

Es ist bekannt, daß auf das europäische Konzept der Nation des 19. Jahrhunderts, das sich durch Elemente wie die historische Tradition, die sprachliche Einheit, die wirtschaftliche Homogenität auszeichnete, gegen Ende dieses Jahrhunderts aufgrund einer wachsenden wirtschaftlichen Interdependenz das Konzept einer neuen sozialen Gruppierung folgt, die der Nation übergeordnet ist. Diese neue Gruppierung verschmilzt in einem Körper nationale Züge mit der allmählich aus historischer Ablagerung entstehenden eigenen *Identität*. Die Existenz eines gemeinsamen kulturellen Erbes, das laut Kristeva einen »gemeinsamen symbolischen Nenner« bildet, wird erkannt.[2] So bildet zum Beispiel in Europa aufgrund seiner Geschichte das, was wir heute im Unterschied zu anderen Kontinenten 'europäische Kultur' nennen, eine dieser großen sozialen Gruppierungen mit einem gemeinsamen symbolischen Nenner.

Folgt man dieser Logik, so finden sich weitere, durch andere Ähnlichkeiten verbundene menschliche Gruppierungen, die auch ohne gemeinsame Geschichte über gleiche anthropologische und kulturelle Charakteristika verfügen. Dies ist der Fall bei sozio-kulturellen Gruppen wie den 'Jugendlichen' oder den 'Frauen', die besondere Merkmale aufweisen und mit anderen soziokulturellen Gruppen über den geographischen Raum hinaus 'Querverbindungen' eingehen (z.B. die europäischen Jugendlichen oder die europäischen Frauen, die durch ihre Charakteristika mit den Jugendlichen oder den Frauen anderer Kontinente in Verbindung stehen). Das bedeutet, daß in diesen besonderen sozialen Gruppierungen letztlich universelle Züge bestehen. So spricht man heute von einem *symbolischen Nenner,* der, über die nationalen Grenzen hinaus, der Gruppe der Frauen gemeinsam ist. Dieser symbolische Nenner wird durch die Art bestimmt, in der die Frauen, konditioniert durch physiologische, anthropologische, sozio-ökonomische, kulturelle Elemente, Antworten auf die Probleme der materiellen und symbolischen Produktion und Reproduktion fanden. Es muß also eine geschichtlich entstandene natürliche und kulturelle Affinität geben, die die Frauen untereinander verbindet.

Aus dieser Perspektive werde ich nun versuchen, gemeinsame Merkmale in den literarischen Äußerungen von Frauen zu entdecken, da ich davon überzeugt bin, daß dieser »symbolische Nenner«, der der »bio-sozialen Klasse«[3], die die Frauen dieses Planeten bilden, gemeinsam ist, sich auch literarisch niederschlägt. Machen wir uns also auf die Suche nach diesen Merkmalen in der zeitgenössischen portugiesischen Belletristik weiblichen Ursprungs.

Als Rahmen für diese Analyse sollen hier zunächst einige der Elemente genannt werden, die die vorherrschenden Strömungen der in den letzten Jahrzehnten von Frauen betriebenen Literaturwissenschaft kennzeichnen. In Portugal ist über dieses Gebiet bisher wenig geschrieben worden. In anderen Ländern jedoch existiert eine Unzahl von Veröffentlichungen, die sich im Grunde zu zwei paradigmatischen Ausrichtungen vereinigen: der anglo-amerikanischen und der französischen. Beide nehmen sich vor, in den Texten, die sie analysieren, Elemente zu entdecken, die deren weiblichen Ursprung verraten; ihre Haltung diesen Texten gegenüber ist jedoch unterschiedlich.

Die anglo-amerikanische Linie (die sich selbst als »feminist criticism« oder »gender criticism« oder, in einigen Fällen, als »gynocriticism« bezeichnet) konzentriert sich auf von Frauen geschriebene Texte, die die sexuelle und soziale *Unterdrückung* der Frauen und ihren Kampf um Befreiung zum Thema haben. Man könnte sagen, daß in ihr vor allem ein forderndes Verhalten zum Ausdruck kommt, das bei aller ideologischen Kritik am patriarchalischen System sein Eingebundensein in dieses System nicht leugnet, sondern sich stattdessen in ihm seinen Platz sucht. Dies bedeutet, daß dieses fordernde Verhalten letztlich innerhalb des Systems funktioniert, in einer Logik, die auf Identifikation aus ist, nicht auf ideologische – denn die herrschende Ideologie wird immer kritisiert –, sondern auf ontologische Identifikation. (Die beharrliche Einführung von *herself* neben *himself* in die Umgangssprache – im Bewußtsein der »gender language«, der geschlechtsspezifischen Sprache – ist ein kleines Beispiel für diesen Versuch einer Gleichstellung von Mann und Frau, in diesem Fall innerhalb des Sprachsystems). Sicher ist, daß sich die feministische anglo-amerikanische Kritik normalerweise mehr mit dem Inhalt der Texte als mit deren Ausdruck auseinandergesetzt hat: mit dem *what* mehr als mit dem *how*.

Die Linie der französischen Kritik (vor allem mit Luce Irigaray, Hélène Cixous, Catherine Clement, Julia Kristeva – und ich habe weiter oben keine englischen oder amerikanischen Namen genannt, weil diese zahllos sind) hat eine andere Zielrichtung. Mit ihrer philosophischen, linguistischen und psychoanalytischen Ausbildung nehmen ihre Autorinnen eine qualitativ andere Haltung ein. Sie beschäftigen sich mit der Definition einer weiblichen Identität und mit ihren symbolischen Realisierungen und suchen dabei nach einer eigenen Sprache für die Erfahrungen des Körpers und der Intersubjektivität, die durch die herrschende Kultur zum Verstummen gebracht wurden. Der französischen Kritik zufolge beruhen die Tiefenstrukturen weiblicher Repression auf der symbolischen Unterdrückung der Subjektivität der Frauen, des Körpers und des Begehrens, eine Unterdrückung, die über den »Phallogozentrismus« (ein Begriff von Derrida) der westlichen Kultur erfolgt. Also versuchen Künstlerinnen und Schriftstellerinnen, eine Dynamik der Zeichen und einen Ausdruck einer *eigenen Identität* dem anderen Geschlecht gegenüber zu entdecken. Es handelt sich um eine plurale, fließende, nicht identische Identität, die genau aus diesem Grund außerhalb der 'linearen Zeit' der herrschenden Kultur bleibt und stattdessen im Zusammenhang einer *mythischen Erinnerung* und einer Zeitlichkeit der »Minderwertigkeiten« (der »monumentalen« Zeit, von der Nietzsche spricht) steht. Für die Französinnen hängt, nach einer Phase, in der auch sie Forderungen stellten, der wichtigste Zugang zum Nachdenken über die feministischen Fragen in der Literatur vor allem mit der Analyse der Sprache zusammen, mit dem *Wie* des Ausdrucks dieser Fragen. Das Nachdenken über die sexuelle Unterdrückung der Frauen findet also in erster Linie über die Suche nach einer Befreiung des weiblichen Unterbewußtseins statt, mehr als durch seine Einbettung in die Geschichte, und nimmt sogar, im Namen der Existenz eines unüberwindlichen Unterschieds, eine Verweigerungshaltung dieser Einbettung gegenüber ein.

Das war es, was die beiden Hauptrichtungen der feministischen Literaturkritik Ende der siebziger und Anfang der achtziger Jahre voneinander unterschied: »the Franco-American dis-connection«, wie Domna C. Stanton es nannte.[4] Sicher ist, daß sich heutzutage die kritischen Strömungen in Amerika anderen Problemen zugewandt haben: Die Forschung zu einer weiblichen Erkenntnistheorie oder zur Zeiterfahrung von Frauen sind nur zwei Beispiele unter vielen. Sicher ist auch, daß sich die französische Kritik in den letzten Jahren nicht bedeutend weiterentwickelt zu haben scheint; und daß die italienische Kritik einerseits und die Neuerungen auf dem Gebiet einer feministischen theologischen Schöpfung in Deutschland, Holland und den USA andererseits auf verschiedenen Ebenen viel zu einer Vertiefung der Vorstellungen von weiblicher *Identität* beigetragen haben.

Was die beiden Richtungen betrifft, von denen bereits die Rede war, scheint ihnen jedoch eine Sache gemeinsam zu sein: Beide sprechen von literarischen Texten weiblicher Herkunft, Texten, in die sich Elemente einschreiben, die auf die Unterdrückung der Frauen und auf deren Reaktion darauf Bezug nehmen. Sie sprechen von Texten, in denen ein Protest oder ein formaler Bruch mit der herrschenden sozialen und symbolischen Ordnung sichtbar wird. Ein so drastisches Resümee dieser Positionen führt – dessen bin ich mir natürlich bewußt – zu einer Vereinfachung ihrer Komplexität und der vorhandenen Schattierungen. Es geht aber hier nur darum, an einen Kontext zu erinnern, der heute bei jeglicher Auseinandersetzung mit diesem Gegenstand einer Erwähnung bedarf.

II

Wenden wir uns nun der von Frauen produzierten Literatur im Portugal der letzten Jahrzehnte zu. Im allgemeinen läßt sich feststellen, daß in unserem Land ein *feministisches Schreiben* (im Sinne eines Schreibens, das sich vorsätzlich mit Fragestellungen von Frauen beschäftigt und mit deren Brüchen mit der Gesellschaft, in der sie leben) nicht existiert.

Ohne jemanden in der zweiten Hälfte des 20. Jahrhunderts vergessen zu wollen, gehe ich davon aus, daß wir im Unterschied zu dem, was sich in anderen Ländern Europas und in Nordamerika beobachten läßt, in unserer Literaturgeschichte nur auf *ein* Werk stoßen, das eindeutig als feministisch hervorragt: die *Novas cartas portuguesas* (1972/dt. *Neue Portugiesische Briefe,* 1976). In dem seinerzeit herrschenden partriarchalischen und diktatorischen Regime war das Schicksal dieses Werks von Maria Velho da Costa, Maria Isabel Barreno und Maria Teresa Horta vorherzusehen: Es wurde sofort aus dem Verkehr gezogen, und seinen Autorinnen wurde der Prozeß gemacht. Seine internationale Anerkennung – vor allem unter schreibenden und kritischen Frauen verschiedener Länder – übertraf jedoch alle Erwartungen: Es wurde in ungefähr zehn Sprachen übersetzt, in Paris inszeniert, und es wurde zum herausragenden Bezugspunkt im Denken und literarischen Schaffen feministischer Frauen, sowohl in Europa als auch in den USA. Der Text ist von einer großen Originalität, die sich auf mehreren Ebenen offenbart: Einerseits machen sich die »drei Marias« gleichzeitig zum 'Subjekt und Objekt' der Verwicklungen des Buches, indem im Schreiben explizit nicht die Urheberschaft der verschiedenen Textteile unterschieden wird; andererseits entdecken wir hier eine Besonderheit, die man in anderen feministischen literarischen Texten selten findet: die Verbindung einer Anklage gegen die Unterdrückung im privaten Bereich, die im Körper der Frauen erlebt wird, mit der Unterdrückung im öffentlichen Bereich, die in ihrer Einfügung in die Gesellschaft und in der Gesellschaft allgemein spürbar ist. Wie Maria de Lurdes Pintasilgo schreibt, »funktioniert der Körper hier als Metapher für alle Formen versteckter und noch nicht überwundener Unterdrückung«.[5] Vor allem aber weist das Buch eine literarische Bandbreite von beträchtlicher Qualität auf. Wenn es kein anderes feministisches Werk in Portugal gäbe – und meiner Meinung nach gibt es keines –, würde es schon genügen, dieses für unser Land zu nennen, wann immer sich jemand mit diesen Themen auseinandersetzt.

Tatsächlich glaube ich nicht, daß sich vor oder nach den *Novas cartas* andere Werke ähnlicher Art finden lassen. Es existieren jedoch einige literarische Texte, die sich mit dem Feminismus auseinandersetzen, oder Texte, die aus einem weiblichen Blickwinkel geschrieben sind und sich mit einer Suche nach den Werten der Frauen beschäftigen. Die Rede ist von *Mestre* (Meister) von Ana Hatherly (1961) und von einigen Texten Natália Correias, Maria Velho da Costas, Maria Isabel Barrenos und von den Texten – fast allen, von denen aber wenige fiktionale Erzähltexte sind – Maria Teresa Hortas.

Ich öffne hier eine erläuternde Klammer, um deutlich zu machen, daß ich, wenn ich von weiblichen Werten und von Aspekten spreche, die für das literarische Schaffen von Frauen typisch sind, damit keineswegs eine Besonderheit bezeichne, die sich auf die Gruppe der Frauen beschränkt. Mit dieser Einstellung käme man nicht umhin, Texte männlicher Autoren zu erwähnen, die die gleichen Merkmale aufweisen. Dennoch interessiert es mich, Eigenschaften festzustellen, die durch ihre Übereinstimmung mit Dominanten weiblichen Lebens als *überwiegend* weiblich erkennbar sind. Das heißt, ich werde hier versuchen, Anzeichen einer anderen Sensibilität, einer anderen Realitätswahrnehmung, einer anderen Logik zu entdecken, die sich in den Texten literarisch niederschlagen als das, was den Erfahrungen der Frauen am ehesten entspricht: ihrer körperlichen, inneren, sozialen, kulturellen Erfahrung. Es ist jedoch offenkundig, daß nicht ausschließlich sie über diese Elemente verfügen: Viele Männer haben ebenfalls an ihnen teil.

Es wird diese Feststellung gewesen sein, die Julia Kristeva dazu verleitet hat, von Joyce und Proust, neben Virginia Woolf, als von Autoren zu sprechen, die Anzeichen einer *écriture féminine* erkennen lassen; oder was dazu führte, daß Hélène Cixous Jean Genet zusammen mit Colette oder Marguerite Duras erwähnte als jemanden, dessen Schreiben weibliche Merkmale aufweist.

Dies bedeutet, daß es unmöglich ist, eine klare Trennungslinie zu ziehen; daß nicht zwei verschiedene Pole existieren, die durch das Geschlecht des Schreibenden definiert wären. Man könnte unter Umständen von einem »Geschlecht des Textes« sprechen oder, anders gesagt, von vorherrschenden Tendenzen im Schreiben. Wir sehen, daß die herrschende symbolische Ordnung in den meisten Frauen und auch in einigen Männern nicht vollständig das unterdrückt, was Kristeva »semiotische Elemente« nennt, d.h. Elemente, die, selbst wenn sie im logozentrischen Diskurs nicht zum Ausdruck kommen, zum Beispiel im Rhythmus, in der Struktur, im Tonfall, im Schweigen oder anderen Aspekten sichtbar werden. Und es ist natürlich, daß diese Elemente in den Frauen lebendiger sind als in den Männern, da die begründete symbolische Ordnung ihrem Ursprung und ihrem Tonfall nach männlich ist.

III

Hiermit schließe ich nun die Klammer und wende mich einem Korpus von Werken zu, die alle nach dem 25. April 1974 erschienen sind – und ich verwende dieses Datum hier als eine reale und mythische Grenze, die keinen Bereich des portugiesischen Lebens unberührt läßt. Es sollen, natürlich nur im Überblick, drei Strömungen analysiert werden, in denen sich zeigt, in welchem Maße diese Werke Merkmale aufweisen (oder auch nicht), die man als 'weiblich' identifizieren könnte. Dieses Korpus setzt sich aus etwa 40 Romanen oder Novellen von 14 Schriftstellerinnen zusammen. Es ist wichtig, an dieser Stelle anzumerken, daß in einem Land, in dem es keine nennenswerten sozialen Frauenbewegungen gab (und gibt) und in dem praktisch keine dauerhafte theoretische Überlegung zu Fragen einer weiblichen Identität stattfand, in den letzten Jahrzehnten eine so große Anzahl schreibender Frauen auftauchte – und so viele von ihnen von unbezweifelbarem Wert – und ein so umfangreiches Korpus von Werken erzählerischer Fiktion.

Ich werde in drei Schritten drei verschiedene Strömungen untersuchen: 1) behandelte Themen, geschaffene Welten und das vorhandene soziale Umfeld; 2) Haltung der Erzählerinnen/Autorinnen und Erschaffung ihrer weiblichen Figuren; 3) Aspekte der Sprache und der Erzählkonstruktion.

1) Die Themen und das soziale Umfeld

Eingangs habe ich festgestellt, daß Themen und Stoffe für sich allein in der Mehrzahl der Fälle keinerlei Hinweis auf das Geschlecht des Verfassers geben. Obwohl es nicht immer einfach ist, eine vom Thema unabhängige, gemeinsame Haltung herauszuarbeiten, gibt es jedoch tatsächlich Aspekte, die entweder den *Gesichtspunkt* oder die Auswahl der thematischen Nuancen betreffen, die den Texten einen eigenen Ton verleihen und ihren weiblichen Ursprung verraten. Betrachten wir einige Beispiele:

– Der Kolonialkrieg ist ein Thema, das von verschiedenen Schriftstellern und auch von drei Schriftstellerinnen behandelt wird: von Joana Ruas, Wanda Ramos und Lídia Jorge, in *Corpo colonial* (1981/Kolonialkorps), *Percursos (do Luachimo ao Luena)* (1981/Wege [vom Luachimo zum Luena]), *A costa dos murmúrios* (1988/dt. *Die Küste des Raunens,* 1993); diese Romane spielen in Timor, Angola und Mosambik.

– Die Ereignisse des 25. April 1974 und ihre Vorgeschichte, mit dem persönlichen und kollektiven Erleben des Augenblicks und seiner Bedeutung, mit ihren Auswirkungen auf die portugiesische Gesellschaft und auf Leben und Mentalität jedes einzelnen, liefern reichhaltigen Stoff für Romane von Lídia Jorge, Maria Velho da Costa, Teolinda Gersão, Agustina Bessa Luís, Olga Gonçalves, Luisa Costa Gomes. *O dia dos prodígios* (1980/dt. *Der Tag der Wunder,* 1989), *Lúcialima* (1983/Lúcialima), *Paisagem com mulher e mar ao fundo* (1982/dt. *Landschaft mit Frau und Meer im Hintergrund,* 1985), *As pessoas felizes* (1975/Die glücklichen Leute), *Ora esguardae* (1982/Schauet her), *O pequeno mundo* (1988/Die kleine Welt) sind Texte, in denen die sogenannte Nelkenrevolution in sehr unterschiedlichen Zusammenhängen und mit verschiedenen Absichten auftaucht, aber immer einen markanten Faktor des kollektiven und individuellen Lebens darstellt. Nun ist dieser Stoff aber eindeutig auch in verschiedenen männlichen Werken von Bedeutung.

– Ebenso finden sich die historischen Themen, die die zeitgenössische Fiktion im allgemeinen beherrschen, in Portugal wieder, sowohl in Werken von Schriftstellern als auch von Schriftstellerinnen. Verschiedene Werke Agustina Bessa Luís' basieren auf historischen Stoffen, wie z.B. *A corte do Norte* (1987/Der Hof des Nordens), *A monja de Lisboa* (1985/Die Nonne von Lissabon), *Fanny Owen* (1979/dt. *Fanny Owen,* 1993) oder *Vale Abraão* (1991/Abrahamstal). Die fiktive Biographie scheint ebenfalls eine Form der Annäherung an die Geschichte zu sein, und auch sie finden wir bei Agustina Bessa Luís, in ihren Lebensläufen von *Florbela Espanca* (1979/Florbela Espanca), *Sebastião José* (1981/Sebastião José), *Longos dias têm cem anos – presença de Vieira da Silva* (1982/Lange Tage haben hundert Jahre – die Gegenwart von Vieira da Silva); oder auch in dem neuesten Roman von Luisa Costa Gomes, *Vida de Ramón* (1991/Das Leben des Ramón). In Zusammenhang mit diesem Bereich findet sich in einigen Werken eine Untersuchung neuerer Aspekte unserer Geschichte, als ein Weg zum besseren Verständnis unserer Gegenwart oder unserer Realität als Volk; ein Beispiel dafür bietet der neue Roman von Maria Isabel Barreno, *Crónica do tempo* (1990/Zeitenchronik). Außerdem stoßen wir in dieser Gruppe von Werken auf zwei soziale Themen – die Prostitution im nächtlichen Lissabon und die portugiesische Emigration in Europa –, die nur sehr eingeschränkt behandelt und, wie ich glaube, lediglich in drei Romanen von Olga Gonçalves angesprochen werden: Es handelt sich um *Armandina e Luciano, o traficante de canários* (1988/Armandina und Luciano, der Drogenhändler) zum ersten Thema und um *A floresta em Bremerhaven* (1975/Der Wald in Bremerhaven) und *Este verão o emigrante lá-bas* (1978/Diesen Sommer der Emigrant lá-bas) zum zweiten; diese letzteren beiden Texte stellen ausgezeichnete Zeugnisse des Lebens der Emigranten in Frankreich und Deutschland und ihrer Rückkehr in die portugiesischen Heimatdörfer dar.

– Auch das soziale Umfeld im Kontext dieser weiblichen Romane ist hier aufgrund seiner Beziehung zu den behandelten Themen wichtig. In diesem (sozialen und ethnischen) Umfeld, in dem die verschiedenen Erzählhandlungen verlaufen, läßt sich, wie in den von Männern geschriebenen Romanen, eine große Mannigfaltigkeit beobachten: Da ist das Lissabonner Milieu (das bei allen Varianten vielleicht immer noch das vorherrschende ist), vor allem das intellektuelle, künstlerische, politische und freiberufliche Umfeld; auch das anderer Klassen, wie der Arbeiterklasse, die mit diesem in Verbindung stehen; das Ambiente des städtischen und vorstädtischen Lebens; das ländliche Ambiente eines neuen oder alten Bürgertums (Agustina Bessa Luís, Hélia Correia); das volkstümliche ländliche Ambiente (Lídia Jorge, Hélia Correia). Darüber hinaus stoßen wir auf eine relativ große ethnische Mischung oder vielfältige Beziehungen; sie veranschaulichen die kulturellen Verflechtungen, die wir in diesem Land immer erlebt haben, durch die Gegenwart z.B. von Figuren jüdischen Ursprungs, Moslems, Brasilianern, Franzosen, Engländern usw. Und wenn man, was die Orte der Handlung anbelangt, im allgemeinen auf geographisch genau bezeichnete Zonen trifft – Lissabon, den Norden, den Algarve, den Alentejo, die Beiras; ehemalige Kolonialgebiete in Afrika oder Timor; Emigrationsgebiete in Frankreich und Deutschland; Belgien, Deutschland oder Brasilien als Lebensraum –, gibt es andere Fälle, in denen keinerlei geographische Bestimmung vorliegt; es handelt sich um nicht festgelegte, atopische und anonyme Orte.

– Ein weiterer Anziehungspunkt im weiblichen Schreiben ist, auf einer anderen Ebene, die Erschaffung phantastischer Welten oder eines magischen Realismus, in dem eine Dimension der Magie das Alltagsleben durchkreuzt. Wir finden diese Dimension auch bei Lídia Jorge, in *O dia dos prodígios* (wo das Volk mehr an eine Schlange glaubt, die fliegend den Himmel durchquerte, als an die Nelkenrevolution; wo eine Frau Angst hat, der Drache, den sie auf eine Bettdecke gestickt hat, könne davonfliegen); wir finden es auch bei Hélia Correia, in ihrer Novelle *Montedemo* (1983/Montedemo) und in *A casa eterna* (1991/Das ewige Haus) (mit »blauen Frauen mit halbgeöffnetem Mund« und Figuren mit »Fischaugen«, »Vogelaugen«, gelben Augen«, »Schweineaugen«, »Ziegenmund«, mit Hunden, »die die Nacht violett färbte«). Und es erscheinen andere Welten: Welten, in denen die religiösen oder biblischen Bezüge von grundlegender Wichtigkeit sind; wie bei Hélia Correia in beinah allen Titeln und Überschriften ihrer Bücher, die als 'Leitsterne' ihrer Texte fungieren, indem sie biblische Bezüge herstellen; und bei Maria Velho da Costa, deren letzter Roman *Missa in albis* (1988/Frühmesse) den formalen Aufbau einer Messe hat und damit eine Vielzahl von Bedeutungen nahelegt. Es finden sich Welten satirischen, burlesken, unterhaltenden Charakters, wie im Fall einer Novelle von Bárbara Escrava[6], *As muralhas* (1986/Die Stadtmauern), wobei dies in Werken von Frauen ein wenig gebräuchliches Ambiente ist (ich denke hier z.B. an José Cardoso Pires), oder auch eine ironische Atmosphäre wie *Festa em casa de Flores* (1990/Fest bei Flores) von Fernanda Botelho.

Diese Vielfalt an Stoffen, Themen, Stimmungen läßt also im allgemeinen keinerlei besondere Spuren einer weiblichen Fiktion erkennen. Viele dieser Themen finden sich, wie schon gesagt, auch in den Erzählungen von Schriftstellern der gleichen Epoche. Während diese Erzählungen jedoch scheinbar neutral sind – was das Geschlecht des Schreibenden betrifft – gibt es in ihnen Einstellungen, Schwerpunkte, die ihnen eine eigene Stimmung verleihen.

Betrachten wir einmal, was z.B. mit den Erzählungen über den Kolonialkrieg geschieht.

In den drei weiblichen Romanen hat die Erinnerung, die die Ereignisse heraufbeschwört – eine fiktive, erfinderische, mehr oder weniger deutlich autobiographische Erinnerung, die beharrlich auf die Situation und auf das individuelle und kollektive Leid der Portugiesen wie auch der einheimischen Bevölkerung aufmerksam macht –, viel mit Frauen zu tun, die, zu einem Land gehörig, in dem die Männer mit Frau und Familie in den Krieg zogen, ebenfalls den Krieg sahen; Frauen, die in ihrem Blickwinkel einen unvermeidlichen Unterschied zeigen, die einen anderen Blickpunkt betreffs des Erlebten erkennen lassen, und dies sicherlich aufgrund des – unterschiedlichen – Platzes, von dem aus sie dasselbe Ereignis erlebt haben. Vergleicht man diese Erzählungen mit den von Männern geschriebenen, muß man sich fast fragen, ob es sich tatsächlich um den gleichen Krieg handelt.

Ein anderes Beispiel können wir den Romanen mit 'historischem' Stoff entnehmen, sei dieser nun alt oder neu. Das Aufspüren winziger Fakten, kleiner Zufälle, versteckter Gefühle, in dem Agustina Bessa Luís Meisterin ist, unterscheiden ihre Werke von denen männlicher Herkunft. Die Umwege bei der Analyse von Situationen, Gefühlen, Verhaltensweisen, mit denen sie sich zum Beispiel in *Eugénia e Silvina* (1989/Eugénia und Silvina) aufhält, verraten eine typisch weibliche Geduld und Aufmerksamkeit.

Auch was das soziale Umfeld anbelangt, läßt sich in diesen Romanen beobachten, daß eine größere Vielfalt von Umgebungen abgedeckt und auch Angehörigen sozialer Klassen, zu denen die Erzählerinnen wohl kaum gehören, Aufmerksamkeit geschenkt wird, gedemütigte, leidende Klassen, die aber über einen großen menschlichen Reichtum verfügen; und so ist die Präsenz dieser Personen in der Erzählung schon an und für sich wichtig und nicht nur in bezug auf die Hauptfiguren. (Denken wir nur an die Dienstmädchen, an die Emigranten, an die Prostituierten, die mit einer aufmerksamen Zuneigung betrachtet werden.)

Was darüber hinaus die namenlosen Orte betrifft, so haben diese atopischen und vor allem utopischen Orte unter Umständen mehr mit der bei Frauen so häufigen Projektion auf Räume außerhalb des konkreten Realen zu tun, in Richtung auf jenes *ailleurs* des Begehrens, wohin sie bereit sind aufzubrechen und das auch in den weiblichen Erzählungen anderer Länder immer wieder erscheint.

2) Die Tendenz zum Unterschied bei den Einstellungen und Vorgehensweisen des Erzählers/der Erzählerin und der Erschaffung weiblicher Figuren

Wir haben gesehen, daß die Themen, für sich selbst betrachtet, im allgemeinen eine weibliche Herkunft nicht erkennen lassen und daß es die Perspektive ist, aus der sie betrachtet werden, die häufig einen Unterschied in den erzählten Stoffen verrät. Betrachten wir nun das Vorhandensein einiger Bereiche des Schreibens, die mit der Einstellung und dem Verhalten der Erzählerinnen und mit der Erschaffung weiblicher Figuren zu tun haben. Ich spreche von Aspekten wie der Wahrnehmung der Wirklichkeit, einer tellurischen Dimension, der Beziehung zur Zeit, der Beziehung zur Rationalität, des Selbstbezugs, der Behandlung der zwischenmenschlichen Beziehungen; all dies Aspekte, die den Erzählungen eine ganz eigene Färbung geben.

a) An erster Stelle (und hier ist die Reihenfolge beliebig) steht das, was sich auf Formen der Erfassung von Wirklichkeit und auf die ihr gewidmete Aufmerksamkeit bezieht.

Es läßt sich in diesen Texten die Verkörperung der Idee eines Schreibens beobachten, das durch den Körper selbst geschieht, ein *body writing,* wie die Amerikanerinnen es nennen. Dieses Schreiben hat einerseits mit einer inneren Wahrnehmung zu tun, in der der Körper, statt von außen betrachtet zu werden, von innen heraus beschrieben wird. Yvette K. Centeno zum Beispiel läßt die Erzählstimme in *Matriz* (1988/Matrix) sagen: »Schreiben ist ein Abenteuer; Schreiben von innen«, oder auch: »Ich nehme nur das zur Kenntnis, was mich bedrängt, (...) was sozusagen mein Blut durchtränkt und was mich, wenn ich nicht schreibe, am Leben hindert.« (S. 73 u. 102)

Die Außenansicht des Körpers hingegen wird der Beschreibung dessen angepaßt, das nicht der Körper ist, z.B. den Objekten. Agustina Bessa Luís spricht an einer Stelle von einem Haus, in dem zwei neue Treppenfluchten dem Bauwerk »als eine Art gepolsterter Hüfte an seinem glatten Unterleib« dienen werden (*Eugénia e Silvina,* S. 106). In *O cavalo de sol* (1989/Das Sonnenpferd) von Teolinda Gersão ist die Rede vom »glatten Unterleib des Wassers«.

Dieses Schreiben des Körpers steht andererseits auch in Zusammenhang mit einem anderen Verhältnis zur Welt: zur Natur und den Dingen, zu den Personen und den Ereignissen. Auf der Ebene der *Wahrnehmung* findet sich die Neuheit einer runden, nicht geradlinigen Erfassung von Realität. Ist im Verlauf der westlichen Geschichte der vorherrschende Sinn für die Erfassung der Welt der Blick – und Literatur und Kunst weisen unleugbare Anzeichen dafür auf –, so finden wir hier bei verschiedenen Autorinnen eine auf die verschiedenen Sinne erweiterte Wahrnehmung: Der Geruchsinn, das Gehör, der Tastsinn, der Geschmackssinn erweisen sich als gleichermaßen wichtige und sensible Antennen für eine vielfältige Wahrnehmung des Lebens. Und die Sprache ist Zeuge dessen: aromatische Substantive, fühlbare Adjektive, sinnliche Verben verleihen diesen Texten neue Würze. Die Romane von Teolinda Gersão sind ein ausgezeichnetes Beispiel dafür: Sie alle sind von einer sinnlichen Semantik durchzogen. Auch Hélia Correia, Teresa Salema, Maria Velho da Costa, Agustina Bessa Luís liefern hierfür eine Unzahl von Beispielen. Bei vielen dieser Schriftstellerinnen existiert eine Art diffuser Erotik, die mit dieser verbreiteten Form der Sinnlichkeit verbunden ist.

Darüber hinaus bemerkt man in diesen Erzählungen eine Gabe der *Aufmerksamkeit,* die oft aus einer Zeit des Zuhörens und des Schweigens herrührt; diese verleiht ihr eine besondere Intensität, die sich an geringfügigen Dingen und Tatsachen, deren Einzelheiten, rudimentären Anzeichen, die intuitiv erfaßt werden, festmachen läßt. Ein Beispiel dafür findet sich in *A costa dos murmúrios* von Lídia Jorge, wo sich Privates und Öffentliches einander angleichen, in den verworrenen Beziehungen beider Sphären, die die Erzählerin mitten im Krieg beobachtet. Die Erzählung versetzt uns z.B. in den fast kausalen Zusammenhang zwischen einem jener tragischen Momente des Krieges und der Unterhaltung im Alltag der Offiziersfrauen, die im Hotel das Ende einer Schlacht erwarten; oder zwischen der Hochzeitsfeier der Erzählerin mit einem Offizier und einem Massaker, das im selben Augenblick nebenan stattfindet. Dadurch deckt sie unbedeutende Tatsachen auf, die zu lebendigen Offenbarungen einer kolonialistischen Ideologie werden. Es ist dies eine affektive – und effektive – Aufmerksamkeit subtilen Verbindungen gegenüber, die der allgemeine Blick – und hier der militärische, männliche Blick – übersehen hat.

Dies bedeutet, daß die Frauen, die einerseits durch die normalen Lebensumstände gezwungen sind, ihrer Umgebung intensive Aufmerksamkeit zu widmen, und die andererseits Trägerinnen einer umfassenden und vielfältigen Sinnlichkeit sind, auch in ihrem Schreiben Merkmale zum Ausdruck bringen, die in tiefem Einklang mit ihrem Leben und ihrem eigenen Körper stehen.

b) An zweiter Stelle steht das Vorhandensein einer tellurischen Dimension.

Als eine Konstante erweist sich der Ausdruck einer besonderen Verbundenheit zur Heimat, zur Natur und ihren Rhythmen, zu den Orten. Es ist dies eine körperliche, eine tellurische Beziehung zum Leben, seinen Quellen und seinen Orten. Diese Gegenwart durchdringender tellurischer Kräfte, einer Harmonie mit den Rhythmen der Natur, mit der Atmung des Kosmos selbst, ist offenkundig in Figuren wie der »Sibylle« von Agustina Bessa Luís und in vielen Figuren Lídia Jorges und Hélia Correias. Dieser Einklang mit dem kosmischen Rhythmus findet sich selbst in der Struktur eines Romans wie *Lúcialima* wieder.

Der zentrale Stellenwert von Orten wie dem *Haus* ist einem Großteil dieser Schriftstellerinnen gemeinsam: einerseits das Haus als ein der Natur angepaßter Ort, der im Rhythmus der Jahreszeiten seine Gestalt verändert (offen im Frühling und geschlossen im Winter z.B. in *O silêncio* [1981] von Teolinda Gersão [dt. *Das Schweigen,* 1987]); andererseits das Haus als ein mit Erinnerungen beladener Durchgangsort, der geheime Ort einer warmen, fast uterinen Intimität, wo die Gegenwart vergeht und wo vor allem die Vergangenheit verharrt, lebendig in den Dingen, die von ihr sprechen, die sie heraufbeschwören mit dem Zauberstab eines zufälligen Geruchs oder irgendeiner Berührung (die Häuser von Agustina Bessa Luís, Maria Velho da Costa; die von Hélia Correia so stark, daß ihr letzter Roman sogar den Titel *A casa eterna* trägt). Das Haus immer als Zentrum des Universums, als der Fixpunkt, von dem aus die Frauen immer wieder zu Zeitreisen aufbrechen (während die Männer hinausgehen und »Kontinente durchqueren« [*Lúcialima*]). Das Haus, das darüber hinaus als metonymischer und metaphorischer Raum funktioniert, als Ort des Schreibens und des Körpers der Frauen.

Die Objekte ihrerseits stehen ebenfalls im Zentrum einer besonderen Aufmerksamkeit, da sie in ihrer Ausstrahlung betrachtet werden (die Möbel, die Schubladen, ein Stuhl, ein Tisch usw.); Gabriela Llansol spricht z.B. in *Um beijo dado mais tarde* (1991/Ein später gegebener Kuß) von »einer (...) Präsenz, die die Objekte einschließt«, von einem »niederschmetternden Bewußtsein, daß Personen-Objekte existieren«, von »einem Geschirrschrank, der eine schrille Stimme hat« (S. 32). Sie, die Objekte, bilden für diese Schriftstellerin so etwas wie »eine unbeseelte Gemeinschaft« (S. 34). Diese unbeseelten Dinge erlangen in den Beschreibungen eine besondere Wichtigkeit oder eine herausragende Funktion im Ablauf der Gefühle; darüber hinaus sind sie Ausgangspunkt für Erinnerungen, die neue Erzählebenen schaffen: Umstände, die sich immer wieder in den Erzählungen von Agustina Bessa Luís, in denen von Lídia Jorge, Hélia Correia, von Maria Velho da Costa beobachten lassen.

c) Ein dritter Aspekt ist die Erschaffung von Figuren/Frauen und deren Beziehung zur Zeit.

Die Erschaffung weiblicher Figuren, zu denen hier manchmal auch die Erzählerin gehört, birgt in sich schon eine Neuheit, die zum großen Teil in ihrer Vielfalt besteht, in den Windungen ihrer Komplexität. Allein schon die Bandbreite der Formen des weiblichen Erlebens der Welt gibt Aufschluß über ein Wissen über das Leben und Erleben der Frauen, das *von innen heraus* erlangt worden ist: von den tellurischen, starken, einsamen und geheimnisvollen Frauen Agustina Bessa Luís' oder Lídia Jorges zu den gespaltenen, unruhigen, in der Reflexion über sich und die Vergangenheit verhafteten Maria Velho da Costas und Fernanda Botelhos; zu jenen, die als Träumerinnen dargestellt werden, immer auf der Suche nach etwas anderem, nach einem bedeutungsvollen *ailleurs,* wie die von Teolinda Gersão und einige von Lídia Jorge; zu denen, die in der passiven und geduldigen Hoffnung auf eine andere Zeit leben (bei Lídia Jorge, Maria Velho da Costa); und dann noch zu denen, die zurückgewandt leben, im ständigen *flash-back,* ohne irgendein Gefühl für die Gegenwart erkennen zu lassen, wie andere Figuren Agustina Bessa Luís', Maria Velho da Costas, Luisa Costa Gomes', Maria Isabel Barrenos; zu denen, die sich voller Vergnügen an der Vergangenheit ergötzen, die ihre Gegenwart besetzt hält, wie bei Olga Gonçalves, Maria Velho da Costa, wiederum Agustina Bessa Luís, um nur ein paar Beispiele zu nennen.

Aber was diese Figuren vor allem 'besonders' macht, was ihnen eine grundlegend andere Existenz verleiht, ist ihre Beziehung zum Verlauf der Zeit oder, besser gesagt, ihr Erleben der Zeit. Die Frauen/Figuren sind in eine Gegenwart eingebettet, die ihnen fast nie etwas bedeutet. Eine immer unbefriedigende Gegenwart und gefühlsmäßig immer von der Vergangenheit oder einer utopischen Zukunft überlagert. So ist die Zeit an sich immerwährend dichte, essentielle Substanz ihres Daseins – man beachte z.B. die Titel von Wanda Ramos: *As incontáveis vésperas* (1983/Die unzähligen Vorabende), *Os dias, depois ...* (1990/Die Tage, danach ...) oder von Maria Isabel Barreno: *Crónica do tempo.* Aber niemals erscheint die Geradlinigkeit als die Form, in der die Frauen Zeit erleben. Eher wird in der Konstruktion der Figuren der Bruch mit der linearen Darstellung, die sich als simple Folge von gegenwärtigen Augenblicken versteht, sichtbar. Diese Zeit wird durch die Zuflucht in eine permanente Gefühlsreise ersetzt: eine Zeitreise zwischen Vergangenheit, Gegenwart und Zukunft, wobei hierin etwas von einer weiblichen kulturellen Tradition kreis- und spiralförmiger Zeit zum Ausdruck kommt, die sich; allen sozialen und gesellschaftlichen Veränderungen am Ende des 20. Jahrhunderts zum Trotz, noch immer erhalten hat.

Es ist das Leben innerhalb der Zeit, die »Innerzeitlichkeit«, von der Heidegger spricht, die in den Frauen diesen Bruch verursacht. Das heißt, es ist, als ob die chronologische Zeit, der *kronos,* der unerschrokkene und gleichgültige Fluß, keinen Druck auf die Frauen ausüben würde; wir finden in ihnen nicht die Angst vor der Vergänglichkeit des Lebens.

Denn mehr als den *kronos* leben sie den *kairos* und den *aion,* d.h. mehr als das unumkehrbare Vergehen der Zeit leben sie die angemessene Zeit, jenen Moment der genauen Übereinstimmung zwischen sich und dem Leben, sei es durch die Erinnerung und die Wiederbelebung der Vergangenheit, sei es durch die Träume und die Vorwegnahme der Zukunft; oder aber sie durchleben die Erfahrung, so sehr mit dem Jetzt unzufrieden zu sein, so sehr von etwas anderem außerhalb des Moments, in dem sie existieren, besessen zu sein (sei es durch die Vorstellungskraft und durch die Phantasie, sei es durch die Erinnerungen und ihre Anamnese), daß es scheint, als ob das Gefühl für das Verstreichen, für die Vergänglichkeit und Unumkehrbarkeit der Zeit sich auflöse oder verschwinde. Die Zauberkraft einer zeitlichen Manipulation erlaubt ihnen, sich gleichzeitig in alle Zeiten zu versetzen und so dem Bewußtsein ihres unaufhaltsamen Verstreichens und der Furcht davor zu entfliehen.

d) Eine weitere Tendenz ist der Selbstbezug.
Ein anderer Bereich, in den verschiedene Autorinnen vordringen, ist der des Selbstbezugs und der Selbstreflexion. Es handelt sich um eine intime Reflexion, in die sich häufig eine Analyse der Schreibprozesse und deren Entstehung mischt. So zum Beispiel das hypothetische Schreiben eines Buches, das im Text neben dem Akt des Schreibens der Erzählung auftaucht, in einer Art Spiel zwischen Phantasie und Realität. Es findet sich in *Esta noite sonhei com Breughel* (1987/Diese Nacht habe ich von Breughel geträumt) von Fernanda Botelho, in *No jardim das nogueiras* (1983/Im Nußbaumgarten) von Yvette K. Centeno, in *Os dias, depois...* von Wanda Ramos. Und hier ist die Erfahrung einiger Erzählerinnen/Autorinnen bemerkenswert, die eine fast symbiotische Einheit zwischen sich und dem Text, zwischen dem Schreiben und dem Leben erkennen lassen, bei denen die ästhetische Distanz zwischen sich und dem Schreiben in dem Maße aufgehoben ist, in dem ihr eigenes Leben durch die poetische Macht des Wortes verwandelt wird. Durch eine lebendige Atmung, die sich mit der Atmung des Schreibens selbst vermischt, wird das Wortfeld des Körpers zu einer Mittelachse.

Vielleicht rührt daher die spürbare Vorliebe mancher dieser Schriftstellerinnen für persönliche Ausdrucksformen, für einen fast bekennenden Tonfall, ob in Gestalt eines Tagebuchs oder nicht, der auf das Ergebnis eines als Kunst erfahrenen Lebens oder einer als Leben erfahrenen Kunst verweist. (Das Berharren auf der häuslichen Realität als künstlerische Realität ist sicherlich ein Zeichen dafür, und wir sehen das in verschiedenen Texten veranschaulicht.)

Auch wenn sie sehr unterschiedliche Modalitäten aufweisen, kann man hier meiner Meinung nach beinahe alle Werke von Maria Gabriela Llansol, einige von Yvette K. Centeno, Maria Velho da Costa, Wanda Ramos, Fernanda Botelho und Maria Isabel Barreno einschließen.

e) Die intersubjektiven Beziehungen

Auch den intersubjektiven Beziehungen wird in der Mehrzahl dieser Romane höchste Aufmerksamkeit gewidmet: einerseits, und vor allem, den Beziehungen Mann/Frau, problematisierte und reflektierte Beziehungen voller Schweigen und voller Worte, die den Dialog verhindern oder ermöglichen, sowohl bei Teolinda Gersão als auch bei Yvette K. Centeno, bei Maria Velho da Costa, letztlich bei ihnen allen. Und dann die Beziehungen, die zwischen Frauen geknüpft werden: neue Beziehungen, die die Bande einer anderen Solidarität und einer erahnten Übereinstimmung suchen, die sie komplizenhaft vereint. In diesem Zusammenhang erscheint immer wieder und bedeutungsvoll die Bindung der Frauen an die Gestalt der *Mutter* – immer eine schwierige, keineswegs friedliche Beziehung –, was übrigens in der gesamten feministischen Literatur eine Konstante darstellt. Texte von Maria Velho da Costa, Maria Isabel Barreno, Teolinda Gersão, Teresa Salema, Agustina Bessa Luís verleihen diesem komplexen Beziehungsgewebe einen unleugbaren Stellenwert.

3) Der Unterschied in der Sprache und der Konstruktion des Diskurses[7]

Betrachten wir nun, wie sich im literarischen Ausdruck (in der Erzählkonstruktion, in der Struktur, in der Syntax und Semantik oder im Rhythmus) Elemente finden, die eine weibliche Art des Erlebens der Welt deutlich machen.

a) Ein markantes Merkmal ist die Oralität.

Häufig bemerkt man die Konstruktion eines Diskurses, der, obwohl eindeutig literarisch, Aspekte enthält, *die dem Sprechen, der gesprochenen Sprache ähnlich sind:* Unbeendete Sätze, der Gebrauch von Ellipsen, von Frageformen, von einer fließenden Syntax mit abgebrochenen Sätzen oder unvollendeten Dialogen (durch Pausen, Andeutungen, Leerstellen) verleihen dem Text einen eigenen Rhythmus und sind in verschiedenen Romanen zu finden – z.B. in *Percursos* von Wanda Ramos oder in *No jardim das nogueiras* und *Matriz* von Yvette K. Centeno sowie in vielen Romanen von Agustina Bessa Luís. Yvette K. Centeno macht sogar in Dialogen und/oder Monologen direkt vom gesprochenen Wort Gebrauch und verleiht damit dem kurzen, abgerissenen Satz eine besondere Suggestionskraft. Wanda Ramos liefert in ihrer syntagmatischen Konstruktion Pausen, Unterbrechungen, die einen auf dem Nicht-Gesagten des Wortes, in den Freiräumen der Erinnerung ausgleiten lassen. Auch Agustina Bessa Luís entwirft in ihrem Geschichtenerzählen Sätze, die manchmal den Faden verlieren, die sich im Rhythmus eines 'Ein-Wort-gibt-das-andere' verlaufen, die aber dann doch immer ihren Zweck erfüllen.

b) Ein weiterer Aspekt ist der Polyzentrismus im Schreiben.
Das Gefühl, das uns viele dieser Texte vermitteln, ist das eines ständigen Hin und Her zwischen vielen verschiedenen Dingen zur gleichen Zeit; dies ist zweifellos eine Parallele zu der Weise, in der Frauen ihren Alltag erleben, in dem sie gleichzeitig auf eine Unzahl von Anforderungen eingehen, ein Schreiben also, das dem polyzentrischen weiblichen Leben entspricht. Wir treffen auf Erzählungen, in deren Zersplitterung, Ziellosigkeit und augenscheinlichen Unordnung die ständige Verknüpfung verschiedener, in der Erinnerung nicht hierarchisch geordneter semantischer Netze deutlich wird.

Es ist hier wichtig, eine Brücke zwischen dieser (Un-)Ordnung und Zersplitterung der weiblichen Erzählungen mit ihrem Hin und Her in Raum und Zeit *und* ihrem existenziellen *souci* zu schlagen. Dieses Schreiben weist einen unterirdischen Bruch mit dem Symbol des Kalenders und auch mit der Zeit der sozialen Wirklichkeit auf, die die Innerlichkeit seiner Zeit verstümmelt, was einem Bruch mit der herrschenden symbolischen Ordnung gleichkommt.

Wenn auch die Tendenz zur 'Entchronologisierung' der Erzählung heute bei Männern und Frauen gleich zu sein scheint, kommt sie sicherlich in der weiblichen Prosa mit größerer Deutlichkeit zum Vorschein. Die Beziehungen, die die Frauen im Schreiben erschaffen und erleben, sind vor allem systematische *achronische* Beziehungen, wie sie, wenn auch in anderem Zusammenhang, Paul Ricoeur nannte.

Als Beweise dafür dienen die ständigen Verzweigungen und Umwege des Fadens der Geschichte oder das Fehlen einer Struktur bei Agustina Bessa Luís; bei Hélia Correia, Wanda Ramos und Maria

Velho da Costa die Sprünge der Erzählebenen zwischen verschiedenen Räumen, Zeiten und Figuren, die nicht wie zufällige Sprünge erscheinen, sondern eher wie metaphorische, aus einer tiefen Einheit aller Dinge entstanden; die Verwendung von grammatischen Zeiten wie dem Infinitiv und dem Konditional bei Teolinda Gersão, die zu Vermittlern einer Zeit werden, die in einer Art Nebelhaftigkeit außerhalb der Zeit außer Kraft gesetzt wird. Und bei Yvette K. Centeno finden sich vielfältige Unterbrechungen in einem konzentrierten Erzählen vom Leben, in dem das unablässige Hin und Her trotz allem nicht vom Leitfaden ablenkt: von einer Suche nach Sinn durch den erzählten Alltag, der fiktionalisiert und reflektiert wird. Betrachten wir *Matriz,* diese innertextliche Reflexion über den Text selbst: »Für die Leute ist dies kein Roman. (... Es ist) eine Gruppe von Sätzen, von ungeordneten Situationen. Sie hat keine Ordnung. Man weiß nicht, wohin sie führt.« Aber bezeichnenderweise lesen wir auch im gleichen Roman: »Sobald die Sprache sich ordnet, lügt sie.« (S. 81 u. 154)

Die Tatsache, daß ein Großteil dieser weiblichen Erzählungen, wie das auch in vielen Erzählungen anderer Kulturen der Fall ist, keinen 'Schluß' haben oder auf irgendeine Weise nicht enden, hat sicherlich eine ähnliche Bedeutung in Hinblick auf die Art, wie Frauen das Leben durchlaufen: in viele Richtungen, ohne *eine* Ausrichtung, ohne *ein* einziges Ziel. Hier ist bezeichnend, was Marguerite Duras einmal sagte. Auf die Frage: »Mais, vous parlez de quoi?« (»Aber wovon sprechen Sie?«), antwortete sie: »Je parle ...« (»Ich spreche ...«).

Betrachten wir die Romane von Agustina Bessa Luís, die am Ende unvollständig sind, ohne Schluß; und die Autorin selbst bestätigt das: »Meine Romane enden nie«, äußerte sie in einem Interview. Auch auf der letzten Seite von *No jardim das nogueiras* von Yvette K. Centeno wird explizit gesagt: »Es geht weiter«; und in *Matriz* lesen wir: »Er schrieb ins Buch: Ende. Aber die Frau berichtigte: Es geht noch weiter.« (S. 182) Und tatsächlich schließen viele dieser Romane, auch wenn sie formal beendet sind, in einer Spirale, d.h. offen.

Ein anderer Aspekt, mit diesem verwandt, ist die Verbindung von Rationalität und emotionalem oder affektivem Verhalten. Es wird deutlich, daß eine Rationalität fehlt, die getrennt vom Gefühl oder den Gefühlen funktionieren könnte. Vielmehr treffen wir auf eine affektive Intelligenz, der die Macht von Wechselbeziehungen und Analogien wichtiger ist als folgerichtige Strukturen, eine Synthese oder irgendwelche Schlußfolgerungen. Der *logos* scheint hier nicht trennbar zu sein vom *pathos,* in der vielleicht unbewußten Überzeugung, daß der Affekt ebenfalls ein gültiges Instrument der Erkenntnistheorie darstellt: »Emotionale Verstrickung, sogar Liebe, ist eine intellektuelle Quelle des Verstehens, keine Behinderung seiner Operationen.«[8]

Der Roman *Eugénia e Silvina* von Agustina Bessa Luís, der wie ein Krimi erscheint, ist es eben deshalb nicht, weil diese affektive Logik nicht zuläßt, daß durch ein rationales Vorgehen die sukzessive erhobenen Hypothesen zugunsten einer Schlußfolgerung verworfen werden könnten (in diesem Fall zugunsten der Entscheidung, wer denn nun das Verbrechen begangen hat). Die Aufmerksamkeit, die der Komplexität der vorhandenen Gefühle gewidmet wird, macht jedwede definitive Entscheidung hinsichtlich der Schuldhaftigkeit, die der Roman zu ermitteln sich vorgenommen hatte, unmöglich. Am Ende läßt der Roman im Leser einfach ein größeres Bewußtsein für die Komplexität menschlicher Gefühle zurück. Agustina Bessa Luís konfrontiert uns mit einer affektiven Verstrickung, die sich sozusagen über die immer kalte Logik der reinen Rationalität erhebt.

In anderer Form wird in *Missa in albis* die Klärung von Situationen in der Erzählung, die Aufklärung darüber, wer das Wort ergreift und erzählt, nicht nur nicht gesucht, sondern klar vermieden: »Verwirren ist die einzige Regel, die gilt, gemäß dem Verständnis, das ihr haben möget.« (S. 125)

c) Ein letzter Punkt, der hier erwogen wird, ist die semantische Schöpfung.

Die Schöpfung eines neuen Vokabulars ist eines der Charakteristika, die im allgemeinen als typisch für weibliches Schreiben bezeichnet werden. Unter uns gibt es keine Fälle einer Schöpfung 'feministischen' Vokabulars oder Versuche, die Sprache zu 'verweiblichen', wie das eine Zeitlang in Frankreich geschah. Einige französische Schriftstellerinnen änderten in einer spielerischen Geste des Protests gegen die männliche Herrschaft über die Sprache das Geschlecht der Wörter und verliehen ihnen so einen neuen Sinn, der uns möglicherweise auf das zum Schweigen gebrachte Weibliche aufmerksam macht; oder sie zeigen in der Schreibweise gewöhnlicher Wörter den verstummten weiblichen Körper. Beispiele dafür sind »le casse-rôle« (»Rollenbrecher«) als Ersatz für »la casserole« (der Topf) und »la ciel« (»die« Himmel) für »le ciel« (der Himmel); oder sie schreiben »peaussibilité« (sprich: possibilité = Möglichkeit) und »seintillation« (sprich: scintillation = Funkeln, Schimmern) und bringen so *peau* (Haut) und *sein* (Busen) in die Semantik dieser Wörter ein.

Bei uns zeigt sich jedoch auf der Ebene semantischer Schöpfung ein anderes, viel auffallenderes Phänomen. Wir sehen in einigen Erzählungen die unterschiedlichsten Prozesse zur Erfindung neuer Wörter oder ihrer Modifikation.[9] Das beste Beispiel hierfür findet sich vielleicht bei Maria Velho da Costa, in beinahe all ihren Texten sowie ganz besonders in *Casas pardas* (1977/Graue Häuser) und in ihrem letzten Roman *Missa in albis.* Man merkt dieser Autorin ihre konzentrierte Arbeit am Wort an, eine fast kunsthandwerkliche Arbeit mit dem Material, das die Sprache ist.

Des weiteren findet sich in ihren Texten ein parodistischer Prozeß, der heute als typisch für die Postmoderne gilt und darin besteht, daß Fremdes so verwendet wird, als ob es Eigenes wäre, in unvermeidlichen intertextuellen Vorgängen, die sich hier in die Vergegenwärtigung einer kulturellen Ablagerung verwandeln. *Casas pardas* z.B. merkt man die Präsenz von Vergil, Camões oder Pessoa an, die den Rhythmus, die Syntax oder die Semantik einzelner Textsegmente durchdringen (»Arma virumque Cão« = eine Anspielung auf den Anfang der *Äneis* von Vergil; oder: »Ah aquela marreca madrugada que o engenho não deixa durar pouco« = Camões). Und auch in *Missa in albis* spürt man – in einem Prozeß der Anpassung der Signifikanten an neue kulturelle Umstände, der fast immer einen spielerischen Effekt hat – die Gegenwart zeitgenössischer Autoren: »torre sem barbela« (*Missa,* S. 440), was parodistisch an Ruben A. erinnert.[10]

In diesen Vorgehensweisen zeigt sich deutlich die Absicht, mit dem gewohnten Wortgewebe zu brechen (eine Absicht, die dem Modernismus und den Experimentalismen der sechziger Jahre verwandt ist), eine willentliche Übertretung, die einerseits im Schreibenden wie im Lesenden ein spielerisches Verhalten hervorrufen und andererseits mehr Klangfülle, mehr Rhythmen, mehr 'Information' im Sinne Jakobsons in die Sprache einführen soll, um diese poetisch aufzuwerten.[11] Natürlich ist dies kein weibliches Charakteristikum, aber es ist sicher, daß dieses Vorgehen das offenbare Verlangen der Frauen widerspiegelt, das 'normale' Sprachregister zu verändern.

Auf einer anderen Ebene fällt in einigen Texten die Verwendung eines Vokabulars auf, das eindeutig dem weiblichen *quehacer* entnommen ist, d.h. den Tätigkeiten, mit denen die Frauen besonders verbunden sind, wie z.B. die Küchenarbeit, Näh- und andere Handarbeiten. Wanda Ramos erwähnt mit der Sprecherstimme von *Os dias, depois ...* »unsere statische Nonchalance (...) nach Belieben gewürzt mit Gerüchen und Geschmäckern« (S. 58); auch das Bild, angewandt auf die Erzählkonstruktion, »die wie Klöppelspitze wächst« (S. 88); oder die Aufgabe des »Aufräumens«, das den weiblichen Alltag ausfüllt, das sich aber hier auf »die Abteilungen der Erinnerung« bezieht (S. 88) und auf die Übersetzung dieses Aufräumens in die fast exzessive Numerierung ihrer Textabschnitte. Und die Erzählerin in *Matriz* von Yvette K.

Centeno sagt vom Akt, Romane zu schreiben, daß er »einer Näharbeit gleicht« (S. 92). Es ließen sich noch viele andere Beispiele dieser Art aus fast allen hier erwähnten Werken zitieren.

IV

Zuletzt möchte ich auf zwei Punkte aufmerksam machen, die mir im Rahmen der Analyse, den ich für diese Darstellung gewählt habe, interessant erscheinen.

Zunächst der Zusammenhang zweier Faktoren: Einerseits die Tatsache, daß diese Autorinnen sich so hartnäckig mit Themen auseinandersetzen, die die Gesellschaft betreffen, das Leben jenseits ihrer selbst und ihrer privaten Probleme, ein Phänomen, das in der Frauenliteratur anderer Länder selten ist; vielleicht erklärt sich das zum großen Teil aus dem Eindruck, den die Ereignisse des 25. April 1974 in der portugiesischen Gesellschaft hinterlassen haben. Andererseits und gleichzeitig mit dieser Tatsache die unleugbare Gegenwart von Elementen, die den Kernpunkt der Fragen nach der weiblichen Identität berühren, die wir in der Literatur anderer Länder beobachten. Damit möchte ich auf die Originalität aufmerksam machen, die diese Verbindung zwischen dem öffentlichen Bereich des Lebens und dem privaten Bereich der Erfahrungen der Frauen darstellt, obwohl es sich meiner Meinung nach eher um eine Nebeneinanderstellung als um eine Verflechtung handelt. (Es ist klar, daß ich dabei nicht jene andere Facette vergesse, die ich bereits erwähnt habe und die zusammen mit diesen beiden besteht – die eines profunden, beherzten und gesunden Narzißmus in vielen dieser Werke.)

An zweiter Stelle erscheint mir eine andere Tatsache bedeutsam: Obwohl die portugiesischen Schriftstellerinnen nicht nur *nicht versuchen*, sich als Frauen zu unterscheiden (und kein Schöpfer versucht jemals, anders zu sein: er ist es, oder er ist es nicht ...), sondern auch sagen, daß sie als Frauen *nicht anders sind*, scheint die weibliche literarische Produktion der letzten Jahrzehnte in Portugal tatsächlich einen spürbaren *Unterschied* zu verraten. Wahrscheinlich zeigt das Schreiben dieser Frauen *à son insu* oder *malgré elles* auf verschiedene Weise Kristalle einer *anderen* Identität: mythische Elemente, Überreste jener bereits erwähnten tausendjährigen Kultur noch in diesem Jahrhundert; Aspekte einer anderen Sensibilität, einer anderen Logik, eines anderen Verständnisses, eines anderen *souci*, eines anderen Ausdrucks der Realität, die mit ihrer Art zu leben und die Welt zu erleben zu tun haben;

außerdem Aspekte eines Übertretens des realen und symbolischen Status quo auf verschiedenen Ebenen.

All dies erlaubt uns anzunehmen, daß der Kernpunkt der vom Feminismus erhobenen Fragen letztlich so sehr im Wesen der Frauen verinnerlicht ist, daß er sich sogar dann zeigt, wenn die Frauen sich dessen nicht bewußt sind, auch dann, wenn sie die gleichen Stoffe behandeln wie ein männlicher Autor. Sollte dies in irgendeiner Weise bedeuten, daß eine ununterdrückbare, unbewußte Kraft existiert, die vielleicht jetzt als Folge all der Kämpfe um sexuelle und politische Befreiung frei geworden ist, ob man sich dessen bewußt ist oder nicht?

Und vielleicht gründet sich diese Weigerung so vieler schreibender Frauen von anerkanntem Wert (und das natürlich nicht nur in Portugal), sich in irgendeiner Weise mit Kategorien zu identifizieren, die sie dem 'Feminismus' annähern würden, nur auf den manchmal zu radikalen und exzessiven Charakter der theoretischen und existenziellen Positionen hinsichtlich der Fragen nach einer weibliche Identität. Der Grund für diese Weigerung ist noch nicht vollständig klar. Sicher ist, daß ein Großteil der Literatur weiblicher Herkunft eine *andere* Identität vermittelt, auf viele verschiedene Weisen eine andere Art ausdrückt, zu leben und die Welt zu erleben.

Übersetzung: Kirsten Brandt

Anmerkungen:

1) Ich bediene mich hier einiger Elemente der von Julia Kristeva in »Les temps et les femmes« (in: *34/44: Cahiers de Recherche de Sciences des Textes et Documents,* 5, 1979) entwickelten Argumentation.

2) Ebd., S. 5.

3) Ein von Edgar Morin verwendeter, schon klassischer Begriff.

4) Domna C. Stanton, »Language and revolution: the Franco-American dis-connection«, in: Hester Eisenstein/Alice Jardine, *The Future of Difference,* New Brunswick/London 1980, S. 73-87.

5) Maria de Lurdes Pintasilgo, »Pré-Prefácio«, in: *Novas cartas portuguesas,* Lissabon [3]1980, S. 10.

6) Pseudonym von Yvette K. Centeno, inspiriert von »Endechos à Bárbara Escrava« von Camões.

7) Für diese Analyse war mir die Studie von Irma Garcia, *Promenade femmelière: recherches sur l'écriture féminine* (Paris 1981), besonders hilfreich, vor allem das Kapitel »Temps et espaces« (S. 197-353).

8) Donna Perry, »Procne's song: the task of feminist literary criticism«, in: Alison M. Jaggar/Susan R. Bordo, *Gender, Body and Knowledge: Feminist Reconstructions of Being and Knowing,* New Brunswick/London 1989, S. 300.

9) Beispiele bei Maria Velho da Costa: *falajar* (von 'falaciar' und 'linguajar' = schwatzen, schwafeln), *palmeirar* ('palmen' als Verb), *dessaber* ('verwissen'), *furiável* (eine Neubildung aus 'furável' = durchbohrbar + 'fúria' = Wut), *amantemente* ('liebhabernderweise'), *doutrora* (von 'de' = von + 'outrora' = damals) usw.

10) »torre sem barbela« – eine Anspielung auf den Roman von Ruben A., *A Torre de Barbela,* und auf 'a torre de Babel', den Turm von Babel.

11) Siehe z.B. die Bildung von Lexemen durch ihre Abspaltung, die verbalen Assoziationen durch klangliche oder etymologische Nähe; durch die lautliche und schriftliche Ausbreitung eines Themen-Wortes, einen anagrammatischen Prozeß. Und dies sind nur einige Beispiele. Schließlich »verändern sich die Bedeutungen bis zur Unkenntlichkeit«, die »Vorherrschaft des Signifikanten und diese geteilte Wahrnehmung, Ausstrahlung der Bedeutungen«, wie man in *Casas pardas* und in *Lúcialima* liest. Es ist, als existiere die Absicht, durch die Macht der Worte eine neue Realität zu erfinden. Zu diesem Gebiet s. die Dissertation von Manuel Tojal de Menezes, *Maria Velho da Costa: un atelier d'écriture* (Universität Toulouse-le-Mirail, 1987, Bd. 2).

Zu diesem Buch haben beigetragen:

ISABEL ALLEGRO DE MAGALHÃES, Studium der Germanistik und Theologie in Coimbra bzw. Salamanca; Promotion an der University of California, Santa Barbara, in »Hispanic Literatures«; Portugiesisch-Lektorin in Mexico City und Santa Barbara; derzeit lehrt sie an der Universidade Nova, Lissabon (Dep. de Estudos Portugueses). Veröffentlichungen: *O tempo das mulheres: A dimensão temporal na escrita feminina contemporânea. Ficção portuguesa* (1987); zahlreiche Artikel und Studien in portugiesischen und ausländischen Zeitschriften.

KIRSTEN BRANDT, geboren 1963; Ausbildung zur Buchhändlerin; Studium der Romanistik in Frankfurt/M., Hamburg, Lissabon, Braga; Übersetzungen aus dem Portugiesischen und Veröffentlichungen zu portugiesischer Literatur und Kultur.

CATHERINE DUMAS, geboren 1950 in Lyon. Wissenschaftliche Mitarbeiterin an der Université Stendhal, Grenoble, für Portugiesisch (Spracherwerb, Landeskunde und Literatur); anschließend an der Université de Pau et des Pays de l'Adour. Magisterarbeit über *Eça de Queirós e a música*; Dissertation über *Agustina Bessa Luís, mistério e realidade*; Mitarbeiterin der Zeitschrift *Colóquio/Letras* (Lissabon); mehrere Veröffentlichungen zu portugiesischer Frauenliteratur.

ELFRIEDE ENGELMAYER, geboren 1953 in Wien. Studium der Romanistik und Germanistik. Doktorat 1983 mit einer Dissertation über José Afonso. 1974-78 Assistentin am Romanischen Institut der Universität Wien, 1978/79 Forschungsstipendium des portugiesischen Unterrichtsministeriums, ab 1980 Lektorin am Germanistischen Institut der Universität Coimbra. Gründungsmitglied der Associação José Afonso. Publikationen: *Utopie und Vergangenheit. Das Liedwerk des portugiesischen Sängers José Afonso* (Diss., Wien 1983); José Afonso, *Textos e canções,* Lissabon 1988 (2. überarb. und erw. Aufl., hrsg. v. E.E.); zahlreiche Artikel in *Tranvía* und anderen Publikationen, u.a. über José Afonso, Ilse Losa, Maria Velho da Costa, Manuel da Fonseca. Übersetzungen aus dem Portugiesischen: Maria Velho da Costa, *Corpo Verde. Körper Grün* (Berlin 1989); Ilse Losa, *Tagträume und Erzählungen der Nacht* (zusammen mit Ilse Losa u. Gesa Hasebrink, Freiburg 1992); in *Tranvía* Texte von José Afonso, Maria Isabel Barreno, Manuel da Fonseca, Ilse Losa; in *wespennest* Sophia de Mello Breyner Andresen.

GESA HASEBRINK, geboren 1962 in Essen. Studium an der Justus-Liebig-Universität Gießen mit der Fächerkombination Französische und Portugiesische Philologie sowie Volkswirtschaftslehre, Diplomabschluß 1987. Promotion über den portugiesischen Roman nach der 'Nelkenrevolution' an der Albert-Ludwigs-Universität Freiburg. Seit 1991 Lektorin für portugiesische Literatur beim Beck & Glückler-Verlag, Freiburg. Veröffentlichungen: Rezensionen über zeitgenössische portugiesische Romane in *Tranvía*; Aufsatz über José Saramagos *O ano da morte de Ricardo Reis* (in: R. Hess [Hrsg.], *Portugiesische Romane der Gegenwart,* Frankfurt/M. 1992); *Wege der Erneuerung. Portugiesische Romane nach der 'Nelkenrevolution'* (Berlin 1993).

RENATE HESS, geboren 1948. Studium der Geschichte, Germanistik und Politischen Wissenschaften in Heidelberg. Nach dem Studium Lehrerin am Gymnasium. 1983-88 als Lektorin für deutsche Sprache an den Universitäten Coimbra und Lissabon. Seit 1988 wieder in Darmstadt als Lehrerin. Verfasserin und Übersetzerin verschiedener Beiträge zur portugiesischen Literatur für *Kindlers Neues Literatur-Lexikon,* Rezensionen zu portugiesischer Literatur in *Tranvía.*

BARBARA LORECK, Studium der Theaterwissenschaft, Germanistik und Romanistik in München, Berlin und Paris; dreijähriger Aufenthalt in Frankreich, davon ein Jahr mit dem Pädagogischen Austauschdienst. Derzeit Lehrbeauftragte am Institut für Theaterwissenschaft der FU Berlin.

REGINA LOURO, geboren 1948; lebt in Lissabon. Studierte Rechtswissenschaft und wählte den Beruf der Journalistin, mit Schwerpunkt Reportage und Literaturkritik. Arbeitet als Übersetzerin. Als Schriftstellerin debütierte sie 1979 mit einem feministischen Werk, halb Fiktion, halb Essay. Später publizierte sie Erzählungen, Lyrik, einen Roman und einen Reiseführer durch den Alentejo; sie ist in mehreren Anthologien vertreten.

DIETER OFFENHÄUSSER, geboren 1952 in Köln. Studium der Romanischen Philologie und Geschichte in Aix-en-Provence und in Freiburg; 1. und 2. Staatsexamen, Lehrtätigkeit an deutschen und französischen Gymnasien, längere Aufenthalte in Portugal. 1987-91 Verlagslektor, u.a. im Beck & Glückler-Verlag Freiburg für portugiesische Literatur und im Unionsverlag Zürich. Seither freier Lektor, Übersetzer und Journalist.

MARIA DE LURDES PINTASILGO, geboren 1930 in Abrantes. Ausbildung zur Diplomchemikerin; 1953-54 Forscherin in der Atomenergiekommission; 1970-74 erste Präsidentin der portugiesischen Nationalen Kommission für die Lage der Frau; 1974-75 Sozialministerin; 1979-80 portugiesische Ministerpräsidentin; 1986 unabhängige Kandidatin für das Staatspräsidentenamt; 1987-89 Abgeordnete im Europaparlament; derzeit: Botschafterin, Vizepräsidentin des Interaktionskomitees ehemaliger Staats- und Regierungschefs, Mitglied des Nationalen Rates für Bioethik; zahlreiche Ämter in religiösen Verbänden (u.a. GRAAL: internationale katholische Frauenbewegung) sowie Engagement in der Frauenbewegung, im Umweltschutz und im Rahmen von Initiativen zur Basisdemokratie. Publikationen: *Sulcos do nosso querer comum* (1980), *Imaginar a Igreja* (1980), *Les nouveaux féminismes: question pour les chrétiens?* (Paris 1980), *Dimensões da mudança* (1985), *As minhas respostas* (1985).

ILSE POLLACK, geboren in Leibnitz (Österreich). Studium der Romanistik in Wien und Paris, Dr. phil.; von 1976 bis 1984 Lektorin an den Universitäten Coimbra und Lissabon. Rückkehr nach Österreich, seither Arbeit als Zeitungsherausgeberin, Übersetzerin und Publizistin (Schwerpunkte: Portugal, portugiesischsprachiges Afrika, Triest). 1987-89 Konsulentin für portugiesischsprachige Literatur beim Verlag Pomurska Zalozba (Slowenien). Veröffentlichungen: *Fernando Pessoa von A-Z* (1988) u.a.; in Vorbereitung: Studie über ihre Sammlung portugiesischer Kolonialliteratur.

SILVINA RODRIGUES LOPES ist Dozentin für portugiesische Literatur und lehrt an der Geistes- und Sozialwissenschaftlichen Fakultät der Universidade Nova de Lisboa. Sie arbeitet bei verschiedenen Zeitschriften und literarischen Beilagen von Zeitungen mit und hat Prosaliteratur sowie Aufsätze über portugiesische Schriftsteller veröffentlicht.

CRISTINA MARIA ROBALO CORDEIRO OLIVEIRA, geboren 1954 in Coimbra. Dozentin an der Philosophischen Faktultät in Coimbra; promovierte 1991 über das Thema »Eine Poesie der Beweglichkeit: Jules Supervielle«; widmet sich in ihrer Forschungsarbeit und ihrer beruflichen Tätigkeit der französischen und portugiesischen Literatur des 19. u. 20. Jhdts. (u.a. Balzac, Flaubert, André Gide, Alain-Fournier, Boris Vian, George Perec, Modiano). Publikationen: *»A paixão« de Almeida Faria* (1980), *La représentation concrète de l'univers abstrait d'André Malraux dans »La condition humaine«* u.a.; Mitarbeiterin der Zeitschriften *Confluências, Colóquio/Letras* und *Sábado.*

FERNANDA SILVA-BRUMMEL, 1943 in Lissabon geboren. Studium der Germanistik und Lusitanistik an der Klassischen Universität Lissabon. 1971 'licenciatura' über Hermann Hesse. Seit 1972 tätig als Wissenschaftliche Mitarbeiterin am Romanischen Seminar der Universität Mainz (portugiesische Sprache und lusophone Literatur). 1986 Promotion an derselben Universität mit der Dissertation *E todos, todos se vão. Emigration und Emigranten in der portugiesischen Literatur.* Verschiedene Publikationen über portugiesische Literatur und portugiesischsprachige afrikanische Literatur.

An der Dunkelheit deiner schlafenden Stirn
kosteten meine Lippen die Weichheit der Lilie,
und ich kostete das Schweigen des Stiers unter dem Tau der Nacht,
als ich dich mit meinem Schoß umfing.

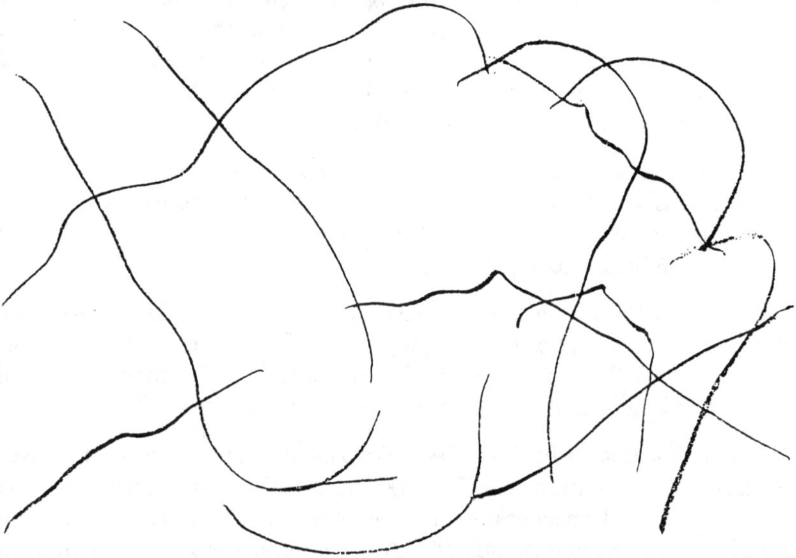

CORPO VERDE

KÖRPER, GRÜN

Von Maria Velho da Costa
Mit Zeichnungen von Júlio Pomar

Eine moderne Variation des Hohelieds von Salomon,
der erotischste Text der portugiesischen Gegenwartsliteratur

Aus dem Portugiesischen von Elfriede Engelmayer

52 Seiten, Querformat (22 x 15 cm)
Französische Broschur
15,– DM — ISBN 3-925867-04-X

edition tranvía, Postfach 303626, D-10727 Berlin